こんなに違う！
アジアの算数・数学教育

日本・ベトナム・インドネシア・ミャンマー・ネパールの
教科書を比較する

田中義隆

明石書店

はじめに

　一般に「算数・数学」と言えば、誰もが世界共通で、どこの国々や地域でも同じような内容が同じような方法で教えられていると思い込んでおられるようです。実は、私も20年ほど前まではそうでした。しかしながら、政府開発援助（Official Development Assitance: ODA）による世界の教育開発支援に携わるようになって、その考えが私自身の勝手な思い込みであったことに気付かされました。その最初の契機となったのはベトナムにおいてでした。

　もうかなり前の話になりますが、当時、私はベトナムで初等教育の質的向上を支援するために10名ほどの教育専門家からなるチームのメンバーとして現地で活動していました。毎日、現地の学校を訪問して先生方と授業の質的改善についていろいろな議論を交わし、時には授業を参観させていただいて先生方が抱えておられる課題に対する解決策を見つけ出すなどのアドバイスを行っていたのです。そんなある日、ちょうど訪問していた小学校の先生から分数の指導についての質問が出されました。「もう四年生も終わろうというのに、まだいろいろな分数の大きさの比較ができない児童がたくさんいるのですが、何かよい方法はありませんか？」というものでした。具体的にどういうことかと問うてみると、「$\frac{1}{4}$」や「$\frac{1}{5}$」、それに「$\frac{3}{8}$」などといった分母や分子が様々な数からなる分数を小さい順や大きい順に並べるというような作業ができない児童がかなり多いというのです。そこで、私は「整数や小数の学習でよく使うと思いますが、分数でも数直線を使って、それぞれの大きさについて一つひとつ理解させては如何ですか」という提案をすると、先生方は急に「小数は四年生ではまだ教えていないのですが…」と困った顔をされたのです。

　その後すぐに、私が同国の小学校算数教科書を入念に調べたことは言うまでもありません。その結果、驚くべき事実を発見したのです。同国では、分数は二年生から扱われているのですが、小数は先生方が言われていたように小学校最終学年である五年生になってようやく登場してくるのです。さらに、我が国では「量分数」を中心にして分数の学習が進められていくのが普通となってい

ますが、ベトナムでは「量分数」という概念がほとんど登場しないのです。すなわち、このことは同国の分数学習や小数学習が我が国のものと全く異なっているということを意味しているのです。これは当時の私にとってはとても大きな驚きでした。

その後、ベトナム以外にも様々な国々を訪問しましたが、注意していると本当にいろいろな違いが次々に私の目の前に現れてくるようになりました。例えば、インドネシアでは円周率として「3.14」以外にも「$\frac{22}{7}$」が広く使われていることを知った時には、ベトナムの分数以上に驚いたものです。

このような経験を積み重ねていくうちに、だんだんと「算数・数学って、どこでも同じ内容を同じ方法で教えていると思っていたけれど、国や地域が異なればその内容や方法も変わるんだ！」と従来の考え方を根本的に改めるようになっていったのです。

それからというもの、私が海外に出かけた際には必ずそこで使われている算数・数学の教科書を一式買い求めるようになりました。ただ、教科書の購入は普通の書籍とは異なり、一般の書店では扱われていないことが多く、特別な書店や販売店に行かなければ入手できない場合がほとんどです。したがって、教科書の購入には毎回、街中を駆け回るなど相当な苦労を要します。しかし、入手できた時にはその苦労もすっかり忘れて、これ以上ない幸せを感じ、それから数日間は寝食も忘れてその教科書をあたかも「愛読書」のように一頁一頁大切に眺める日々が続きます。

そんなある日、大学で教育学を教えている友人と久しぶりに会って雑談をしていた時のことです。彼から「世界の国々の数学教育がどのようになっているか知りたいんだけれど、そのような内容の資料や本ってほとんどないんだよね〜」という何気ない一言が漏れたのです。それを耳にした私の中に一瞬ではありましたが、「ハッ！」と閃く何かがありました。そして、気が付くと「じゃあ、僕がそんな本を書くよ！」と答えている自分自身がいたのです。後から考えれば、何と大胆な発言をしたことか、と恥ずかしくなりますが、実は、これが本書を執筆する直接的な契機となりました。友人との約束からすでにかなりの年月が経過していますが、ようやく本書をもってその約束が果たせそうです。

では、本書の内容について簡単に説明しておきましょう。本書は、小学校の

算数・数学教育に焦点を当てており、我が国はもちろん、ベトナム、インドネシア、ミャンマー、ネパールといったアジア諸国の算数・数学内容の中から九つのトピックを選び出し、それぞれのトピックについて詳細に分析、解説しています。実は、これらアジアの４カ国を分析対象として選んだ主な理由として、私自身が長期間滞在した経験があり、それらの国々の教育事情について比較的精通していたことはもちろんなのですが、それ以外にこれらの４カ国は歴史的にかなり異なった社会背景を有しているため、算数・数学教育にもその影響が表れているのではないかという私自身の勝手な推測がありました。実際、ベトナムはフランスの植民地、インドネシアはオランダの植民地、ミャンマーとネパールはイギリスの植民地下に長年置かれていたために、それら宗主国の文化的影響は極めて大きく残っています。加えて、ネパールはインド文化の影響も強く受けています。したがって、それぞれの国の算数・数学教育は同じアジアの国とは言いながらもかなり異なっているのです。

　本書は全部で九つの章から構成されています。第１章ではそれぞれの国の教育制度、教育課程（カリキュラム）、教科書と教科書制度について概観しています。その後、第２章から第９章までが各国の算数・数学教育の内容比較となっています。先に触れた九つのトピックとは、①加法、②減法、③乗法、④除法、⑤０の学習、⑥分数、⑦小数、⑧概数、⑨度量衡です。各章の内容は、算数・数学教育という根底の部分においてお互いに関連していることは事実ですが、執筆する際には読者の皆様にとって読みやすいものとなるように、各トピックの独立性をある程度意識して書きました。したがって、本書を手にとられた際、最初の章から順番に読まれても結構ですし、ご興味のあるトピックから読まれても、内容について十分に理解できるようにしたつもりです。

　ぜひとも多くの方々に本書を読んでいただき、私が20年以上も前に感じた「どこでも同じ内容を同じ方法で教えていると思っていたけれど、国や地域が異なれば、その内容や方法も変わるんだ！」という驚きを味わっていただければ、筆者としてそれほど嬉しいことはありません。

2019年１月
筆者

こんなに違う！アジアの算数・数学教育
日本・ベトナム・インドネシア・ミャンマー・ネパールの教科書を比較する

目次

はじめに ……………………………………………………………………………… 3

第1章　各国の教育制度・教育課程と教科書 ……………………… 13
1.1　日本 ………………………………………………………………… 14
■ 教育課程 …………………………………………………………… 14
■ 教科書と教科書制度 …………………………………………… 18
1.2　ベトナム …………………………………………………………… 20
■ 教育制度 …………………………………………………………… 20
■ 教育課程（カリキュラム）……………………………………… 22
■ 教科書と教科書制度 …………………………………………… 24
1.3　インドネシア …………………………………………………… 25
■ 教育制度 …………………………………………………………… 25
■ 教育課程（カリキュラム）……………………………………… 27
■ 教科書及び教科書制度 ………………………………………… 30
1.4　ミャンマー ………………………………………………………… 32
■ 教育制度 …………………………………………………………… 32
■ 教育課程（カリキュラム）……………………………………… 37
■ 教科書と教科書制度 …………………………………………… 42
1.5　ネパール …………………………………………………………… 43
■ 教育制度 …………………………………………………………… 43
■ 教育課程（カリキュラム）……………………………………… 46
■ 教科書と教科書制度 …………………………………………… 48

第2章　加法と減法 ……………………………………………………… 51
2.1　日本：問題場面の重視と数の合成分解に基づく加減演算 …… 54

■ 問題場面を重視した指導………………………………………… 54
　　　■ 数の合成分解に基づいた演算指導……………………………… 57
　2.2　インドネシア：計算重視の指導………………………………… 61
　　　■ 目的は計算技能の習得…………………………………………… 64
　　　■ 誤った数の合成分解の活用……………………………………… 65
　　　■ 特徴のある加減法の筆算………………………………………… 68
　2.3　ミャンマー：散見される誤った記述…………………………… 69
　　　■ 問題場面設定の誤り……………………………………………… 72
　　　■ 数の合成分解における誤り……………………………………… 74
　　　〈囲み記事〉ミャンマーの簡易な「加減練習表」…………………… 76
　2.4　ネパール：計算力の重視………………………………………… 77
　　　■ 意味の軽視………………………………………………………… 78
　　　■ 徹底的に繰り返される演算練習………………………………… 81
　コラム：直観主義と数え主義………………………………………… 83

第3章　乗　法……………………………………………………… 87

　3.1　日本：問題場面と意味の重視 ―〈ずつの数〉×〈いくつ分〉…… 91
　　　■ 乗法の意味理解の徹底…………………………………………… 92
　　　■「0」を用いた乗法導入の工夫…………………………………… 92
　　　〈囲み記事〉日本の「九九」の表……………………………………… 94
　3.2　ベトナム：乗法は累加の書き換え ―〈いくつ〉×〈何回〉……… 95
　　　■ 乗法の意味指導…………………………………………………… 97
　　　■ 除法との関係性を重視…………………………………………… 97
　　　■「0」を用いた乗法の指導………………………………………… 98
　　　〈囲み記事〉ベトナムの乗法表「10×10」…………………………… 99
　3.3　インドネシア：乗法と累加は同じ ―〈何回〉×〈いくつ〉…… 101
　　　■ 乗法の独特の意味理解…………………………………………… 103
　　　■ 特徴のある乗法の筆算…………………………………………… 104

- ■「0」を用いた乗法の指導 ………………………………………………… 105
- 〈囲み記事〉インドネシアの乗法一覧と乗法表「10×10」………………… 106

3.4 ミャンマー：累加から乗法へ―〈いくつ〉×〈何回〉………… 108
- ■ 乗法の意味と構造 ………………………………………………………… 110
- ■「0」を用いた乗法の指導 ………………………………………………… 111
- ■ 特徴のある乗法の筆算 …………………………………………………… 112
- 〈囲み記事〉ミャンマーの乗法表「10×10」プラス α ………………… 113

3.5 ネパール：累加を乗法に変換―〈いくつ〉×〈何回〉………… 115
- ■ 乗法の意味指導 …………………………………………………………… 116
- ■「0」を用いた乗法の指導 ………………………………………………… 117
- 〈囲み記事〉ネパールの乗法表「10×10」プラス α …………………… 118

コラム：乗法と累加 ………………………………………………………… 120

第4章　除　法 ……………………………………………………… 121

4.1 日本：問題場面と意味の重視―「包含除」と「等分除」、「分離量」と「連続量」…………………………………………………………… 124
- ■「包含除」と「等分除」の同時導入 …………………………………… 126
- ■「分離量」と「連続量」を用いた除法 ………………………………… 127
- ■ 余りのある除法 …………………………………………………………… 129

4.2 ベトナム：除法は乗法の逆算 …………………………………… 131
- ■ 乗法から生まれる二つの除法式 ………………………………………… 132
- ■ 余りのある除法 …………………………………………………………… 133
- ■ 独特の除法の筆算 ………………………………………………………… 134
- ■「：」で表される除法記号 ……………………………………………… 135

4.3 インドネシア：累減としての除法 ……………………………… 137
- ■ 誤った累減のついての理解 ……………………………………………… 139
- ■ 乗法との関係 ……………………………………………………………… 140
- ■ 余りのある除法と独特の筆算の表記 …………………………………… 142
- ■「：」で表される除法記号 ……………………………………………… 143

4.4 ミャンマー:「包含除」と「等分除」を区別した除法 ·············· 145
　■ 不明確な「包含除」と「等分除」の違い ···················· 147
　■ 乗法式から除法式への変換は「包含除」のみ ················ 148
　■「0÷一位数」の登場 ·································· 149
　■「分離量」と「連続量」 ································ 149
　■ 余りのある除法と独特の筆算の表記 ······················ 150
4.5 ネパール:「等分除」はない!? ································ 152
　■ 除法は「包含除」だけ! ································ 154
　■ 累減の誤った適用 ···································· 156
　■ 余りのある除法 ······································ 158
　■ 独特の除法筆算の表記—二種類の表記方法 ················ 158
コラム:等分除が先か? それとも包含除が先か? ·············· 161

第5章　0の学習 ·· 165
5.1　日本:「10」の学習後に「0」の導入 ·························· 168
5.2　インドネシア:「20」までの数の学習後に「0」の導入 ·········· 171
5.3　ミャンマー:早期導入の長所、活かせず! ···················· 173
5.4　ネパール:多くの疑問が残る「0」の導入 ···················· 175

第6章　分　数 ·· 179
　〈囲み記事〉二つの文化圏—分数圏と小数圏 ···················· 184
6.1　日本:「分割分数」から「量分数」、そして「数としての分数」へ ······ 186
　■ 問題ありの「分割分数」から「量分数」への移行 ············ 187
　■ 小数との並行学習による混乱 ·························· 189
6.2　ベトナム:「分割分数」から「商分数」、「割合分数」へ ·········· 192
　■「商分数」と「割合分数」を中心とした高度な内容!? ········ 196
　■ 分数先習 ·· 197
6.3　インドネシア:「数としての分数」を中心とした分数学習 ········ 200
　■ 分数の意味の軽視 ·································· 205

■ 分数の特殊形としての小数の扱い ……………………………………… 206
　6.4　ミャンマー：計算技能を重視した分数学習 ………………………………… 209
　　　■ 「数としての分数」中心 ………………………………………………… 213
　　　■ 分数先習、分数の特殊形としての小数 ………………………………… 214
　6.5　ネパール：意味よりも計算技能の重視 ……………………………………… 216
　　　■ 「数としての分数」の学習中心 ………………………………………… 220
　　　■ 分数先習、分数の特殊形としての小数の扱い ………………………… 221
　コラム：分数と小数の本質的差異 ………………………………………………… 224

第7章　小　数 …………………………………………………………………… 227

　7.1　日本：意味理解と計算方法の習得のバランス重視 ……………………… 230
　　　■ 意味理解の促進のための工夫―「単位小数」と数直線の活用 ……… 232
　　　■ 明確なアルゴリズムの説明 …………………………………………… 235
　7.2　ベトナム：集中的・集約的な小数学習 …………………………………… 236
　　　■ 意味理解より計算力の重視 …………………………………………… 239
　　　■ 小数点としての「コンマ (,)」の使用 ………………………………… 239
　〈囲み記事〉世界の小数点の表記 ………………………………………………… 240
　7.3　インドネシア：系統的な学習なし ………………………………………… 243
　　　■ 小数の散発的登場 ……………………………………………………… 243
　　　■ 小数点としての「コンマ (,)」の使用 ………………………………… 245
　7.4　ミャンマー：「分数圏」独特の小数学習 ………………………………… 247
　　　■ 不十分な小数の意味理解 ……………………………………………… 250
　　　■ 小数点としての「ピリオド (.)」の使用 ……………………………… 252
　7.5　ネパール：「分数圏」における典型的な小数学習 ……………………… 254
　　　■ 不十分な四則計算の筆算アルゴリズムの説明 ……………………… 256
　　　■ 小数点としての「ピリオド (.)」の使用 ……………………………… 257
　コラム：小数の起源 ……………………………………………………………… 259

第8章 概　数 ………………………………………………………… 261
- 8.1 日本：教育学的・論理的に破綻している概数学習の導入 ………… 264
- 8.2 ベトナム：概数の学習はない ………………………………………… 267
- 8.3 インドネシア：買い物の合計金額の迅速な計算が目的 …………… 268
- 8.4 ミャンマー：四捨五入を教えない概数学習 ………………………… 273
- 8.5 ネパール：概数は児童の学習負担の軽減！？ ……………………… 279

第9章 長さ、重さ、かさの単位（度量衡）の学習 …………………… 285
- 9.1 日本：メートル法式単位中心だが、論理的とは言い難い展開 …… 288
- 9.2 ベトナム：メートル法式単位に基づいた論理的展開 ……………… 294
- 9.3 インドネシア：教材配置の再考が必要か！？ ……………………… 300
- 9.4 ミャンマー：様々な単位系の混在で極めて複雑！ ………………… 306
- **コラム：ミャンマーの度量衡** ………………………………………………… 314
- 9.5 ネパール：メートル法式単位を中心とした学習 …………………… 316
- **コラム：メートル法と国際単位系（SI）** …………………………………… 321

おわりに ………………………………………………………………………… 325
参考文献・資料 ………………………………………………………………… 328
付属資料1　日本の初等算数教科書の内容 ………………………………… 334
付属資料2　ベトナムの初等算数教科書の内容 …………………………… 335
付属資料3　インドネシアの初等算数教科書の内容 ……………………… 340
付属資料4　ミャンマーの初等算数教科書の内容 ………………………… 343
付属資料5　ネパールの初等算数教科書の内容 …………………………… 347

第1章
各国の教育制度・教育課程と教科書

　ここでは、本書で扱う我が国及びアジアの4カ国における教育の概要を知るために、各国の教育制度及び教育課程（カリキュラム）、そして教科書及び教科書制度について概観しておきたい。ただし、我が国の教育制度については、読者の皆さんはすでにご存じなので省略させていただき、教育課程及び教科書制度についてのみ簡単に触れておくことにしたい。

1.1 日本

■ **教育課程**

　我が国における教育課程は、戦後1947（昭和22）年に最初の学習指導要領が策定されて以来およそ10年周期で改訂が繰り返されてきた。そして、現在（2019年1月）はちょうど現行の学習指導要領から新しい学習指導要領への移行期に当たっている。今回の改訂は戦後8回目[*1]の改訂にあたり、幼稚園については昨年（2018〈平成30〉年）からすでに施行が始まった。ただし、小学校については2020年から、中学校については2021年から、高等学校については2022年から施行される予定である。

　今回の改訂の特徴を一言で言うと、これまでの「生きる力」をより具体的にするとともに、子どもたちが未来社会を切り拓いていけるように、必要な資質・能力を一層確実に育成することが目指された内容と言える。

　我が国のこれまでの改訂を振り返ってみると、まず1977（昭和52）年改訂で高度経済成長を目指した能力開発路線から「ゆとりある充実した学校教育」に転換し、それ以来1989（平成元）年の「新しい学力観にたつ学習指導」への改訂、1998（平成10）年の「生きる力」への改訂、2008年（平成20）年の新「生きる力」への改訂、そして今回の習得すべき資質・能力の一層の充実を強調した更なる高みを目指した「生きる力」への改訂という一連のプロセスとして捉えることができる。

　1998年改訂によって初めて導入された「生きる力」は、当時、児童生徒の学習への関心と意欲の低下が顕著になり、不登校、いじめ、自殺などの問題が表面化してきたという社会状況を踏まえ、不透明な時代の諸課題に対して積極的に解決できる力を育むことの必要性から提唱されたものである。同時に「総合的な学習の時間」が新たに導入され、それによって学んだ知識を総合化し、現代社会の課題を解決する能力を身に付けることと、その過程で調べ方、まと

---

*1　学習指導要領は試案として、1947（昭和22）年に最初のものが出された後、大小様々な改訂が行われてきた。1955（昭和30）年の高等学校第二次改訂、2003（平成15）年の補足改訂も含めると、今回の改訂は戦後10回目の改訂となる。

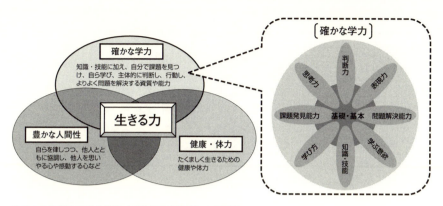

出典:中央教育審議会答申(2003年10月7日)より引用
図1-1　2003年改訂における「生きる力」と「確かな学力」の概念図

め方、発表の仕方などの学習方法を学ぶことで自分自身にとっての学習の意味や生き方やあり方を自覚的に捉え、ひいては「生きる力」の育成につながることが期待された。しかしながら、この改訂は学校完全週5日制の施策と重なり、そのために大幅な学習内容及び時間の縮減を伴ったことから、本来の趣旨が十分に理解されることなく「ゆとりの学習指導要領」として批判的に議論されるようになった。

この結果が2003(平成15)年の学習指導要領の一部改正による「確かな学力」への補正措置、そして2008(平成20)及び2009(平成21)年改訂による新「生きる力」の登場である。ただし、ここで押さえておかなければならないことは、これまでの「生きる力」及び「総合的な学習の時間」に対して、政府は決して懐疑的ではなかったということである。むしろ、「総合的な学習の時間」の意義を高く評価するとともに、「『生きる力』をはぐくむという理念はますます重要になっている」[2]という肯定的な見解を発表していることからも分かるように、これらを重要視していたと言えるのである。

2003(平成15)年の改訂では、これまで抽象的にしか捉えられていなかった「生きる力」を、「確かな学力」、「豊かな人間性」、「健康・体力」の三つから構成されるものとして具体的に定義し直し、特に「確かな学力」については、知

---

[2] 中央教育審議会答申(2008年1月17日)「2 現行学習指導要領の理念」、p.8を参照。

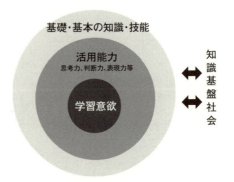

出典：水原克敏『学習指導要領は国民形成の設計書』東北大学出版会、2010年、p.236 より引用
図1-2　2008・2009年改訂における新しい「生きる力」の概念図

識や技能に加え、思考力、判断力、表現力までを含むもので、学ぶ意欲を重視した、これからの子どもたちに求められる学力と定められた。

　続いて、2008（平成20）年・2009（平成21）年改訂では、当時顕著になっていた「知識基盤社会（knowledge-based society）」についての考慮が不可欠であると考えられた。急速に進行するグローバル社会における国際競争の激化と同

表1-1　2008・2009年改訂で定められた初等教育の教科目

年齢 学年	6-7 1-2	8-9 3-4	10-11 5-6
国語	✓	✓	✓
社会		✓	✓
算数	✓	✓	✓
理科		✓	✓
生活	✓		
音楽	✓	✓	✓
図画工作	✓	✓	✓
家庭			✓
体育	✓	✓	✓
道徳*	✓	✓	✓
外国語活動*			✓
総合的な学習の時間*		✓	✓
特別活動*	✓	✓	✓

注：*印は教科には含まれない。
出典：文部科学省「小学校学習指導要領」2008（平成20）年を参考に筆者作成

時に、共存・協力の必要性が求められる時代に対応できるように、基礎的・基本的な知識・技能やそれらを活用して課題を見出し解決するための思考力、判断力、表現力などの習得をはじめ、自己との対話を重ねつつ、他者や社会、自然や環境とともに生きる積極的な「開かれた個」であることや自らの国や地域の伝統や文化について理解を深め、尊重する態度を身に付けることが重要になってくると考えられたのである。こうした背景から、これまでの「生きる力」は、①基礎的・基本的な知識・技能の習得、②知識・技能を活用して課題を解決するために必要な思考力、判断力、表現力など、③学習意欲、と再定義され、新しい「生きる力」と呼ばれるようになったのである。

　そして、今回2018（平成30）年の改訂は急速に進行しているグローバル社会とそこでよりよく生きていくために必要な資質・能力の育成が世界的な喫緊の課題となっており、世界各国では資質・能力及びスキルモデルが教育課程に次々に取り入れられるようになっている傾向を十分に踏まえたものとして出された。具体的には、子どもたちが未来社会を切り拓くための資質・能力を一層確実に育成していくために、それらの資質・能力とは何かを常に社会と共有しながら連携していく「社会に開かれた教育課程」を重視したこと、知識及び技能の習得と思考力、判断力、表現力などの育成のバランスを重視した旧学習指導要領を維持しながら、知識の理解の質をさらに高め、確かな学力の育成を目指すこと、道徳教育の充実や体験活動の重視、体育・健康に関する指導の充実により豊かな心や健やかな体を育成することなどが新たな学習指導要領の基本方針とされている。

　特に、知識の理解の質を高めるために「主体的・対話的で深い学び」が重視されており、その結果、児童生徒が「何を学んだか」というだけではなく、「何ができるようになったか」を明確化することが重要だと強調されている。これを実現するために、全ての教科において、①知識及び技能、②思考力、判断力、表現力など、③学びに向かう力、人間性など、の三つの柱で再整理されたのである。

　以下、新しい学習指導要領で定められた教科目を示した。基本的には旧学習指導要領とそれほど大きな変化はないが、大きく二つの変更が行われる。一つ目は、第五、六学年で「外国語」が新たな教科として導入されることであり

表 1-2　2018 年改訂で定められた初等教育の教科目

年齢 学年	6-7 1-2	8-9 3-4	10-11 5-6
国語	✓	✓	✓
社会		✓	✓
算数	✓	✓	✓
理科		✓	✓
生活	✓		
音楽	✓	✓	✓
図画工作	✓	✓	✓
家庭			✓
体育	✓	✓	✓
外国語			✓
特別の教科である道徳	✓	✓	✓
外国語活動 *		✓	
総合的な学習の時間 *		✓	✓
特別活動 *	✓	✓	✓

注 1：* 印は教科には含まれない。
注 2：太字は従来の教科目から変更のあったものを示している。
出典：文部科学省「小学校学習指導要領」2017（平成 29）年を参考に筆者作成

（これによって「外国語活動」は第三、四学年のみで行われることになる）、二つ目は「道徳」が教科として全学年で導入されることである。

■ 教科書と教科書制度

　我が国では、1948（昭和 23）年以来、学校教育法に基づいて小・中・高等学校等の教科書について教科書検定制度が採用されている。教科書検定制度とは、民間で著作・編集された図書について文部科学大臣が教科書として適切か否かを審査し、これに合格したものを教科書として使用することを認める制度である。

　教科書に対する国の関与のあり方は、国や地域によって様々であるが、教科書検定制度は、教科書の著作・編集を民間に委ねることにより著作者の創意工夫に期待するとともに、検定を行うことにより適切な教科書を確保することがねらいとされている。

　実は、我が国の教科書制度の歴史を見ると興味深いことが分かる。我が国で

初めて学制が公布された1872（明治5）年当時は教科書は自由発行であり、学校が自由に選べる自由採択制を採っていた。それが1883（明治16）年には採択する教科書について監督官庁の許可が必要となり、さらに1886（明治19）年には検定制、そして1903（明治36）年からは国定制となっていったのである。国定制は戦後の1945（昭和20）年まで続いた。戦後は、日本国憲法にある「文部省検定済教科書（現在の文部科学省検定済教科書）」が基本とされ、文部省検定済教科書の発行が困難である場合には「文部省著作教科書（現在、文部科学省著作教科書）」[*3]が発行されるようになった。

先に述べたように、現在、我が国は教科書検定制度を採用しているので、初等算数教育で使用されている教科書には出版社の違いによって幾つかの種類がある。例えば、学校図書、教育出版、啓林館、大日本図書、東京書籍、日本文教出版（五十音順）などから出版された教科書が挙げられる。本書では、このうち教育出版から刊行されている『しょうがく　さんすう』（一年生用、2015年）及び『小学　算数』（二・四・五・六年生用、2015年、三年生用、2011年）を使って検討・分析を行っていく。また、同教科書は2008（平成20）・2009（平成21）年改訂の学習指導要領に基づいて編集されたものである。

イラスト：保田克史
本書で分析対象とする
日本の教科書

[*3] 高等学校の農業、工業、水産、家庭及び看護の教科書の一部や特別支援学校用の教科書などについては、その需要数が少なく、民間による発行が期待できないので文部科学省著作教科書が使用されている。

1.2 ベトナム

　ベトナムは正式名をベトナム社会主義共和国といい、インドシナ半島東部に位置する社会主義共和制国家である。国土は南北に長く、北は中国、西はラオス、南はカンボジアに接し、東は南シナ海を挟んでフィリピンと相対している。また、国内には54の民族が居住し多民族国家となっている。歴史的には、千年にも及ぶ長期にわたって中国に従属した北属期、19世紀に入ってからのフランス植民地時代、20世紀になってからの日本による占領期及び三度にわたるインドシナ戦争と南北分裂期など複雑な歴史をもっている。

■教育制度

　ベトナムは我が国と同様に単線型の教育制度を採用している。初等教育は6歳から開始され5年間小学校で行われる。その後、前期中等教育が基礎中学校（以下、中学校）において4年間、後期中等教育が普通中学校（以下、高校）あるいは各種の技術職業訓練学校において3年間行われる。現行の教育法（2009年改定）では12年間の基礎教育課程のうち初等教育5年と前期中等教育4年の合計9年間が義務教育と定められている。

　後期中等教育機関は、上述のように高校と職業訓練学校があり、前者は高等教育機関に進学するための準備教育を3年間行い、後者は中級レベルの職業的知識と技能を備えた技術者及び専門職人材を養成するための職業専門教育を3～4年間行う。ただし、高校卒業者に対しては教育期間は1～2年に短縮される。

　後期中等教育を修了した者には高等教育機関への進学の道が開かれる。同国の高等教育はもともと旧ソビエト連邦の影響が強く、工業、農林水産、教育、医学など専門単科大学を中心として展開されてきたが、ドイモイ政策[*4]以降、国家大学、地方総合大学などの新しい形態の教育機関が設置されるようになった。修学年限は専攻によって異なるが、一般的に大学の学士課程は4年（工学

[*4] 1986年から実施された市場経済の導入を図る経済改革で、これによって同国は近年目覚ましい発展を遂げている。

部は5年、医学部は6年)、大学院修士課程は2年、博士課程は修士号取得者で3年、修士号未取得者で4年が標準となっている。短期大学は3年が一般的である。

就学前教育は、近年、都市部を中心に整備・普及が進められており、生後3

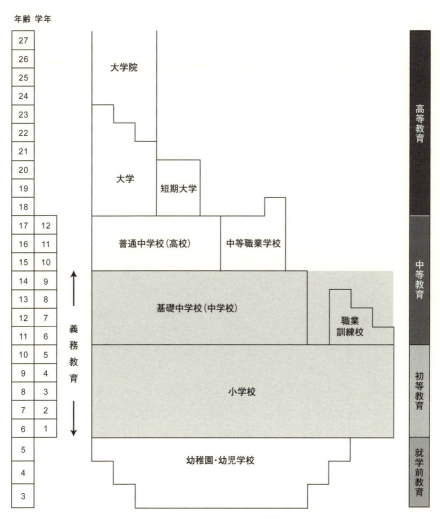

出典:ベトナム教育訓練省（MOET）へのインタビューにより筆者作成

図1-3　ベトナムの学校系統図

カ月から3歳までの乳幼児を預かる託児所と3歳から6歳までの幼児を教育する幼稚園がある。加えて、託児所と幼稚園の両方の機能を備えた幼児学校もある。

　ベトナムの学校制度が全国的に一本化されたのは1989年になってからである。1976年の南北統一以前はそれぞれ異なった学校制度が採用されていた。統一後5年たった1981年にようやく旧南ベトナムで採られていた制度を全国的に採用することが決まり、その後、少しずつ改定されながら現在の制度に至っている。

　なお、ベトナムの学校、すなわち、小・中・高・大学を含むすべての学校は基本的に国によって設置され、中央教育行政機関である教育訓練省（Ministry of Education and Training: MOET）が監督している。MOETは地方の各省及び各郡にそれぞれ教育訓練局（Department of Education and Training: DOET）、教育訓練部（Bureau of Education and Training: BOET）と呼ばれる出先機関をもっており、中央政府の指示や命令が末端の学校に行き渡るように組織されている。ただし、一部の学校、例えば医科薬科系の大学、美術系の大学などはそれぞれ厚生省や文化情報省などに属し、MOETの監督権限の外にある。

■ 教育課程（カリキュラム）

　ベトナムにおける戦後の教育改革・教育課程改革を概観すると、1945年の新教育制度の構築を振り出しに、1950年の第一回教育改革、1956年の第二回教育改革、1975年の第三回教育改革、1986～2005年にわたる第四回教育改革、と五つの段階を経てきたことが分かる。第一回目の教育改革では「人民の、人民による、人民のための教育」の実現が目指され、9年間の基礎教育課程が定められた。第二回目の教育改革は、第一回目の基本的な考え方を北部地域一帯に普遍化することを目的に実施され、続く第三回目の教育改革は、南北統一を機に統一的な教育制度の全国普及を狙ったものである。また、この時期には12年間の一般教育（General Education）が設定され、新しい教育課程が導入された。その後1986年からは社会主義的市場経済の原理を取り入れた教育改革が徐々に進行し、2000年には約20年ぶりに新しい教育課程が編成、実施された。

　現行の「2000年カリキュラム」は、同国のMOETの主導の下に開発されたが、実際の開発作業にあたったのは国立教育科学研究所（National Institute of

Education and Science: NIES)にあるカリキュラム開発・教育方法センター(Research Centre for Curriculum Development and Teaching Methodology)であった。教育課程改定の基本的な方針として、①日々の生活において応用できる基本的・実践的内容への焦点化、②近代社会における科学及び科学技術等の発展に基礎を置いた内容、③学習における児童生徒の創造性や独創力を発展させる手助けとなる教授学習方法の導入、④各児童生徒の能力、特に自学自習のための能力及び方法の開発、⑤人文主義的及び国際的な教育に関する十分な考慮、⑥ベトナムのナショナル・アイデンティティの保持と国際社会への参加、⑦「知ることを学ぶ、為すことを学ぶ、人間として生きることを学ぶ、共に生きることを学ぶ(Learning to know, Learning to do, Learning to be, Learning to love together)」[*5]という国際カリキュラムへの焦点化、といった七つの点が挙げられた。

こうして開発された「2000年カリキュラム」では、21世紀に向けて目指されるべき教育として、(1)社会主義を維持するための公民教育、道徳教育、愛国教育、マルクス・レーニン主義教育の強化及び各教育段階におけるホーチミン思想の導入、(2)世界における開発動向に応じた法律教育、審美教育、環境教育、人口教育、体育教育の強化及び外国語教育と情報教育の拡大、という二つが重要な柱として据えられることになった。

「2000年カリキュラム」の実施に際してはいくつかの特徴が見られる。まず一つ目の特徴はどの教科においても基準が設けられ、その基準に沿って教育実践を行うことが義務付けられたことである。二つ目の特徴は内容の10〜15%程度を地方に密着したもの(例えば、地方特有の地理、歴史、経済、文化など)にすることが奨励されたことである。そして三つ目の特徴は学校現場の教師に自由裁量を与え地域特有のバリエーションを認めたことである。

なお、「2000年カリキュラム」で定められた教科目は、小学校低学年(第一学年〜第三学年)が6教科、高学年(第四学年〜第五学年)が7教科となっている。詳細は表1-3の通りである。

---

*5 これはユネスコ(国際連合教育科学文化機関、United Nations Educational, Scientific and Cultural Organization: UNESCO)による『Learning: The Treasure Within(学習:その秘められた宝)』(1996年)の中で、教育の重要な点として示されたものである。

表1-3 「2000年カリキュラム」で定められた初等教育の教科目

年齢 学年	6-8 1-3	9-10 4-5
国語（Vietnamese Language）	✓	✓
算数（Mathematics）	✓	✓
自然社会科学（Natural and Social Sciences）	✓	
科学（Science）		✓
地理（Geography）		✓
道徳教育（Moral Education / Civics）	✓	✓
体育（Physical Education）	✓	✓
芸術（Arts）	✓	✓

出典：World Bank, "Education in Vietnam: Development History; Challenges and Solutions," 2007 を参考に筆者作成

　なお、現在同国では教育課程の全面改定が進められている。この改定の背景には、変化の激しい時代を生きる子どもたちが未来を切り拓いていける資質・能力を身に付けることが喫緊の課題であるという危機感があると言われている。

■ 教科書と教科書制度

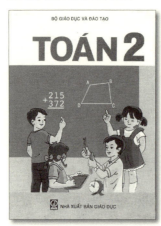

本書で分析対象とする
ベトナムの教科書

　ベトナムではMOETが編集する国定教科書が全国の学校現場で統一的に使用されている。そのため、基本的に全国どこへ行っても同じ教科書を使った同一内容の学習が同じ方法で行われている。もちろん、「2000年カリキュラム」では地方の実情に即した地方裁量による学習内容及び方法の開発が認められてはいるものの、それは10～15％と一部に限られている。

　なお、本書においては、「2000年カリキュラム」の下、MOETによって2003年に編纂された小学校算数教科書『TOÁN』を使い、同国の初等算数教育の内容を分析していく。

1.3 インドネシア

　インドネシアは東南アジアの南部に位置し、赤道を挟んで東西5,110キロメートルにわたり点在する1万3,466もの大小様々な島から構成される島嶼国である。人口は2億3,000万人を超え、世界第4位の人口大国であると同時に、その大多数がイスラム教徒であることから世界最大のイスラム人口国としても知られている。同国は19世紀初頭以来、長らくオランダに支配され、また第二次世界大戦中の一時期は日本軍の占領下となって民族的なアイデンティティを剥奪されるという過酷な状況に置かれた。同国が正式に独立を果たしたのは1949年12月のオランダ・インドネシア円卓会議（ハーグ円卓会議）においてである。

　近年、同国は急速な経済成長を背景に東南アジア諸国連合（Association of South-East Asian Nations: ASEAN）の中でも指導的立場にあり、域内の政治、経済を牽引する重要な責任を負っている。

　同国では長らく中央集権制の下で教育活動が行われてきたが、1998年のスハルト（Haji Muhammad Soeharto）政権崩壊以降、政治面における地方分権化が一気に進んだことを受けて、教育面でも地方分権化が進められている。

■ 教育制度

　インドネシアは日本と同様に6-3-3制を採用している。基本的に、小学校は7歳から12歳、中学校は13歳から15歳、そして高等学校は16歳から18歳までの子どもを対象としている。従来、義務教育は小学校の6年間のみであったが、小学校への就学が全国的にほぼ普及したことから、1994年度以降、政府は義務教育課程を中学校にまで延長し、中学校への就学普及を国家の優先課題として取り組んでいる。

　インドネシアの学校教育は幼稚園、小学校、中学校、高等学校、大学という一連の学校段階により構成されているが、それぞれの段階においてイスラム系の学校と普通学校とが併存していることがこの国の大きな特徴である。これは、中央政府の教育文化省（Ministry of Education and Culture: MOEC）が管轄す

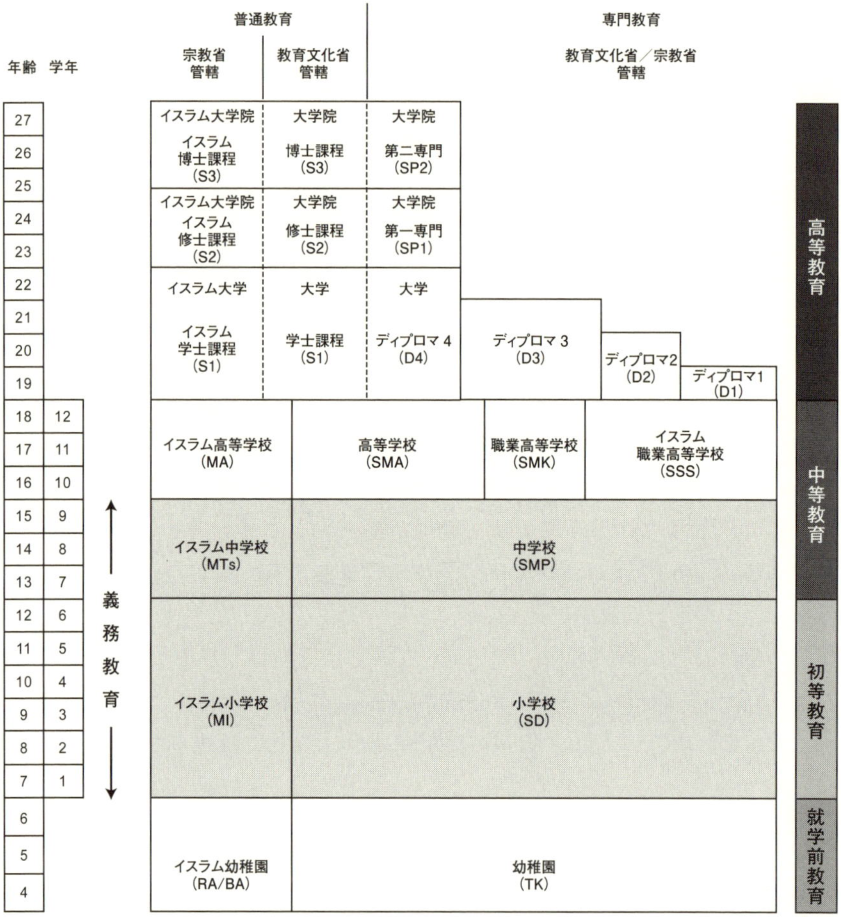

年齢	学年	普通教育		専門教育					
		宗教省管轄	教育文化省管轄	教育文化省／宗教省管轄					
27		イスラム大学院 イスラム博士課程 (S3)	大学院 博士課程 (S3)	大学院 第二専門 (SP2)					高等教育
26									
25									
24		イスラム大学院 イスラム修士課程 (S2)	大学院 修士課程 (S2)	大学院 第一専門 (SP1)					
23									
22		イスラム大学 イスラム学士課程 (S1)	大学 学士課程 (S1)	大学 ディプロマ4 (D4)	ディプロマ3 (D3)	ディプロマ2 (D2)	ディプロマ1 (D1)		
21									
20									
19									
18	12	イスラム高等学校 (MA)	高等学校 (SMA)	職業高等学校 (SMK)	イスラム職業高等学校 (SSS)				中等教育
17	11								
16	10								
15	9	イスラム中学校 (MTs)	中学校 (SMP)						
14	8								
13	7								
12	6	イスラム小学校 (MI)	小学校 (SD)						初等教育
11	5								
10	4								
9	3								
8	2								
7	1								
6		イスラム幼稚園 (RA/BA)	幼稚園 (TK)						就学前教育
5									
4									

(義務教育：学年1〜9)

出典：インドネシア教育文化省（MOEC）のウェブサイト（www.kemdikbud.go.od）及び日本国外務省「国際協力：政府開発援助（Official Development Assistance: ODA）ホームページ・インドネシアにおける教育・人材開発の現状と改革の動向」(www.mofa.go.jp/mofaj/gaiko/oda/shiryo/hyouka/kunibetu/gai/h11gai/h11gai019.html) を参考に筆者作成

図1-4　インドネシアの学校系統図

る学校（普通学校）とは別に、宗教省（Ministry of Religious Affairs: MORA）が管轄する「マドラサ」と呼ばれるイスラム学校があるためである。両者はともにMOECが策定した教育課程に準じた教育を行っているが、管轄が異なるためお互いの学校間交流や情報共有はない。また、これらの学校予算もそれぞれ

MOECとMORAから配賦されており財源自体が異なっている。

　高等教育機関には、学位を出せる機関（大学）と専門的・職業的教育を行い修了証書のみを出せる機関（専門学校）との二つがある。大学は最低修業年限が4年とされており、サルジャナ（学士：S1）の学位を取得できる。大学院へ進学するとマギステル（修士：S2）やドクトル（博士：S3）の学位を取得できる。他方、専門学校はその修業年限によってディプロマ1～4の課程に分けられ、それぞれD1、D2、D3、D4の修了証明書が取得できる。高等教育機関には総合大学（University）、専門大学（Institute）、単科大学（Sekolah Tinggi）、ポリテクニック（Politeknik）、アカデミー（Akademi）の五種類がある。

　学校教育以外に学校外教育があり、それにはノンフォーマル教育とインフォーマル教育がある。前者は「パケットA、B、C」と呼ばれる小学校、中学校、高等学校に相当する学習プログラムが用意されており、主として中途退学者や非識字者に対して学習機会を提供する役割を担っている。後者は家庭や地域での教育全般が含まれる。

■ 教育課程（カリキュラム）

　インドネシアは1947年[*6]以来10回にも及ぶ教育課程の改定を行ってきた。同国の教育課程を歴史的に概観すると「1997カリキュラム」までは中央政府による完全な管理下に置かれた中央集権的な教育課程であり、教育内容は全国統一で一律化されていた（Conent-Based Curriculumと呼ばれている）。すなわち、教育課程に記載された教育方針はもちろんのこと、各教科の教授内容及び計画であるシラバスも中央政府によって作成され、学校現場ではそれらに忠実に従って教育実践を行っていかなければならなかった。

　この基本的な方針に大きな変化が見られたのは2000年に策定された「能力ベースのカリキュラム（Competency-Based Curriculum）」（通称KBK〈Kurikulum Berbasis Kompetense〉）からである。この時初めて教育内容が中央政府の管轄下から解放され、各学校の裁量がある程度許容されるようになった。各学校は

---

*6　インドネシアの正式な独立は1949年12月であるが、それ以前の1947年8月に国連安全保障理事会で独立戦争停戦及び平和的手段による紛争解決が提示されており、その時期から独立国としての準備が進められた。

教育課程に記載された基本的な教育方針には従わなければならないものの、具体的な教授内容及び計画であるシラバスは独自に作成することが可能になったのである。中央政府は教育内容を規定する代わりに児童生徒に習得させたい資質・能力を定めるとともに、教師が何を教えたかではなく児童生徒が何を学んだかに焦点を当てる（Outcome-Based Approachと呼ばれる）ようになった。

なお、この能力ベースのカリキュラムであるKBKは策定後すぐに全国一斉に施行された訳ではない。当初はいくつかの県の選定された数校で実験的に導入され、2005年までの約5年をかけてその範囲が徐々に拡大されていったのである。

2006年、政府はKBKに代えて「学校ベースのカリキュラム（School-Based Curriculum）」（通称KTSP〈Kurikulum Tingkat Satuan Pendidikan〉）と呼ばれる新しい教育課程の導入を発表した。この新しい教育課程の特徴はKBK以上に教育の裁量権を学校に与えた点にある。すなわち、KBKのように各学校によるシラバス作成を認めるだけではなく、各学校に教育課程自体の開発を認めたのである。この背景には、1990年代から広まった地方自治の考え方が強まったことや同国の教育達成状況が国際的に見て低い状態にあるという危機感などがあっ

表1-4　KTSPで定められた初等教育の教科目

年齢 学年	7-12 1-6
宗教（Religion）	✓
パンチャシラ（Pancasila）*	✓
体育（Pysical Education）	✓
情報技術（ICT）	✓
国語（Indonesian Language）	✓
英語（English）	✓
民族語あるいは外国語から1科目選択	✓
算数（Mathematics）	✓
理科（IPA）	✓
社会（IPS）	✓
芸術（Music, Painting and Dance）	✓

注＊：インドネシア建国五原則のことで、「唯一神信仰」、「人道主義」、「国の統一」、「民主主義」、「社会的公正」の五つを指す。
出典：Wikipedia, "Education in Indonesia" 及びインドネシア教育文化省（MOEC）ウェブサイトを参照して筆者作成

たと考えられる。なお、この学校ベースのカリキュラムであるKTSPもすぐに全国一斉に導入されたのではなく、当初3年間（2006～2008年）は小学校及び中学校や高等学校の一部の学年でのみ試行され、2009年からようやくすべての学校及び全学年において導入されるようになった。

KTSPは各学校に対して教育実践に関する大きな裁量権を与えたが、それは各学校が全く自由に独自の方法で教育実践を行ってもよいということを意味するものではないことを理解しておく必要がある。つまり、各学校が教育課程を作成する際には、政府策定のガイドラインを参照し、その指示に従って教育目標、教科内容、シラバス、学校休業日などを決定しなければならなかった。

KTSPは能力ベースの教育課程でもあるため、各教育段階修了時に習得されていなければならない標準的な能力（Graduate Competency Standards: GCS）を十分に考慮して作成される必要があった。ちなみにGCSは国家教育標準委員会（The Board of National Standards of Education: BNSE）によって教育段階別及び教科別に定められた能力指標である。またKTSPでは各学校において設定されるべき教科目が示された。

2013年、政府は新教育課程の導入を発表し同年7月よりいくつかの学校において試行を開始した。新教育課程は「2013カリキュラム（Kulikulum 2013）」と呼ばれている。新教育課程の導入の背景には、子どもたちがあまりにも勉強に追われ、そのはけ口として彼らが暴力を振るうようになり、大きな社会問題

表1-5 「2013カリキュラム」で定められている初等教育の教科目

年齢 学年	7-9 1-3	10-12 4-6
宗教（Religion）	✓	✓
パンチャシラ・公民（Pancasila and Civics）	✓	✓
体育（Physical Education）	✓	✓
国語（Indonesian Language）	✓	✓
算数（Mathematics）	✓	✓
科学（Physics, Biology）		✓
社会（History, Geography, Economics）		✓
芸術（Music, Painting and Dance）	✓	✓

出典：Wikipedia, Education in Indonesia及びインドネシア教育文化省（MOEC）ウェブサイトを参照して筆者作成

になっているという状況がある。

　「2013カリキュラム」には注目すべきいくつかの大きな特徴がある。一つはITによる教育課程の提供である。従来のように紙ベースでの教育課程ではなく、MOECのウェブサイトから教育課程にアクセスできるようになった。二つ目は教科数の大幅な削減である。例えば、初等教育においてはKTSPでは11教科であったが、「2013カリキュラム」では6教科とされた。特に大きな議論を巻き起こしたのは、小学校低学年での理科と社会の国語への統合、小学校での英語の廃止、すべての教育段階で情報技術（ICT）教育の廃止である。合科教育を進めることによって教科数を減らすという基本的な考え方については理解できなくもないが、理科と社会を系統やアプローチの全く異なる国語という言語教育の中に包含したり、KTSPでは非常に重視されていた言語教育（英語や民族語を含む）や情報技術教育を一転して軽視するというような大幅な変更などに対して、子どもたちの学力が本当に維持できるのかという疑問が呈されたのである。

　三つ目はテーマ学習（Thematic Learning Method）の本格的な導入である。これは、まずテーマを設定し、このテーマに沿って各教科において学習を進めていくという方法である。実は、KTSPでもこの方法は取り入れられていたが、その導入は小学校低学年だけに限定されていた。それを新教育課程では初等から中等、さらには職業教育にまで広く導入したのである。

　四つ目として、児童生徒が習得すべき資質・能力レベル（Competency Standards）が明確に定義され、それが各教育段階において関係性と一貫性をもちながらその発達が求められるという点である。KTSPでも習得すべき能力は定められていたが、その中心は認知レベルのものに留まり、また各教育段階間での繋がりが不明確であった。新教育課程ではこの点を改良しコンピテンシーとして認知レベルはもちろん、態度やスキルも含むものとして設定された点が注目される。

■ **教科書及び教科書制度**

　インドネシアでは「1997カリキュラム」（1997-2000年）までは中央集権であったため国定教科書が編集され、それが全国の学校で用いられていたが、2001

年からのKBK導入以来、各学校の裁量がある程度認められるようになったことを受けて、教科書も国定教科書に代えて検定教科書となった。検定教科書制度は、我が国と同様、民間の出版会社が政府の基本方針を踏まえながら独自の教科書を編集し、それを政府に提出して教育課程に合った教科書であるという承認を受けた後に販売できるという制度である。したがって、同国には民間教科書会社から出された検定合格済の教科書が数種類あり、地域や学校によって使われている教科書は異なる。

なお、先に触れたように、現在、同国では「2013カリキュラム」に則った教科書が使われているが、本書においては一つ前の教育課程である「KTSP」に基づいて編纂され、学校現場で最も広く使われた『Pelajaran Matematika』（Erlangga出版社、2006年）を使い、同国の初等算数教育の内容を分析していく。

本書で分析対象とする
インドネシアの教科書

1.4 ミャンマー

　ミャンマーは正式名をミャンマー連邦共和国といい、インドシナ半島の西部に位置する東南アジアの共和制国家である。1989年までは「ビルマ」と呼ばれていた。国土はおよそ67万平方キロメートルあり、東南アジアではインドネシアに次ぐ大国で、北東に中国、東にラオス、南東にタイ、西にバングラデシュ、北西にインドと国境を接している。国内には6割を占めるビルマ族の他、カレン族、カチン族、カヤ族、ラカイン族など135にも及ぶ民族が居住する多民族国家である。

　歴史的には19世紀初頭以来イギリスと幾度もの戦争を経験し、その後長らくイギリスの植民地となった。また第二次世界大戦中は一時日本の統治下にも置かれたことがある。戦後、独立を果たすも、しばらくして軍部が政権を握ると国際的には孤立した状態が続いた。2007年になってようやく政治改革が行われ、新憲法の発布とともに少しずつではあるが民主化の道を歩み始めた。2010年には現在の国名への変更とともに国旗も新しくなった。さらに、2016年には総選挙においてアウンサンスーチー率いる国民民主連盟（National League for Democracy: NLD）が大勝し、名実ともに民主主義政権が誕生した。

■ 教育制度

　現在、ミャンマーでは大規模な教育改革が進行中であり、旧制度と新制度が併存した状況にあるため、現行の教育制度について説明することは容易ではない。新しい教育制度は2016年から導入が始まり、就学前教育、初等教育、中等教育の順に毎年一学年ずつ導入されていくため、新制度が完全実施されるのは2028年と予定されている。

　したがって、ここでは話を分かりやすくするために、まず旧制度（現在もまだほとんどの教育段階でこの制度が継続されている）について説明し、その後に新制度、特に旧制度との相違点に絞って解説していきたいと思う。

（1）旧制度

旧制度は2015年以前まで継続されていた制度である。2016年からは新制度の段階的な導入が始まったため、現在は新旧両制度が混在しているが、2027年まではこの制度は少なからず残存する。

旧制度では初等教育5年、前期中等教育4年、後期中等教育2年という5-4-2制の11年の単線型制度が採られている。この制度は1973年に成立した基礎教育法（Basic Education Law、1989年改正）に基づいて同年6月より施行されたものである。また、就学前教育として保育園や幼稚園といった教育機関が

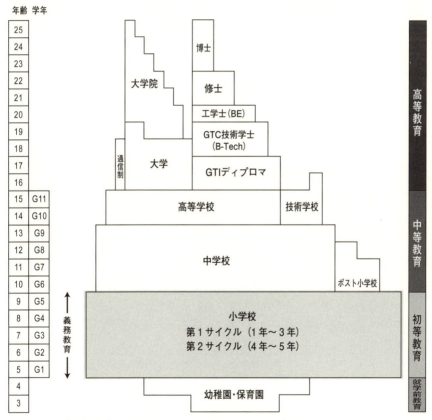

注：G1-5の「義務教育」という呼称については議論あり。詳細は次頁参照。
出典：ミャンマー教育省（MOE）提供の資料を参考に筆者作成

図1-5　ミャンマーの旧学校系統図

あり 0 歳児から 4 歳児を対象にしているが、これは初等教育や中等教育とは異なり教育省（Ministry of Education: MOE）の管轄ではなく、社会福祉救済復興省（Ministry of Social Welfare, Relief and Resettlement: MSWRR）が管轄している。さらに、これら保育園や幼稚園への就学有無については各家庭に任されている。

　旧制度の下では、初等教育は 5 歳児を対象に開始され、後期中等教育を終えるのは15歳である。ただし、ミャンマーの農村部では近隣に学校がなかったり、家庭の事情で子どもが 5 歳になってもすぐには学校に通わせることができないといった理由から、数年遅れて初等教育を開始する子どももかなり見られる。

　初等教育は小学校で行われ、第一学年から第五学年まである。通常、第三学年までは低学年（第 1 サイクル）、第四学年及び第五学年は高学年（第 2 サイクル）と呼ばれている。前期中等教育は中学校で行われ、第六学年から第九学年までの 4 年間の課程を履修することになっている。引き続き進学を希望する者には後期中等教育の道が開かれ、高等学校において 2 年間の課程を履修、すなわち第十学年及び第十一学年を経ることになっている。

　実は、ミャンマーではこれまで義務教育が法的には定められていなかった。この理由としては、農村部では未だに住民の戸籍や登録が不十分であるため、就学年齢児童とその数を把握することが政府にとってはかなり難しかったということが挙げられる。しかし、近年の初等教育における急激な就学率の高まりを受けて、政府は2013年から小学校教育を無償にすることを発表した。翌2014年には中学校教育の無償化、さらに2015年には高等学校教育の無償化を次々に打ち出した[*7]。そして、現時点（2019年 1 月）においては小学校のみ無償及び義務教育と一般に理解されている[*8]。

　後期中等教育の最終年（第十一学年）では高等学校修了と大学入試を兼ねたミャンマー試験局（Department of Myanmar Examinations: DME）による「全国

[*7] ここで言う「無償化」とは、従来保護者から徴収していた授業料や教科書代及び教材費を廃止し、政府が負担することを意味する。
[*8] ミャンマー連邦共和国憲法（2008年）によれば、第28条に「国家は無料の初等義務教育を実施しなければならない」と述べられており、また改正国家教育法（2015年 6 月公布）では、第17条に「小学校教育における無償義務化が成功裏に施行された後、この無償義務教育は順次拡大されていく」と明記されている。これら二つの法的根拠から現時点（2019年 1 月）において小学校が無償教育かつ義務教育と理解されている。

共通試験（Matriculation Examination）」が実施される。試験教科はミャンマー語、英語、数学の必須3教科及び三つの選択科目（物理、化学、生物、歴史、地理、経済、選択ミャンマー語より選択）の合計6教科目で行われる。各教科目の試験時間は3時間で、2日間にわたって実施される。高等学校修了と認められるにはこの試験に合格する必要があるが、そのためにはすべての教科目において40％以上の正答率が必要とされる。一教科目でも正答率が40％に満たないと不合格となり高等学校修了と見なされない。毎年の同試験の合格率は全受験者のおよそ35％と言われておりかなり低い。不合格者は翌年再挑戦できるが、生徒本人はもちろん家族にとっても心理的に大きなプレッシャーとなっていることは間違いない。

　この試験で好成績をおさめた生徒には高等教育に進学する道が開かれる。古くからのヤンゴン大学やマンダレー大学といった総合大学（Arts and Science University）の他、専門教育機関（Professional Institute）、単科大学（Degree College）、短期大学（College）など多様な機関がある。通常、学士課程は3年（法律は4年）、修士課程は2年、博士課程は少なくとも4年必要とされている。その他、種々の短期コース（3カ月〜1年程度）も開設されている。

　さて、ミャンマーの教育制度を語る上で触れておかなければならない重要な点がもう一つある。それは僧院学校（Monastic Schools）と呼ばれる施設で行われている教育である。僧院学校とはもとは主として貧しい子どもたちに教育の機会を与えようと主唱する僧侶によって開設された施設であり、その管轄は当該寺院にあり、MOEとは全く別系統となっている。全国には1,500程度あり、数量的には全学校のわずか3〜4％程度[9]であるが、同国では古くから教育実践を行ってきた組織として依然として無視することはできない。ちなみに、教育内容は基本的にはMOE管轄の学校と同様で、MOE発行の教科書を使用して教育活動が行われている。

（2）新制度

　ミャンマー政府は2016年より改正国家教育法（National Education Law: NEL）

---

[9] Ministry of Education, "Education Statistic Year Book," 2014を参照。

に基づき新しい教育制度の導入に踏み切った。ただし先にも述べたように、この新制度の導入は各教育段階において毎年一学年ずつ行われる計画で、初等教育から後期中等教育までのすべてが新制度に置き換わるのは2028年の予定である。

新しい教育制度では、就学前教育1年、初等教育5年、前期中等教育4年、後期中等教育3年とされ、合計13年間の単線型教育となる。旧制度と比べると基礎教育は2年間延長されることになる。この2年間の延長は、新しい就学

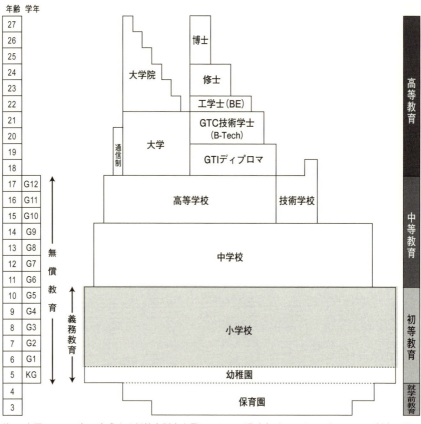

注1：上図は2028年に完成する新教育制度を示しており、現時点（2019年1月）ではこの制度に至っていない。
注2：2015年には小学校から高等学校までの教育が無償化された。また、2008年憲法及び2015年の改正国家教育法にて初等教育のみが義務教育と一般に理解されている。
出典：ミャンマー教育省（MOE）の資料を参考にして筆者作成

図1-6　ミャンマーの新学校系統図

前教育の導入とこれまで二年制であった後期中等教育を三年制に変更したことによるものである。

新しい就学前教育はすでに2016年6月から導入され、現時点（2019年1月）において順調に機能している。この就学前教育の対象児童年齢は従来の小学一年生の児童と同様に5歳であるが、ここでの教育課程、すなわち学習内容はこれまでとは大きく異なっている。従来の5歳児の教育は「初等教育課程」と認識され、「ミャンマー語」や「算数」などをはじめとした教科教育が行われていた。しかしながら、新しい5歳児の教育は「初等教育課程」の前段階と見なされ、教科教育はなく情操教育に力を入れた教育が行われることになった。従来からあった教科書は消え、その代わりに各学校には教育玩具が備えられるようになった。この実践を見ていると、「幼児教育の祖」と言われるドイツの教育学者フレーベル（Friedrich W. A. Fröbel、1782-1852年）の幼稚園教育実践を彷彿させられる。なお、新しい就学前教育は義務教育ではない。

新しい制度への移行は2017年6月には初等教育の第一学年において、2018年6月には初等教育の第二学年において実施された。今後、2019年には初等教育の第三学年と前期中等教育の第六学年において、引き続き2020年には初等教育の第四学年、前期中等教育の第七学年、さらに後期中等教育の第十学年において、2021年には初等教育の第五学年、前期中等教育の第八学年、後期中等教育の第十一学年において予定されている。現時点（2019年1月）では、この新制度への移行は2028年6月を最後に完了する予定である。

■ 教育課程（カリキュラム）

ミャンマーで現在進行中の一大教育改革は、先に触れた教育制度の改革だけでなく教育課程の改革も含んだ総合的なものである。したがって、現在は旧教育課程と新教育課程が混在した状況となっているため、同国の教育課程を一律に述べることはとても難しい。そこで、ここでも教育制度と同様に、旧教育課程と新教育課程に分けて説明していく。

（1）旧教育課程

ミャンマーの旧教育課程の大枠は基礎教育法（Basic Education Law、1973年制

定、1989年改正）によって規定されており、同法第1条に教育課程、シラバス、教科書についての定義がある。それによると、「教育課程は学校で教授される教科及び校内、校外で行われる訓練を含めた実践的教育活動を指し、シラバスはそれら教科及び実践的教育活動の教授についての詳細な内容、教科書とは基礎教育カリキュラム・シラバス・教科書委員会によって発行された印刷物を指す」と明記されている[*10]。ここから分かることは、同国の教育課程は教科区分を基本とし様々な知識をその枠組みで分類、構成しており、教科を教えることでこれらの知識が効率的に習得できるという伝統的な教育課程編成、いわゆる「教科デザイン（Subject-Based Curriculum Design）」を採用していると言える。

ただし、同国における「教科デザイン」による旧教育課程において指摘しておかなければならないことは、その運用において誤解があることである。すなわち、「教育課程＝教科」というあまりにも強い認識から、教育課程編成のグランドデザインとも言うべきフレームワークが存在せず、基礎教育の教育目標、各教科の設定理由、学習評価のあり方など、教育活動において大前提となる基本的事項が不明瞭なまま教科による教育活動が行われているということである。

実際、同国の教育課程の中身を知るものとしては教科書と教員用指導書がすべてである。当然、教科書や教員用指導書には教授学習内容が中心に記載されており、これが教育課程であるという同国の教育方針の下では、「内容中心の教育課程編成（Content-Based Curriculum）」であるとも言える。

同国の旧教育課程は1998年に策定されたものである。その構造（あるいは教科の構造）は、「主要教科（Core Curriculum）」と「それ以外の教科（Co-Curriculum）」、さらに後期中等教育では「選択コース」から[*11]構成されている。

同国の教科構造における大きな特徴は、初等教育に見られる合科教育である。表1-6のように、初等教育低学年では「総合学習」、高学年では「社会」という教科が設定されている。これは、いわゆる「融合カリキュラム（Fused Curriculum Design）」と呼ばれる編成方法で、教科の学習を中心としながらも

[*10] Ministry of Education, The Basic Education Law, 1989（英訳版）を参照。「カリキュラム・シラバス・教科書委員会」とは教育省（MOE）が組織した外部委員会で、ヤンゴン大学やマンダレー大学などの国内の主要な大学の教授から構成された組織である。
[*11] 後期中等教育における選択コースは2000年より導入されたもので、これは主要教科（Core Curriculum）と位置付けられている。

表 1-6　旧教育課程で定められている初等教育の教科目

年齢 学年	低学年 7-9 1-3	高学年 10-12 4-6
主要教科（Core Curriculum）		
国語（Myanmar Language）	✓	✓
英語（English）	✓	✓
算数（Mathematics）	✓	✓
総合学習（General Studies）	✓	
自然理科（Natural Science）		
道徳・公民（Moral and Civics）		
ライフスキル（Lifeskills）		
理科（Basic Science）		✓
社会（Social Studies）		✓
地理・歴史（Geography and History）		
道徳・公民（Moral and Civics）		
ライフスキル（Lifeskills）		
それ以外の教科（Co-Curriculum）		
農業（Agriculture）*	✓	✓
体育（Physical Education）	✓	✓
芸術（Aesthetic Education）	✓	✓
音楽（Music）		
美術（Drawing）		

注＊：「農業」は 2013 年から導入された比較的新しい教科である。
出典：ミャンマー教育省（MOE）への聞き取りにより筆者作成

教科内容を問題の範囲に関連して再編成したものである。しかしながら、その中身を見ると、前者は「自然理科」、「道徳・公民」、「ライフスキル」、後者は「地理・歴史」、「道徳・公民」、「ライフスキル」というように、それぞれ三分野から構成されており、これらの分野の関連性を考慮して内容を再編成したというより、個別に独立したままの状態で「総合学習」や「社会」という大きな括りを用いたに過ぎないことが分かる。言い方を変えれば、学校現場では「自然理科」、「道徳・公民」、「ライフスキル」、「地理・歴史」も一つの教科あるいは科目のように扱われているということである。

　もう一つの特徴として、2013年から新しく導入された教科「農業」を挙げることができる。MOEによれば、この導入は大統領の指示によって突然行われたもので、この導入のために既存の課外活動（School Activities）などの時間

が削られたり、廃止されたりしたということである。

　先述のように、ミャンマーには教育課程全体を俯瞰するグランドデザインというものがなく、教科書あるいは教員用指導書が教育課程のすべてである。そして、各教科の目標や配当時間数、さらに年間教授学習計画などはすべてが教科書あるいは教員用指導書に記載されている。ただし、すべての教科において教科書及び教員用指導書が編纂されている訳ではない。MOEでは2000年代中頃までに教科書及び教員用指導書の準備を徐々に進めてきたものの、例えば、初等教育では未だに「体育」と「芸術」の教科書はなく、「国語」と「農業」については教員用指導書がない。

　このように、現行の教育課程、正確には教科書及び教員用指導書が策定された時期はかなり古く、記載内容が現状と乖離していることが学校現場から指摘されてきている[*12]。他方、専門家からは教育課程編成の基礎となる全体のフレームワークがないために、各教科における個々の目標は分かっても、各教育段階においてどのような学力や能力を習得させたいのかが不明瞭であるという指摘もある。加えて、異なった教科及び学年の間の学習内容に一貫性や系統性が欠けている箇所が散見されるという指摘もある。こうした状況の下、同国政府はようやく教育課程をも含めた包括的な教育改革に乗り出したという訳である。

（2）新教育課程

　同国では、現在大規模な教育改革が進行している。この教育改革は、教育関連法規はもちろん、教育制度や学校制度、教育課程、教授法、教員養成のあり方にまで及ぶ包括的なものである。

　教育課程に関しては2015年5月に初等から後期中等を含む基礎教育段階のカリキュラム・フレームワークが開発されたが、現在（2019年1月）、政府によってその細部に若干の修正が施されている状況であり、まだ正式な施行はされていない。この新しいカリキュラム・フレームワークは、先述のように「教育課程＝教科」というこれまでの考え方を打ち破るもので同国における初めての試みでもある。

---

*12 例えば、初等算数の教科書における貨幣の単位、同じく初等社会科における道徳的価値観の取り扱い方などが現状に合っていないという批判がある。

このカリキュラム・フレームワークにはいくつかの大きな特徴が見られる。一つ目の特徴は習得すべき資質・能力を前面に押し出したことである。ここでは「21世紀型スキル（21st Century Skills）」の習得が強調されており、これはアメリカの「21世紀の学び協同事業（Partnership for 21st Century Learning: P21）」によって開発された枠組みを取り入れようという試みである。

二つ目の特徴は「よき市民（Good Citizenship）」の育成が重視されていることである。旧教育課程の「道徳・公民」の学習においても「よき公民（Good Citizens）」ということが目標の一つとなってはいるが、従来の「よき公民」は礼節や忠誠といった主従関係における道徳的価値観が重んじられてきた。他方、新しいカリキュラム・フレームワークで重視される「よき市民」は民主主義社会の中できっちりと責任を果たし、権利を行使できる市民を育てることが中心課題となっている。

三つ目の特徴は、従来の教育課程で採られてきた「主要教科（Core Curriculum）」と「その他の教科（Co-Curriculum）」という区別を廃止し、すべての教科を主要教科として位置付けた点である。旧教育課程では「主要教科」においては児童生徒の学習到達度を評価することが求められていたが、「その他の教科」では評

表1-7　新教育課程で定められている初等教育の教科目

年齢 学年	6-10 1-5
国語（Myanmar）	✓
英語（English）	✓
算数（Mathematics）	✓
理科（Science）	✓
社会（Social Studies）	✓
体育（Physical Education）	✓
ライフスキル（Lifeskills）	✓
道徳・公民（Morality and Civics）	✓
芸術（Arts）	
音楽（Performing Arts）	✓
図画工作（Visual Arts）	
地方裁量（Local Curriculum）*	✓

注*：週当たり5授業時間、年間120時間を超えない範囲で実施され、民族語、当該民族の歴史・伝統・文化、地方の商業、農業、コンピュータの基礎、その他地方のニーズに合った内容が行われる。
出典：ミャンマー教育省（MOE）への聞き取りにより筆者作成

価が求められていなかった。したがって、学校によっては「その他の教科」を実質上行っていないという状況も多々報告されていたのである。新しいカリキュラム・フレームワークでは、すべての教科は児童生徒の人間的発達を支援するものであるという考え方から、教科間におけるバランスを重視し、多様な方法を用いて児童生徒の学習状況を評価することを義務付けようとしている。

■ **教科書と教科書制度**

　ミャンマーは従来からあらゆる面で中央集権体制が採られており、教育分野においても例外ではない。教科書や教員用指導書など教育教材はすべて MOE の主導で編纂された国定教科書・国定教員用指導書の一種類であり、これが全国の学校で一律に活用されている。

　旧制度の下では、MOE が招集した外部組織であるカリキュラム・シラバス・教科書委員会によって教科書内容の執筆から編集、さらに承認及び発行まですべての教科書開発業務が行われていた。

　しかしながら、新制度ではこの業務工程が大きく変更された。新制度では、MOE が組織した教科書開発チーム（Curriculum Development Team: CDT）が教科書内容の執筆を行い、教科別カリキュラム委員会（Subject-Wise Curriculum Committee: SWCC）による確認を経て、最終的に国家カリキュラム委員会（National Curriculum Committee: NCC）の承認を得て完成という手順で行われるようになった。

　なお、本書では旧制度で開発された『Mathematics』（カリキュラム・シラバス・教科書委員会、2014年）を使い、同国の初等算数教育の内容を分析していく。

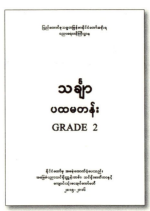

本書で分析対象とする
ミャンマーの教科書

1.5 ネパール

ネパールは正式にはネパール連邦民主共和国と呼ばれる南アジアの連邦共和制国家である。実は同国では長らく王制が採られていたが、2008年にそれが廃止され、2015年には新憲法の公布によって内外ともに正式に7州から構成される連邦制国家となった。

国土は世界最高地点エベレストを含むヒマラヤ山脈及び中央部丘陵地帯と南部のタライ平原からなり面積は約14万7000平方キロメートルである。東西及び南の三方をインドに、北を中国のチベット自治区に接し、北西から南東方向に細長く伸びる内陸国でもある。国内にはチェトリ族、ブラーマン族、マガール族、ネワール族など多くの民族が居住しており、加えてカーストと呼ばれる身分制度が絡み合い、複雑な社会を形成している。

■ 教育制度

ネパールでは、2007年に学校制度改革計画(School Sector Reform Program: SSRP)が開始され、その中で新しい教育制度が発表された。それによれば、従来の小学校(5年間)及び中学校(3年間)が統合され「基礎教育(Basic Education)」(8年間)とされるとともに、これまでの高等学校(2年間)と大学進学者のためのテンプラスツゥ(2年間)も統合され「中等教育(Secondary Education)」(4年間)とされた。そして基礎教育の8年間が義務教育と定められたが、児童を学校に通わせない保護者に対する罰則規定はない。

基礎教育は三つの段階に分けられ、小学一年生から三年生までを「第一フェーズ」、小学四年生から五年生までを「第二フェーズ」、小学六年生から八年生までを「第三フェーズ」と呼ぶようになった。この段階分けを用いると、第一フェーズ及び第二フェーズが旧制度の小学校段階に相当し、第三フェーズが中学校段階に相当することになる。

旧制度においては、高等学校終了時(第十学年)に「SLC(School Leaving Certificate)」と呼ばれる全国統一試験を受験し、合格することで高等学校の教育課程を修了したことが認められていた。したがって、この試験の合否は大学

への進学にとって非常に重要であり、またその成績も進学時及び就職時に大きな影響を与えた。新制度でもこの試験は継続されているが、その時期が中等教育終了時（第十二学年）に変更された。そして第十学年ではSLCに代えて、「Secondary Education Examination（SEE）」が実施されるようになった。

　ネパールの就学前教育は、主に4歳から5歳を対象として小学校で行われる就学前クラスと、4歳未満を対象としたコミュニティECD（Early Child Development）センターで行われるものがある。いずれも教育省（Ministry of Education: MOE）の管轄下に置かれているが、1999年の地方自治法により、こうした就学前クラス及びコミュニティECDセンターの運営は村の開発委員会及び地方自治体の財源によって行われるようになった。加えて、これら以外にも教育法規定外の多

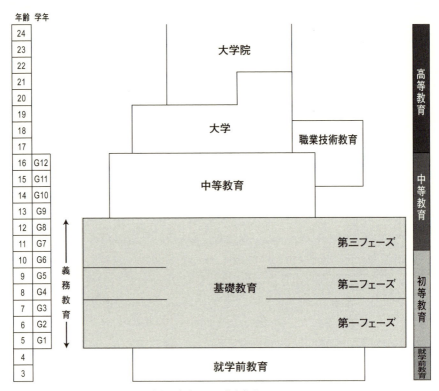

出典：ネパール教育省（MOE）の資料を参考にして筆者作成

図1-7　ネパールの新学校系統図

第 I 章　各国の教育制度・教育課程と教科書

数の私立幼稚園や ECD センターが国内に存在している*13。

同国の高等教育は、全国統一試験（SLC）に合格した後、最初の 2 年間は教養学科、商業学科、科学学科に分かれ、その後学士課程に進むという制度が採られている。学士課程修了後は 2 年間の修士課程への進学が可能である。加えて、学問分野によっては博士課程に進むことも可能である。同国では長らくトリブヴァン大学（Tribhuvan University）が国内唯一の総合大学であったが、現在では六つの国立総合大学がある。この他私立大学は近年急増している。職業技術教育においては医療分野と工学分野があり、生徒の興味関心に応じて門戸

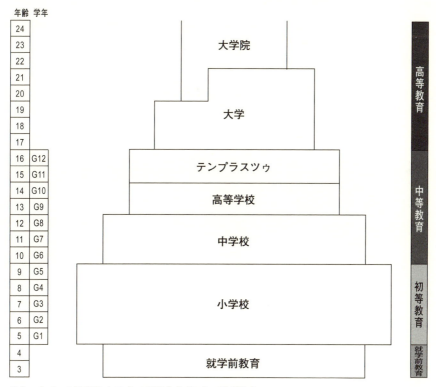

出典：ネパール教育省（MOE）の資料を参考にして筆者作成
図 1-8　ネパールの旧学校系統図

*13　清水由紀、鶴見千鶴子「ネパールにおける幼児教育」、科学研究費補助金　基礎研究（B）「幼児教育分野におけるアジアの途上国の実態調査とネットワーク形成」2007 年を参照。

が開かれている。

　以上がネパールの教育制度の概要である。同国では2007年から新しい教育制度に向かって教育改革が開始されたが、現時点（2019年1月）においてもまだ新制度への完全移行には至っていない。というのも、同国における学校設備や教員配置が十分でなく、そうした学校が新制度で示されたような8年間の基礎教育を提供できない状況にあるためである。ちなみに基礎教育の8年間の教育課程を提供できる学校は全国にわずか4,840校しかなく、この割合は全国の総学校数のわずか18.7％しかない。他方、小学一年生から五年生、すなわち旧制度における小学校課程を提供できる学校は1万2,361校（47.8％）と最も大きな割合を占めている[*14]。このように、まだ学校現場に新しい制度の受け皿がないのである。したがって、現時点（2019年1月）では、旧制度と新制度が複雑に入り混じった状態が続いている。

■教育課程（カリキュラム）

　現在、ネパールでは各教育段階別に策定された教育課程に則って教育活動が行われている。この教育課程は2008年に策定されもので、国家の教育目的、各教育段階における教育構造、教育課程、教科別授業時間数、教授法、学習評価などが含まれた包括的な内容となっている。

　同教育課程では、①個人の能力と潜在的可能性の開発、②健全な社会生活が営めるようにしっかりした価値観をもった個人の育成、③社会的団結、④国民のアイデンティティの擁護と近代社会におけるより良い生活の保障、⑤近代国家建設のための人材育成、⑥天然資源と国家的伝統の有効活用、⑦社会的・経済的に恵まれない人々に対する教育機会享受の保障、などが強調された現代的な教育方針を謳ったものとなっている。

　しかしながら、同国では上記の教育課程に先立つ2007年に「ネパールにおける学校教育のための国家カリキュラム・フレームワーク（National Curriculum Framework for School Education in Nepal）」が策定され、将来的な同国の教育制度及び教育課程についてのビジョンが示されていた。このカリキュラム・フ

---

*14　ネパールの教育省（MOE）が実施している教育経営情報制度（Education Management Information System: EMIS）の2016年報告書を参照。

表 1-8　教育課程で定められている初等教育の教科目

年齢 学年	5-7 1-3	8-9 4-5
国語（Nepali）	✓	✓
英語（English）	✓	✓
算数（Mathematics）	✓	✓
社会（Social Studies）	✓	✓
創造的芸術（Creative Arts）		✓
理科と環境（Science and Environment）		✓
保健体育（Health and Physical Education）	✓	✓
地方裁量教科／民族語（Local Subject）	✓	✓

出典：ネパール教育省「Primary Education Curriculum 2063、Class 1-3」カリキュラム開発センター、2008年及び「同、Class 4-5」カリキュラム開発センター、2008年を参照して筆者作成

レームワークは同国においては初めての包括的な教育政策文書であり、就学前教育から高等教育まで、同国で実施される全ての学校教育段階を含んだものとして注目を浴びた。ところが、残念なことに、ここに記載された教育方針がすぐに実施に移されることはなく、従来の教育制度及び教育課程が長らく継続されてきたのである。

　実は、このカリキュラム・フレームワークには初等教育の教育課程を根本的に変革することが明記されていた。すなわち、従来行われていた教科の枠を完全になくした統合カリキュラムの導入である。国語、英語、算数、社会、理科、創造的芸術、保健体育の内容を融合すると同時に、テーマ毎に分類し各テーマ学習の中で、従来の教科で扱っていた内容を学習させるというものである。

　カリキュラム・フレームワークの策定から10年以上が経過した現在、ようやくそこに明記された新たな教育方針が実現に向かって動き出した。MOE傘下のカリキュラム開発センター（Curriculum Development Centre：CDC）では、統合カリキュラムの開発を進めており、それに必要なワークブック及びリソースブック、それに学習教材の作成にも取り掛かっている[15]。

　今後、同国の学校教育では上記の国家カリキュラム・フレームワークに記載された新しい教育方針が徐々に実現されていく可能性が高い。そうなると、従

---

[15] CDCの関係者によれば、統合カリキュラムには「教科書」と呼ばれるものはなく、その代わり「リソースブック」と「ワークブック」が用いられる予定であるということである。

来の教育課程は大きく変わることは間違いない。

■ **教科書と教科書制度**

　ネパールでは、現時点（2019年1月）において学校教育の指針となる教育課程をはじめ、全国の学校で使用される教科書や教員用指導書、さらにその他学習教材は、すべてMOEの下部組織であるCDCにおいて開発されており、同センターで開発され、同政府によって承認された教材のみが正式な教育教材として学校現場で使える仕組みになっている[16]。

　CDCは1997年に設立された専門組織で、ネパール語、英語・国際語、数学、科学、社会、体育・創造的芸術、技術教育、職業教育など学問分野別に分けられた18の専門的な課から構成され、約70名の専門員からなっている。

　なお、同国ではMOE管轄下にある公立学校以外にも、同省認可の私立学校が近年急増しており、こうした私立学校ではMOE承認済みの教科書ではなく、民間会社によって発行された図書を使っていることが決して少なくない。そして、こうした民間会社の発行する図書はすべて英語で書かれているが、英語を話せることが一つの大きなステータスであり、就職の際にも断然有利であるという同国社会状況を反映して、こうした民間会社発行の図書の方が、MOE承認済みの教科書よりも人気があるという奇妙な状況が生まれているのも事実である。こうした状況から、CDCでも各教科の英語版教科書も出版するようになっている。なお、ネパール語版及び英語版の内容は全く同じである。本書では同国の初等算数教育の内容を分析するにあたり、「初等教育カリキュラム2008（Primary Education Curriculum 2063）」準拠の英語版算数教科書『My Mathematics』（CDC、2010年）を用いる。

---

[16] 2007年発行の「ネパールにおける学校教育のための国家カリキュラム・フレームワーク（National Curriculum Framework for School Education in Nepal）」の「第4章　学校教育の目標、カリキュラム、児童生徒の評価、その他関連するカリキュラム活動、4.6 その他のカリキュラム関連事項、4.6.4 教科書」において「教科書の開発、制作、配付における公開競争入札を基礎とした民間部門の参入を認める政策が採用される」と明記されており、今後は現在の教科書制度が大きく変化する可能性がある。

第Ⅰ章　各国の教育制度・教育課程と教科書

 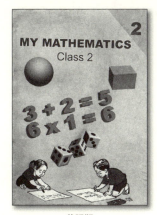

　　　ネパール語版　　　　　　　英語版
　　本書で分析対象とするネパールの教科書

第 2 章
加法と減法

　初等算数教育で扱われる基礎的な四則計算の技能の獲得は、児童の算数学習だけでなく、その他の学習にとっても非常に重要であり、それが十分にできていないと、それ以降の学習を効果的に進めることが難しくなる。そのため、我が国の小学校ではドリルによる反復練習を通して、児童一人ひとりが十分な計算技能を習熟できるように努力が続けられている。

　しかしながら、初めて数の概念やその操作を学ぶ小学一年生の児童にとって、四則計算は私たち大人が考えているほど易しいものではない。特に、小学校に入学して算数の授業で最初に取り扱われる加法と減法といった数の演算は、児童にとっては大きな挑戦でもある。

　そこで本題に入る前に、読者の皆さんと一緒に以下の五つの設問について考えてみたい。

　　設問 1　犬 2 匹と猫 3 匹で何匹ですか？
　　設問 2　鉛筆 3 本とバナナ 2 本で何本ですか？
　　設問 3　メダカ 2 匹と金魚 4 匹で何匹ですか？
　　設問 4　100 円玉と 500 円玉、あわせていくらですか？
　　設問 5　3 m のロープと 2 m のはしごをつないだら何 m ですか？

　さて、読者の皆さんの中にはすべての設問に対して素直にたし算を実行された方もおられれば、それとは逆にいくつかの設問に対して「これ少し変だな〜」と思われた方もおられるのではないだろうか。例えば、「犬と猫を単純にたし算していいのかな？」とか「鉛筆とバナナはたせないぞ！」、または

「ロープとはしごはつなげるのかな？」などといった疑問である。

　まだ数の演算という概念が確立していない一年生の児童に加法を導入する場合には、実はこうした問題が生じてくるのである。加法を「全部の数を合わせること」とだけ教えると、加法の意味を理解せずに、何でもかんでもたしてしまう危険性が生まれてくるという訳である。加法を教える場合には、まず「同じもの同士でたし算ができる」ということをしっかり押さえ、その上で「合わせた数を出すのがたし算」であることを理解させる必要がある。

　では、もう一つ読者の皆さんと一緒に以下の問題について考えてみよう。

　　設問6　①から⑥の文章はひき算で処理できる問題ですが、異なった種類のひき算が混在しています。種類別に分けてください。
　（ヒント：二つずつ三種類に分けられます）

　　①　苺が7個あります。5個食べました。あと何個ありますか？
　　②　子どもが9人います。男子が4人です。女子は何人ですか？
　　③　男子が6人と女子が8人います。どちらが何人多いですか？
　　④　お皿が5枚あります。ケーキが3個あります。1枚のお皿にケーキを1個ずつのせるとお皿は何枚余りますか？
　　⑤　くじ引きの棒が9本あって、そのうち3本が当たりです。はずれは何本ですか？
　　⑥　鳥が8羽います。3羽飛んでいきました。今、残りは何羽ですか？

　正解は①と⑥、②と⑤、③と④となる。実は、この設問はなかなか難しく、読者に中にはかなり悩まれた方もおられたのではないだろうか。では、この設問ついてもう少し詳しく説明しよう。専門的な数学用語を使うと、①と⑥は「求残」、②と⑤は「求補」、③と④は「求差」のひき算として分類できる。「求残」とは残りを求めるひき算、「求補」とは全体の数と部分の数が分かっていて、残りの部分の数を求めるひき算、「求差」は二つの数の違いや差を求めるひき算のこと指す。

　もちろん、小学生の児童に対してこうした専門用語を持ち出す必要は全くな

い。しかし、児童が減法で躓いた際、指導する側がこうした知識を有しているか否かでその解決方策は大きく変わってくる。実際、小学校の教員からは、①や⑥（求残）のような問題に対する児童の正答率は非常に高いが、②と⑤（求補）や③と④（求差）のような問題の正答率は低く、特に③と④ではそれが著しいという報告もある。この理由として考えられるのは、①と⑥のような求残は確かにものが減っているのでひき算を立式しやすい一方、それ以外は実際にものが減っている訳ではないので、うまくイメージできずにひき算を立式できないからである。

演算とは、数に対して施される手続きであり、その中には具体的な操作（具体的にものの動きや量の変化がある）もあれば、抽象的な操作（具体的なものの動きや量の変化がない）もある。上記の①と⑥は、言うなれば、具体的な操作と言え、それ以外は抽象的な操作と言える。小学生、特に低学年の児童には、具体的な操作を伴う演算の方が理解しやすいのは当然で、こうした演算から導入していくというのが有効な指導法とも言えるのである。

また、演算を指導していく上で考慮すべき点として、具体的な問題場面、計算の意味、立式と計算、計算の手続き、それらを媒介する教具や図などを挙げることができる。そして、これらは相互的に密接な関連性をもっている。もし、児童がある計算問題において間違いをした場合、その誤りが単に計算上の手続きのミスによるものなのか、それとも問題場面や計算の意味の理解に間違いがあるのかを慎重に見極め、その原因に最も相応しい対応が求められるのである。

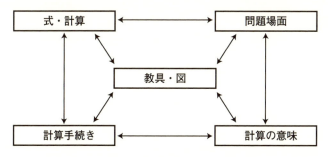

出典：長谷川順一、堀田亜矢子「小学校算数における四則計算に関する誤ルールの適用事例の検討」、『香川大学教育実践総合研究』第 14 巻、香川大学教育学部、2007 年、p.51-60 を参照

図 2-1　計算指導に関わる観点

2.1　日本：問題場面の重視と数の合成分解に基づく加減演算

　近年の我が国の算数教育には、正しく早く計算し、公式を覚えてそれを使いこなせるようになるという従来の考え方から、児童が自律的、活動的に学ぶ中で徐々に数学的知識を創造していくという新しい考え方が反映されるようになってきている。この新しい考え方は、ピアジェ（J. Piaget、1896-1980）やブルーナー（J. S. Bruner、1915-2016）などの心理学者の研究成果から導き出された、いわゆる構成主義（Constructivism）に基づくものである。

　それでは、我が国の初等算数教科書における学習内容を具体的に見ていこう。第1章でも触れたように、我が国は1948（昭和23）年以来、学校教育法に基づいて教科書検定制度を採用している。したがって、初等算数教育で使用されている教科書には出版社の違いによって幾つかの種類があるが、本書では教育出版から刊行されている『しょうがく　さんすう』（一年生用、2015年）及び『小学　算数』（二・四・五・六年生用、2015年、三年生用、2011年）を例にとって検討していくことにしたい。

■ 問題場面を重視した指導

　我が国では、加法と減法は一年生の前半で導入される。まず加法が扱われ、次に減法へと進んでいく。加法は「第5章　ぜんぶでいくつ」という単元において扱われる。この単元では最初に「水槽に金魚が3匹います。そこに2匹加えます。増えると何匹になるでしょうか」という問題がイラスト入りで提示される。児童は、①「はじめに3匹」→②「2匹増える」→③「全部で5匹」、という風に思考して、この操作を「3＋2＝5」と表せることを学ぶ。

　この問題を終えると、今度は「水槽に5匹の金魚と3匹の金魚を入れます。合わせると何匹になるでしょうか」という問題が同じようにイラスト入りで提示される。この問題では、児童は①「5匹と3匹」→②「合わせると全部で5匹」という風に思考し、この操作を「5＋3＝8」と表せることを学ぶ。

　ここで前者と後者の加法が異なっていることに気付かれたであろうか。前者は「ある状態」に「新しく追加」するものを加えるという加法に対し、後者は

「あるもの」と「別のもの」を一緒に合わせるという加法という違いがある。数学的用語を使えば、前者を「増加」と呼び、後者を「合併」と呼ぶ。このように、我が国の初等算数教育における加法の導入においては、問題場面を明確に示しながら、同じ加法であっても、「増加」と「合併」というように異なった種類の加法があることを指導しているのである。

　加法の導入学習が終わると、次に減法の学習に移る。教科書では「第6章のこりはいくつ」という単元と「第7章　どれだけおおい」という二つの単元おいて減法の学習が進められる。前者では、「はじめに水槽の中に5匹の金魚がいます。今、3匹の金魚をとると残りは何匹になるでしょうか」といった問題が提示される。児童は、①「はじめに5匹」→②「3匹取る」→③「残りは2匹」、というように思考し、この操作が「5－3＝2」と表せることを学ぶ。

　先にも触れたように、これは数学的用語では「求残」と呼ばれる種類の減法で、児童にとっては最も理解しやすい減法であると言える。しかし、後者の「どれだけおおい」の単元では、これとは異なった種類の減法が登場する。同単元では「バスとタクシーはどちらが何台多いでしょうか」というように、バスとタクシーという異なったものの数に着目して減法を立式させる学習が行われる。これは「求差」と呼ばれる種類の減法である。そして、この「求差」は児童にとっては非常に難解である。というのも、この問題場面では具体的な動き、例えば、先に挙げた問題で言えば、「金魚3匹を取る」といったような動きがないために、児童はどう立式するのかなかなかイメージがもてないからである。教科書ではこの課題にどのように対処しているかと言うと、ブロックを使い、6台分のバスをブロック6個、8台分のタクシーをブロック8個に置き換えて、その違いが視覚的に分かるようにして、「8－6＝2」という立式と答えを導き出そうとしている[*1]。

　加法の導入学習と同じように、減法の導入学習でも問題場面を明確に示し、同じ減法を使う場合でも「求残」と「求差」というように異なった種類の減法のあることを指導している。特に、減法は加法に比べて児童にとって理解が難

[*1] ここでのブロックを用いた指導で、児童の理解を促すより効果的な方法はブロックの色を変えることである。例えば、バスを赤のブロック、タクシーを青のブロックにすると、バスとタクシーという乗り物の種類の違いと同時に、数の違いも理解できるからである。

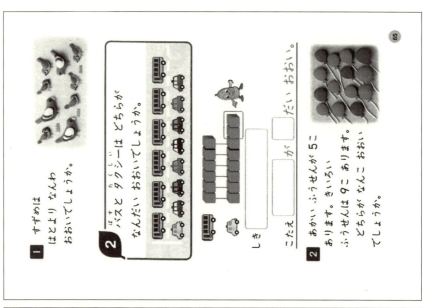

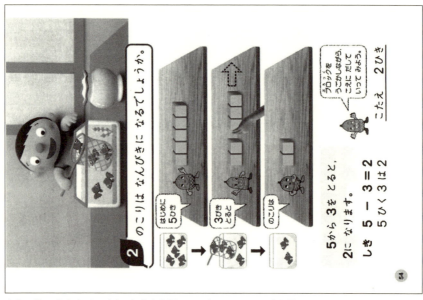

出典：『しょうがく さんすう 1』教育出版、2015 年、p.54、p.65 を転載　イラスト：p.54 沢登千恵美（子どもと金魚）、末崎茂樹（どんぐり）、p.65 森井ユカ（すずめ、風船）、中居さちこ（バス、タクシー）

図 2-2　減法の導入（日本）

しいことから、わざわざ「のこりはいくつ」（求残）と「どれだけおおい」（求差）をそれぞれ別の単元として設定し丁寧に指導するようにしている。

さて、本章の最初で減法には「求残」、「求差」、「求補」の三つの種類があることに触れたが、これまで見てきた減法はそのうちの「求残」と「求差」のみであった。そこで一つの大きな疑問が生じてくる。日本の初等算数教育では「求補」は扱わないのだろうかという疑問である。実は、この「求補」にあたる減法は「のこりはいくつ」の単元の中に含まれているのである。教科書には「求補」に相当する問題が二つ登場している。一つは、「広場に9人集まっています。そのうち3人が大人です。子どもは何人いるでしょう」という問題であり、もう一つは、「コアラが5頭います。そのうち2頭は子どもです。おとなは何頭いるでしょう」という問題である。

では、なぜ「求補」が「のこりはいくつ」の単元に含まれているのだろうか。「求補」とは全体の数と部分の数が分かっていて、残りの部分の数を求める減法であることは先に触れた通りであり、「残りの部分を求める」減法と言えばよいのだが、これでは少し分かりにくいという事情がある。そこで、「残りの部分を求める」という「残り」の箇所に注目し「求残」に類似した減法と考えて、「のこりはいくつ」の単元に含められたと考えることができる。

■ 数の合成分解に基づいた演算指導

我が国の加減法の学習におけるもう一つの大きな特徴を挙げておこう。それは、加減法の演算は数の合成分解を基本にして行われているということである。もう少し分かりやすく説明すると、例えば「3」に「2」を加えて「5」になるという加法は、「5」が「3」と「2」に分解できることから導き出されるというのである。また、「6」から「1」をひくと「5」になるという減法は、「6」が「1」と「5」に分解できることから導き出されるというのである。

実際、教科書を見ると、加減法の演算に先立って、「第4章　いくつといくつ」という単元が設けられ、「5」から「10」までの数についての合成分解が扱われていることからも、我が国の加減法の演算は数の合成分解を基本にしていることが証明される。

実は、数の合成分解を加減法の導入に先立って取り扱うことは、1933（昭和

8）年から使用された『尋常小学算術』（文部省、通称『緑表紙』と呼ばれる）以来の通念となっている。この発想はもとを辿ると、スイスの教育哲学者ペスタロッチ（J.H. Pestalozzi、1746-1827）の「直観主義」の流れを汲むドイツの教育学者グルーベ（A.W. Grube、1816-1884）が1842年に提唱した「数の多方的処分」に基づくもの[*2]で、1877（明治10）年頃から我が国でも流布されていたが、1904（明治37）年からの『尋常小学算術書』（文部省、通称『黒表紙』と呼ばれる）で「数え主義」が採用されたため、この発想は一旦消えた。しかし、これを復活させたのが『尋常小学算術』（緑表紙）であり、その後、現在に至るまで初等算数教科書ではこの方針が踏襲されている。

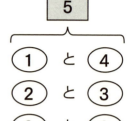

図2-3　数の合成分解

　数の合成分解を基にした加減法の導入は、直観主義の考え方を基にしているだけあって、その指導においてはブロックと矢印、いわゆる半具体物と呼ばれる数図が使われるという大きな特徴がある。ここには、ペスタロッチが提唱した子どもが興味関心をもって自ら発見し理解できるようになるために「具体から抽象へ」という考え方が全面的に取り入れられていると言えよう。前掲の教科書で言えば、最初、児童は「金魚」という「具体物」で与えられた状況をイメージし、次に「金魚」をブロックという「半具体物」に置き換え、最後に抽象的な「数字」にして計算を行うという過程がそれに当たる。そして、ブロックに付けられた矢印によって、「増えると…」（増加）や「合わせると…」（合併）や「残りは…」（求残）が理解できるのである。このブロックが特に威力を発揮するのは、加減法の導入で児童が最も理解しにくい「求差」の場合であることは先に触れた通りである。

　しかしながら、一見妥当に思える数の合成分解を基にした加減法には問題があるという指摘もある。銀林（1994年）[*3]は、数の合成分解を加減法などの演

[*2] 当時、数概念を習得する方法として、①ペスタロッチの直観主義、②グルーベの多方的処分、③タンク（Tanck、ドイツの教育学者）とクニルリング（Knilling、ドイツの教育学者）の数え主義、の三つがあった。

算の基本に置くことは、もともと演算自身がもっている独自の動きのある操作を消去してしまうと批判している。どういうことかと言えば、加法や減法などは、それぞれが合併や除去という人間が現実に事物に対して行う操作から導き出されてくるものであるという基本的な方針が、数の合成分解を用いることで、すべてが数概念の中に吸収されてしまい、このような操作が見えなくなってしまうというのである。

さらに、彼はペスタロッチの直観主義が数概念の基礎を直観に置くという基本的に正しい方針から出発しながら、なぜ、このような数の合成分解という怪奇な方針に変わっていってしまったのかという理由についても考察している。それによると、直観主義の一つ目の躓きは数概念の直観をごく狭い意味に限定してしまったことであるとしている。子どもが一目で瞬時に判断できるのは「3」までであり、大人でも「4」までと言われているため、数図で表す場合も〇を四つ並べることはなく、例えば、「10」を表す場合には、右のように三進法的に表示されるのが一般的である。したがって、「4」以上の数については、当然のこととして分解や合成の手続きが必要になるというのである。私たち人間は無意識のうちに「5」を「3」と「2」に分けて、その後で「5」に合成するというような思考を行っているのである。ただし、これは数を確認するための無意識的で補助

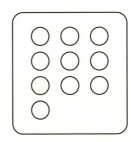

図2-4　10の合成分解

的な手続きであり、加減などの独立した演算とは別のものである。それにもかかわらず、この合成分解を演算にまで適用してしまうという間違いを犯してしまったというのである。

　もう一つの躓きは、演算というものの本来の意義、すなわち人間が現実に事物に対して行う操作から導き出されるということを見失ってしまった点にあるとしている。すなわち、「水槽に5匹の金魚と3匹の金魚を入れます。合わせると何匹になるでしょうか」の先の問題を使えば、演算というものは本来このように5匹の金魚と3匹の金魚を合わせるという動きを伴った操作を表すもの

---

*3　銀林浩『子どもはどこでつまずくか―数学教育を考えなおす』(現代教育101選53)、国土社、1994年、p.37-48参照。

にもかかわらず、数の合成分解では、「5」と「3」という二つの数という空間的に動かないものを単に頭の中で合わせる行為になってしまうというのである。このような行為は数学的演算という視点からは正しくとも、一年生の児童に対する最初の加法の導入という教育心理学的視点からは正しいとは言えないという主張なのである。

2.2 インドネシア：計算重視の指導

　インドネシアは、近年になって徐々に構成主義の考え方が算数・数学教育に入ってきているが、その考え方が教科書の記述に明確に示されるようになるまでには、まだしばらく時間がかかりそうである。ただ、同国の教育課程や教科書の内容は、従来に比べて確実に改善されてきていることは事実であり、教科書の装丁やデザインは児童の興味関心を惹きつけるものに着実に変化してきていると言える。

　第1章でも触れたように、現在、同国では2013年に導入された「2013カリキュラム」が施行され、それに準拠した新しい教科書が使われているが、本書では2006年から2012年まで施行されていた「学校ベースのカリキュラム（KTSP）に基づく教科書『Pelajaran Matematika』（Erlangga出版社、2006年）を検討していくことにする。

　同国では小学一年生の最初で「1」から「20」までの数を学習した後、すぐに加法と減法が順に導入される。加法と減法の導入の単元構成は以下のようになっている。

　　第2章　たし算とひき算
　　　1　日常におけるたし算とひき算の問題
　　　2　「＋」、「－」、「＝」の記号を使おう
　　　3　二つの数のたし算
　　　4　三つの数のたし算
　　　5　二つの数のひき算
　　　6　三つの数のひき算
　　　7　たし算とひき算のいろいろな問題

　同国の加法及び減法の導入は、最初「妹は飴を3個もっています。兄が妹に飴を2個あげました。今、妹は飴の数を増やしました」という日常生活によくある話から始まり、その後、ここに出てきた飴の数の変化は「3＋2＝5」と

いう等式に表すことができ、最終的に妹が今もっている飴の数は「5」個であると指導される。減法においても同様で、最初に「メリは7冊本をもっています。ジョコが4冊借りました。今、メリのもっている本の数は減りました」という話が示され、それが「7－4＝3」という等式に表され、最終的にメリが今もっている本は「3」冊であると説明される。

その後、数値を入れ替えて、「5＋4」、「4＋2」、「4＋3」などの加法や「4－2」、「5－2」、「5－4」などの減法の練習が行われる。これが終わると三つの数を使った加法及び減法が登場し、「2＋3＋4」や「8－3－2」のような問題が取り扱われる。

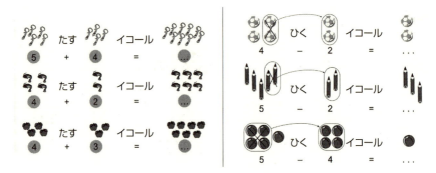

出典：インドネシア国『Pelajaran Matematika 1A』Erlangga 出版社、2006 年、p.49、p.63、筆者翻訳
図 2-5　加減法の練習問題

第2章　加法と減法

出典：インドネシア国『Pelajaran Matematika 1A』Erlangga 出版社、2006年、p.38、p.62、筆者翻訳
図2-6　加法と減法の導入学習（インドネシア）

■ 目的は計算技能の習得

　インドネシアにおける加減法の導入学習では、迅速に加減の立式をし、計算を正しく行うことが最も重要なこととして位置付けられているようである。そのため、教科書には一位数同士の加法が83題、一位数同士の減法が59題と比較的多くの練習問題が掲載されている。

 練習3
次のひき算の結果はどうなりますか
3 − 1 = ...
2 − 1 = ...
4 − 1 = ...
3 − 2 = ...
4 − 2 = ...
5 − 1 = ...
5 − 3 = ...
4 − 3 = ...
5 − 2 = ...
5 − 4 = ...

練習4
次のひき算の結果を求めましょう
3 − 2 = ...　　8 − 1 = ...
4 − 2 = ...　　6 − 2 = ...
5 − 1 = ...　　9 − 3 = ...
3 − 1 = ...　　7 − 4 = ...
5 − 3 = ...　　9 − 5 = ...

出典：インドネシア国『Pelajaran Matematika 1A』Erlangga 出版社、2006 年、p.65、筆者翻訳
図2-7　減法の練習問題

　このことは二年生になるとより顕著になってくる。というのは、扱われる数が二位数、三位数と桁が増えるため、下に示したように「434 + 23」という問題に対して答え「457」を求めるだけでなく、その逆算も導入して答えの正誤を検証させるという操作が加えられるからである。

$$434 + 23 = 457$$
$$457 − 23 = 434$$
$$457 − 434 = 23$$

　このように同国の加減法の導入学習では演算の正確さが重視されていることが分かったが、ただ単に計算の練習を黙々とさせるという指導ではなく、できるだけ児童が興味関心をもって練習問題に取り組めるように、与えられた数に

相当する様々なイラスト（例えば、ネクタイ、魚、リンゴなど）を等式に添えるなどの工夫がなされている。

他方、我が国の初等算数教育で重視されていた加減法の問題場面については、インドネシアではそれほど重要視されているとは考えられない。もちろん、インドネシアの教科書にも問題場面の若干の説明はある。加減法の導入単元の最初の節である「日常におけるたし算とひき算の問題」で、「妹は飴を3個もっています。兄が妹に飴を2個あげました。今、妹は飴の数を増やしました」とか、「メリは7冊本をもっています。ジョコが4冊借りました。今、メリのもっている本の数は減りました」といったものがそれに当たる。そして、前者では加法を用い、後者では減法を用いるという説明が行われる。この二つの問題場面で大事な箇所は「…増やしました」と「…減りました」という文末である。この表現でもって児童は加法を用いるか、減法を用いるかを判断するという訳である。

もうお気付きの読者もおられると思うが、この説明だけでは児童に加減法について正しい理解をさせることは不可能である。なぜなら、ここには加法の種類である「増加」や「合併」の区別もなければ、減法の種類である「求残」、「求差」、「求補」についても全く考慮されていないからである。この説明を見た児童の理解というのは「数が増える時にはたし算、数が減る時にはひき算」という単純なものに留まってしまうに違いない。そして、こうした理解の下では、例えば「公園に7人の子どもがいます。5人が男の子です。女の子は何人でしょう」といった「求補」の問題が出された時には全く対応できないであろう。ただ唯一の救いは、同教科書を見る限りでは、加法は「増加」のみ、減法は「求残」のみをイメージしているようにも考えられるので、そうであればしばらくの間は「増える時にはたし算、減る時にはひき算」という理解だけである程度は対応できるかもしれない。

■ 誤った数の合成分解の活用

インドネシアでは、我が国のように一位数の数を分解するという学習はなく、またその知識を一位数同士の加減法に活用するということもない。しかし、一年生の後半に扱われる二位数においてようやく数の合成分解の考え方が

登場してくる。ここでは下に示したように、「13」という数を「10」と「3」という二つの数の合計であると解釈し、「13 = 10 + 3」と説明している。

13 = (十の位) 1 + (一の位) 3
13 = 10 + 3
10 + 3 は 13 を表す長い形式です

出典：インドネシア国『Pelajaran Matematika 1B』Erlangga 出版社、2006 年、p.23、筆者翻訳
図 2-8　数の合成分解による 13 の説明

　実はこの説明には大きな誤りが含まれている。「13」という数は十の位と一の位の数が結合したものであることには違いないが、それが加法によって結合しているのでは決してない。この結合は演算というよりも、むしろ単なる併置あるいは合成と見る方が適切なのである。なぜなら、この結合は動きを伴わない空間的な同時併存に過ぎないからである。さらに言えば、この「13」という数は一年生の最初の単元で学習済みであり、その際には棒を用いて「10」の束が一つとばらが「3」本というように説明されていた。この説明がまさに空間的な同時併存の状況に他ならない。したがって、一度「13」がもつ本来の意味を指導しながら、他方で加法による結合であると説明することは矛盾しているとも言えるのである。

出典：インドネシア国『Pelajaran Matematika 1A』Erlangga 出版社、2006 年、p.16
図 2-9　13 という数の説明

　では、なぜ、このように矛盾した説明をわざわざ持ち出してきたのだろうか。教科書を注意深く見ていくと、その理由が二位数を使った加減法の筆算操作を説明するためであることが分かる。例えば「13 + 5」の計算を筆算で行う場合、十の位と一の位を区別するために敢えて「13」を「10 + 3」と書き換

第 2 章　加法と減法

```
13 = 10 + 3        |||||||||| ||| = |||||||||| + |||
 5 =      5    +        ||||| =            ||||| +
─────────────          ──────────────────────────
   = 10 + 8             = |||||||||| + ||||| |||
   = 18                 = |||||||||| ||||| |||
```

出典：インドネシア国『Pelajaran Matematika 1B』Erlangga 出版社、2006 年、p.33
図 2-10　二位数を使った加法筆算の説明

え、「5」を「13」の一の位の数「3」の下に書いて計算するという手順を解説するためなのである。

　この誤った数の合成分解は二年生においても引き続き用いられ、三位数の説明や加減法の計算で何度も登場してくる。特に三位数の説明ではブロック（あるいはタイル）を用いた数の構成と併置される形で数の合成分解が使われており、そのような理論的に矛盾した解説が同じ頁で行われていることは非常に残念としか言いようがない。

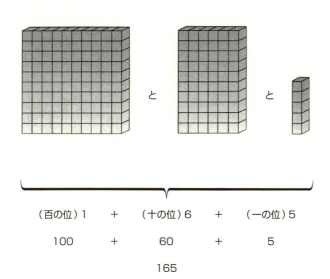

出典：インドネシア国『Pelajaran Matematika 2A』Erlangga 出版社、2006 年、p.22、筆者翻訳
図 2-11　数の合成分解による三位数の説明

■ 特徴のある加減法の筆算

　インドネシアの加減法の筆算は、我が国の筆算と違った大きな特徴がある。右は教科書に示された二位数同士の加法であるが、これを見ると、まず加法の演算記号「＋」が左ではなく、右についていることが分かる。次に「7」と「5」の和である「12」の繰り上がり部分の「1」が①として「4」の上に書かれている。

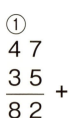

　このように、同国の加減法の筆算では演算記号の位置と繰り上がりの数の記載場所が我が国の場合と大きく異なっているのである。

2.3 ミャンマー：散見される誤った記述

　ミャンマーでは教育省（MOE）によって国定教科書が編纂され、すべての学校においてこの国定教科書を使用することが義務付けられている。

　現在、全国の小学校で使用されている算数教科書は1998年に編纂された国定算数教科書である。この現行教科書の編纂当時は、軍事政権時代であり、軍部による強圧的な政治が行われ、国民の人権や自由が著しく制限されていたことから、教科書の記述内容もその政治方針に沿ったものとなっている。このため、現在の社会経済状況には合わない記述も散見されることから、同国政府は原本の内容を基本的には踏襲するものの、時代に合わなくなった内容については2000年以降、毎年修正・改訂を行ってきた。そこで、本書では2014年に一部修正・改訂された『Mathematics』（カリキュラム・シラバス・教科書委員会、2014年）を使って同国の初等算数教育の内容を考察していく。

　同国では、一年生で「5」までの数を学習したすぐ後にこれらの数を用いた加減法が導入される。まず加法では「2匹の犬がいます。別のところにもう1匹犬がいます。その1匹が2匹のところへやって来て一緒になりました」という問題場面がイラストを用いて説明され、このような場合には「2＋1」と立式でき、答えが「3」となることが示される。さらにもう一つ「水槽に2匹の魚がいます。そこに3匹の魚を入れました」という問題場面がイラストとともに与えられ、この場合には「2＋3」と立式し、答えが「5」になることが解説される。

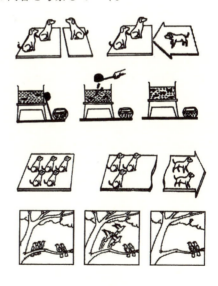

出典：ミャンマー国『Mathematics Grade 1』カリキュラム・シラバス・教科書委員会、2014年、p.16、p.18、p.24、p.26

図2-12　加法（上）と減法（下）の問題場面

次に減法では、「5匹の犬がいます。そのうち2匹が離れていきました」という状況がやはりイラストと一緒に与えられ、「5－2＝3」となることが示される。さらに減法でももう一つの例が示され「5羽の鳥が木の枝にとまっています。そのうち3羽が飛んでいきました」という場面がイラストと一緒に与えられる。そしてこの場合「5－3＝2」となることが説明されるという具合に学習が進められる。

その後、「6」から「10」までの数の学習が行われ、それらの数を使った加減法が先ほどと同様に解説される。ただし一つだけ前回の加減法とは異なる点がある。それは「差異」という項目を特別に設けて、これまでとは違った減法が解説されていることである。その減法とは「枝にとまっているオウムは鳥かごに入っているオウムと比べ、どれだけ多いですか」というものである。この問題でもこれまでと同様にイラストとともに「5－3＝2」となることが説明される。

なぜ、この「差異」を表す減法だけが特別に新しい項目まで設けて、これまでの減法とは異なる種類であると説明されているのであろうか。その理由はイラストを見れば分かる。これまで加法にしても減法にしてもすべて矢印を使って「加わったり」（加法）、「居なくなったり」（減法）ということが表されてきたが、この「差異」を求める減法はこの方法では図示することができないからである。これこそがこれまでの減法とは異なる大きな点なのである。実は、この減法には二つのものを比べるという行為があるのみで、ものが出入りする具体的な動きがなく、児童にとっては立式を行うことが非常に難しい種類の減法でもある。

出典：ミャンマー国『Mathematics Grade 1』カリキュラム・シラバス・教科書委員会、2014年、p.53
図2-13　差異を表す減法の問題場面

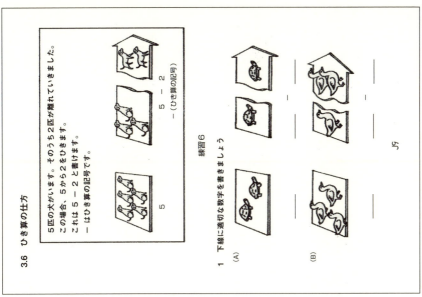
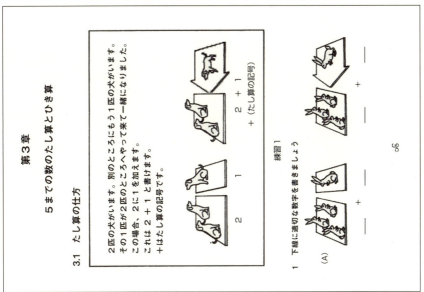

出典:ミャンマー国『Mathematics Grade 1』カリキュラム・シラバス・教科書委員会、2014年、p.16、p.24、筆者翻訳

図2-14　加法と減法の導入学習(ミャンマー)

■ 問題場面設定の誤り

　同国の加減法の導入学習ではどのような場面において加法及び減法を用いるかということがイラストとともに丁寧に説明されている。ただし、教科書の記述から判断すると、加法では「増加」のみ、減法では「求残」と「求差」のみが扱われていると解釈できる。では、ミャンマーにおける加減法の導入学習では加法の「合併」や減法の「求補」が扱われないのかというと決してそうではない。実は、「合併」と「求補」はそれぞれ「増加」と「求差」の中に紛れ込んでいるのである。

　まず「合併」を意味する加法であるが、先に見た犬や魚の問題場面を使った加法練習のすぐ後に三つの問題が用意されている。一つ目は「蝶々は全部で何匹ですか」という問題、二つ目は「アヒルは全部で何匹ですか」という問題、そして三つ目は「子どもは全部で何人ですか」という問題である。これらは明らかにこれまでの「増加」とは異なった加法である。しかし、教科書にはそのような解説や説明は全くなく、これまでの「増加」を表す加法と同様に処理さ

(A) 蝶々は全部で何匹ですか　　(B) アヒルは全部で何匹ですか

3 + 2 = 5
答え　5匹

(C) 子どもは全部で何人ですか

出典：ミャンマー国『Mathematics Grade 1』カリキュラム・シラバス・教科書委員会、2014年、p.21、筆者翻訳
図2-15　「合併」の加法

れてしまっている。

　次に「求補」を意味する減法であるが、一年生では扱われず、ずっと後の三年生の前半になって初めて登場する。実は、この段階の学習は、新しい減法の種類を学ぶというものではなく、三位数同士の数を用いた繰り下がりのある少し複雑な減法の計算方法に焦点を当てた内容となっている。そして、単元末の練習問題の中に既習の「求残」及び「求差」とともに「求補」の問題が紛れ込んでいるのである。以下に示したように、「求補」の問題は3と4であり、その前二つはどちらも「求差」、最後の問題は「求残」となっている。

練習8

次の文章を読んで、答えを求めましょう。

1. 椅子が129脚とテーブルが18卓あります。椅子はテーブルに比べどれだけ多いですか
2. ダブルデッキ船の二階には115席あります。一階には138席あります。二階席は一階席に比べてどれだけ多いですか
3. お店には238本の傘があります。そのうち146本が黒傘です。黒色でない傘は何本ですか
4. かごの中に354個のグアバが入っています。そのうち166個は腐っています。腐っていないグアバは何個ありますか
5. 一人の男性が505チャットもっています。彼は247チャット使いました。残りはいくらですか

出典：ミャンマー国『Mathematics Grade 3』カリキュラム・シラバス・教科書委員会、2014年、p.43、筆者翻訳
図2-16　「求補」の問題が紛れ込んでいる減法の練習問題

　ここからは筆者の推測であるが、ミャンマーの教科書編集者は加法における「増加」と「合併」、減法における「求残」、「求差」、「求補」の区別について十分な理解ができていなかった可能性があると思われる。特に、「求補」という減法の種類については全く認識されていなかったのではないだろうか。

　ちなみに、筆者は同国において相当数の学校を訪問し、実際に算数の授業を参観させてもらったことがあるが、学校現場では、減法の指導において教師は「大きな数から小さな数をひく」としか説明していない。上の練習問題でも「これらの問題はすべてひき算を使います」、「では1の問題を見ましょう。大

きい方の数はいくつですか？ 小さい数はいくつですか？」というような指導によって立式を行い、計算させるだけなのである。教科書における問題場面設定が誤っていたり、不明瞭であることが授業実践においてもそのまま影響しているのである。

■ 数の合成分解における誤り

　ミャンマーの初等算数教育において、数の合成分解の考え方が登場するのは一年生の後半に扱われる「第7章　20までの数のたし算とひき算」の単元である。ここでは文字通り「11」から「20」までの数を用いた加減法が主要な学習内容であるが、この単元では奇妙な数の合成分解が行われるのである。では、これからここで登場する奇妙な手法を見ていこう。

　同単元では、加減法で初めて使われる「11」から「20」の数についてそれぞれの数に一つの節を設けて一つずつ順番にそれらの数の構造についての説明が行われる。例えば、「11」では「10＋1は11であり、1＋10も11である。二つの数をたした答えは11であり、二つの数の順番を変えても答えは同じである」と説明されている。このことから「11」という数は「10」と「1」という二つの数の加法になっているということが読み取れる。

　この説明は先に見たインドネシアにおける二位数の合成分解と全く同じ考え方である。インドネシアの節でも述べたが、ここの問題をもう一度説明しておこう。二位数というのは十の位の数と一の位の数が結合したものには違いないが、その結合は動きを伴わない空間的な同時併存に過ぎないので、演算というよりもむしろ単なる併置あるいは合成と見た方がよい。したがって、ここで「11」という二位数があたかも「10」と「1」という二つの数の加法によって生起したと考えることは不適切なのである。

　加えて、ミャンマーの教科書には上記の説明の横に「11」という数の構造が棒のイラストを用いて「10」の束一つとばらが「1」本から成り立っていることがきっちりと示されている。これこそが本来の「11」という数の結合状態を示すものなのだが、この理論的に正しいイラストに対して、全く矛盾する説明が書き加えられているという不思議な記述となっているのである。

　さらに、学習が進み「12」、「13」、「14」、…「20」と数が増えていくとその

第2章 加法と減法

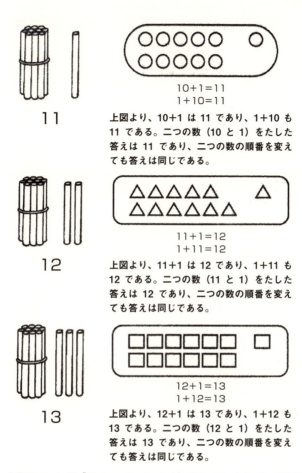

出典：ミャンマー国『Mathematics Grade 1』カリキュラム・シラバス・教科書委員会、2014年、p.61、p.63、p.65、筆者翻訳
図2-17 数の合成分解による二位数の構造説明

説明はもう奇妙としか言いようがない。「12」の数の場合について見ると、図では11個の△と1個の△が描かれ「11 + 1 は 12 であり、1 + 11 も 12 である」と説明されているのである。「13」についての説明もこれと同じで、図では12個の□と1個の□が描かれ「12 + 1 は 13 であり、1 + 12 も 13 である」と説明されるのである。これは明らかに説明の左に描かれた棒のイラストで示された本来の「13」という数がもつ状況と矛盾している。では、なぜ、このような説

明が教科書に記載されるに至ったのだろうか。筆者は、インドネシアの教科書と同様に、それ以降に導入される加減法によるものではないかと推測し、同国の教科書を入念に調べるとともに、同国の教育関係者にも質問したが、これに対する明確な回答は未だに得られていない。

ミャンマーの簡易な「加減練習表」

ミャンマーでは、加減法の練習として非常に簡便な「練習表」という表を用いている。この表を使えば、一つひとつ加法や減法の等式を書かなくて済むだけでなく、ゲーム的な要素も相まって、児童は興味をもって積極的に加減法の練習に取り組むと言われている。

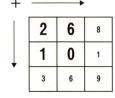

右に示したように、最初に四つの数字（太字）が書かれており、左右あるいは上下の隣り合った二つの数字を升目の左上に書かれた演算記号に基づいて、たしたり、ひいたりして答えを書いていくというものである。全部の升目に数字を埋めれば完成である。

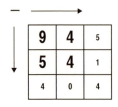

この加減練習表は同国教科書にも掲載されており、全国の小学校で非常によく使われている。

2.4 ネパール：計算力の重視

　ネパールの初等算数教育は、これまで見てきたインドネシア、ミャンマー以上に保守的な考え方に基づいて行われている印象が強い。すなわち、算数の知識、解法を手短に示し、児童はそれに従って種々の問題を素早く解いていくという学習過程が重視されているということである。ここには児童の算数・数学に対する興味関心などが十分に考慮されているとは言えず、特に小学校低学年では児童が一つひとつの内容について深く理解することよりも、むしろ簡単な計算を早く正確にできることに最も関心が払われているということでもある。

　では、これから同国の初等算数教育の具体的な内容について詳細に見ていこう。その際、同国教育省（MOE）が編纂した『My Mathematics』（カリキュラム開発センター、2010年）を用いることにする。

　ネパールの初等算数教育の加減法の導入は、先に見たミャンマーでのアプローチに非常に類似している。というのは、まず「1」から「5」までの数を学習した後にそれらの数を用いた加減法の学習が行われ、その後「6」から「10」までの数を学習すると今度はこれらの数を使った加減法が取り扱われる。そして、「11」から「20」までの数の学習の後、続いてこれらの数を用いた加減法というように、数の導入を「5」まで、「10」まで、「20」までというように区切り、その区切りの中で加減法を何度も練習させていくというアプローチを採っているのである。

　加減法の導入では簡単なイラストが添えられ、児童が加減法の操作をイメージしやすいように工夫されている。例えば、「1人の男の子ともう1人の男の子、あわせると2人」や「1羽の鳥と2羽の鳥、あわせると3羽」（加法の場合）、あるいは「2人の男の子のうち1人が帰りました。男の子1人だけになりました」や「3羽の鳥のうち1羽が飛んでいきました。鳥は2羽だけになりました」（減法の場合）といったものである。ただし、こうした問題場面の説明が多少なりともあるのは「5」までの数を用いた加減法の時のみで、それ以降の加減法ではイラストと式が与えられているだけで問題場面の説明はなくなってしまう。

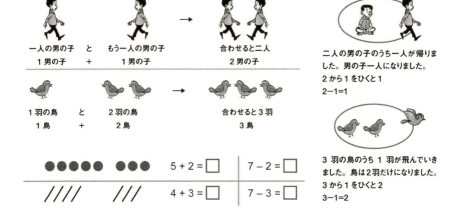

注：(左上) 加法の問題場面、(左下) 数図による表示（なお、この数図は誤っていることに注意）、(右) 減法の問題場面。
出典：ネパール国『My Mathematics Class 1』カリキュラム開発センター、2010年、p.14, p.23, p.17、筆者翻訳

図2-18　加減法の問題場面の説明と数図による表示

　また、同国の教科書では最初は人や鳥や花といったイラストによる表示があるが、それがやがて数図だけの表示に置き換えられる。これは、いわゆるペスタロッチによって提唱された直観主義の考え方に基づくものであると考えられる。
　さて、ネパールの加減法の導入学習にはもう一つ大きな特徴がある。それは筆算が非常に早く導入されることである。「5」までの数を使った加減法の学習では、児童は初めて「1＋1＝2」や「1＋2＝3」といった等式を学ぶが、その等式の導入と同時に筆算も導入されるのである。

■ 意味の軽視

　これまでネパールにおける加法と減法の導入学習の内容について概観し、そこにはいくつかの特徴があることを見てきた。数を細かく区切ってその範囲内で加減法を導入していくこと、加減法の最初の導入では簡単なイラストを添えた説明があり、児童に加減法の操作をイメージしやすくしていること、そのイメージが徐々に数図に置き換えられること、さらに等式の導入とほぼ同時に筆算式も導入されることなどである。

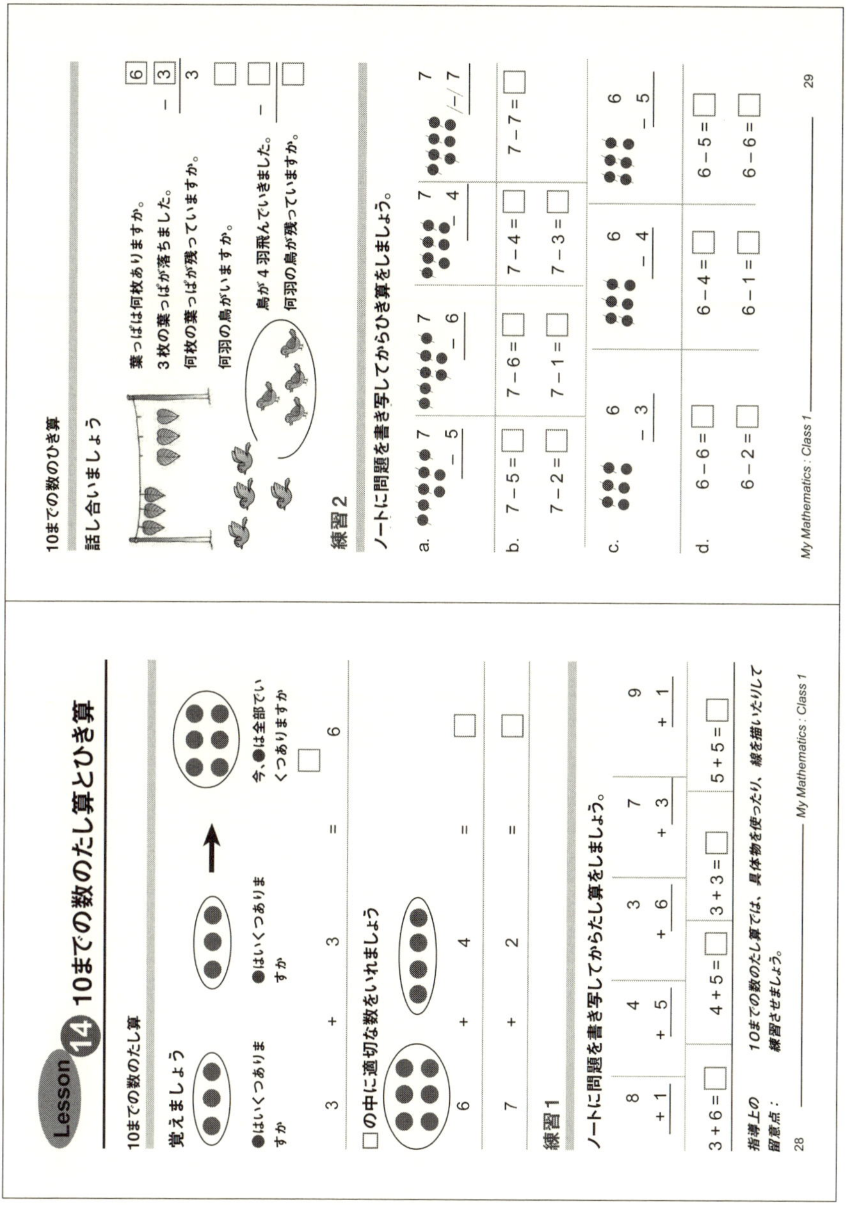

Lesson 14 10までの数のたし算とひき算

10までの数のたし算

覚えましょう

●はいくつありますか　●はいくつありますか　今、●は全部でいくつありますか

3 + 3 = 6

□の中に適切な数をいれましょう

6 + 4 = □

7 + 2 = □

練習 1

ノートに問題を書き写してからたし算をしましょう。

8 + 1　4 + 5　3 + 6　7 + 3　9 + 1

3 + 6 = □　4 + 5 = □　3 + 3 = □　5 + 5 = □

指導上の留意点：　10までの数のたし算では、具体物を使ったり、線を描いたりして練習させましょう。

28　My Mathematics : Class 1

10までの数のひき算

話し合いましょう

葉っぱは何枚ありますか。　6

3枚の葉っぱが落ちました。　− 3

何枚の葉っぱが残っていますか。　3

何羽の鳥がいますか。　□

鳥が４羽飛んでいきました。　− □

何羽の鳥が残っていますか。　□

練習 2

ノートに問題を書き写してからひき算をしましょう。

a.　7 − 5　7 − 6　7 − 4　7 − 7

b.　7 − 5 = □　7 − 6 = □　7 − 4 = □　7 − 7 = □
7 − 2 = □　7 − 1 = □　7 − 3 = □

c.　6 − 3　6 − 4　6 − 5

d.　6 − 6 = □　6 − 4 = □　6 − 5 = □
6 − 2 = □　6 − 1 = □　6 − 6 = □

My Mathematics : Class 1　29

出典：ネパール国『My Mathematics Class 1』カリキュラム開発センター、2010年、p.28-29、筆者翻訳

図 2-19　加法と減法の導入学習（ネパール）

ここで特に注目したいのは、加減法の最初の導入で簡単なイラストとともに説明が添えられているという点である。先にも触れたように、このイラストと説明は「1人の男の子ともう1人の男の子、あわせると2人」といったごく簡単なもので、厳密に言えば問題場面と呼べるような記述ではない。「1 + 1 = 2」の数字を「男の子」に言い換えただけとも言えなくはない。しかしながら、ネパールでの加減法の導入学習ではこれ以上の状況説明的な記述はなく、このごく簡単な記述が加減法の問題場面について説明する記述のすべてなのである。

　このことは、ネパールでは加減法を用いる際の問題場面についてはあまり考慮されているとは言えず、それを逆に解釈すれば、児童もそうした状況について考える必要は全くないということになるのである。最も重要なことは、「1」と「1」をたすと「2」になるということを素早く正確に計算することと、この操作は「1 + 1 = 2」という等式で書き表すことができるということを覚えることの二つなのである。

　ちなみに、同国の加減法の学習で扱われる加法の種類はすべて「合併」であり、減法はすべて「求残」である。このことは一年生の内容に限ったことではなく、二年生、三年生になっても同様である。しかしながら、四年生になると初めて「求補」と「求差」を意味する減法が練習問題として出題される。前者は「ある町の人口は3,58,238人です。このうち1,90,789人が男性です。女性は何人ですか」（ネパールの位取りコンマの位置には特徴がある）[*4]という設問であり、後者は「クリシュナは6,54,321という数字を書きました。スリジャナは9,85,738という数字を書きました。これら二つの数字の違いはいくらですか」という設問である。実は、この二つの設問は全六題の設問の中に混じって出題されており、他の四題はすべて「求残」の減法なのである。そして、この二つの設問が他の設問とは違う種類であるという説明や但し書きはどこにもない。筆者は、同国でいくつかの小学校を訪問し、算数の授業参観をしたことがある。その際、ちょうどこのような種類の異なる減法の練習問題に出くわしたことがあったが、授業では教師も児童も何の疑問をもつこともなく大きな数字から小さな数字の

---

*4　ネパールの位取りコンマは、下3桁は別にして、それ以降の位区切りは2桁毎になる。これはインド式の命数法・記数法の影響である。

ひき算を行っていた。おそらくこれら二つの設問が他の設問と種類が違うということが認識できていないのであろう。さらに言えば、同国の教科書編集者においても、加法に「増加」と「合併」、減法に「求残」、「求差」、「求補」といった異なった種類が存在することをしっかりと理解できている専門家は少ないのではないかと筆者は考えている。

■ 徹底的に繰り返される演算練習

　同国の加減法の導入学習では問題場面の説明が非常に少ないのとは対照的に、演算の練習についてはかなりの頁が割かれ繰り返し徹底的に行われる。もともと同国の初等算数教育では基本的な計算が素早く正確にできることに重点が置かれているので、このような演算の繰り返し練習は当然と言えば当然の指導方法でもあろう。

　先にインドネシアの加減法の導入学習でも計算重視の傾向があり、教科書にかなりの数の練習問題が掲載されていることを指摘したが、ネパールのそれはインドネシアを遥かに凌ぐ量である。同国の教科書は教育省（MOE）の限られた予算措置などもあって、かなり紙幅に制限があるにもかかわらず、演算の練習問題についてはかなり贅沢に紙面が使われている印象がある。例えば次の頁に示したように、見開き二頁ともすべて練習問題という箇所が随所に見られるのである。

13と14を使ったたし算とひき算
話し合いましょう。
ノートに問題を書き写してからたし算とひき算をしましょう。

10 + 3 =		13
9 + 4 =		
3 + 10 =		
5 + 8 =		
4 + 9 =		

13 − 3 =	10
13 − 4 =	
13 − 5 =	
13 − 6 =	
13 − 7 =	

10 + 4 =	14 − 4 =	9 + 5 =
14 − 5 =	8 + 6 =	14 − 6 =
7 + 7 =	14 − 7 =	4 + 10 =
5 + 9 =	6 + 8 =	7 + 7 =
14 − 4 =	14 + 2 =	14 − 6 =
14 − 7 =	14 − 0 =	14 − 14 =

指導上の留意点：
1. 様々な具体物を操作させながら、計算の答えを見つけさせましょう。
2. それぞれの地域にある素材を使いながら、もっと多くの練習をさせましょう。

――― My Mathematics : Class 1

40

15、16、17を使ったたし算とひき算
ノートに問題を書き写してからたし算とひき算をしましょう。

10 + 5 =	15 − 5 =	15 − 6 =
9 + 6 =	15 − 7 =	15 − 8 =
8 + 7 =	6 + 9 =	15 − 10 =
10 + 6 =	15 − 5 =	15 − 6 =
5 + 10 =	15 − 9 =	15 − 15 =
7 + 8 =	8 + 7 =	11 + 4 =
10 + 6 =	9 + 7 =	8 + 8 =
7 + 9 =	6 + 10 =	9 + 2 =
16 − 6 =	16 − 7 =	16 − 8 =
16 − 8 =	16 − 10 =	18 − 9 =
10 + 7 =	11 + 6 =	12 + 5 =
13 + 4 =	15 + 2 =	17 − 10 =
17 − 6 =	17 − 8 =	17 − 7 =
17 − 9 =	17 − 5 =	16 − 1 =

指導上の留意点：
1. それぞれの地域にある教材を使いながら、もっと多くの練習を習得させましょう。

My Mathematics : Class 1
41

出典：ネパール国『My Mathematics Class 1』カリキュラム開発センター、2010 年、p.40-41、筆者翻訳
図 2-20　すべて演算の練習問題に割かれた教科書紙面（ネパール）

コラム：直観主義と数え主義[*5]

1．直観主義

　直観主義とはスイスの教育哲学者ペスタロッチ（Johann Heinrich Pestalozzi、1746-1827）によって主張された指導法で、「実物教授」や「即物教授」とも呼ばれる。

　彼は、著書『ゲルトルート教育法』の中で、従来の教師が生徒に抽象的で観念的な知識を一方的に注入する指導法に対して異議を唱え、子どもが自ら学ぼうとする自己活動に教授の基礎を置くべきだと主張した。その方法として直観主義という指導法（「メトーデ」と呼ばれる）を提唱し、事物に対する直観から子どもの認識を発展させることを試みた。ここで言う「直観」とは原語であるドイツ語では「die Anshauung」と呼ばれ、「ひらめき」の直感ではなく、「観ることで理解する」ことを意味する。

出典：ウィキペディア「ヨハン・ハインリヒ・ペスタロッチ」
ペスタロッチ

　彼の直観主義によれば、知識を言葉によって教えるのではなく、実物や絵を子どもたちに見せて、感覚器官を通じて知識を習得させていくことが重要であり、このことは、すなわち、認識を単純な構成要素に分け、そこから事物の表象を再構成することを意味するとされている。実は、ペスタロッチは実際に学校を経営し、実用的な教育方法を研究した人物でもあり、自らが主張する直観主義に基づいて言語、数、形の指導を行った。例えば、実際の果物を使ってそ

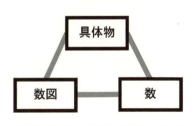

直観主義における重要な指導上の三者

[*5] 森川幾太郎「数え主義と直観主義」（発表資料）、数学教育実践研究会・学校数学研究会、2008年（http://ooiooiooi.o.oo7.jp/sansuu/rekisikazoe.htm）、高橋正「数学教育論Ａ：数学教育の歴史的変遷」神戸大学、2012年（http://www2.kobe-u.ac.jp/~trex/index.html）、野崎康夫「『数える』ことの一考察—ある特別支援学級での参与観察から—」、『プール学院大学研究紀要』第56号、2015年、p.335-350などを参照。

の数、形、名前、性質などを教えたのである。そして、彼の考え方は、現在の私たちにとっては当たり前となっている、具体物、半具体物としての数図、そして抽象的な数という三者関係を意識した学習指導法の本格的な開発に大きく貢献した。この中で半具体物としての数図が数の指導において重要な役割を果たすことは言うまでもない。

我が国でも明治時代にペスタロッチの考え方が流入し、彼の「直観主義」は「開発教授」として当時の社会において迎えられた。この影響を受けて、当時の学校では絵などを描いた図表などを教師が指し、子どもたちに「これは何ですか」と尋ねて授業を展開していくという授業方法が行われるようになった。

2．数え主義

「数え主義」は、タンク（Tanck）やクニルリング（Knilling）らによって、直観主義による数の指導法への批判として19世紀中期に開発された考え方である。

この考え方では「数える」ことが重視され、それは様々な対象物がつくる集合について、その構成要素の数を数え、その活動の最終段階に唱えた数詞によって数が確定されることを意味する。そして、そうした様々な集合を数える経験を基にして個物からの数の抽出が行われると言うのである。つまり、数は時間的作業量の多寡を反映した数詞の前後関係よって決定されるものであるという訳である。したがって、この考え方においては、上記のような直観主義の三者関係（具体物、数図、数の関係）は視野に入ってくることもない。敢えて問題にすれば、「数え主義」では具体物と数の二者の関係だけが考慮されると言える。

「数え主義」の考え方においては、加法や減法も「数える」ことの簡略化の活動として捉えられ、例えば、「7」まで数え、後二つ数えれば全部を数え終わることが分かった時、その集合になるものの数「9」は「7＋2」の計算として求められるという具合である。また、「9－3」は「9」より三つ手前で唱えた数を見出すという具合である。

3．数の分解と数え主義者

「数の分解」は、直観主義者であったグルーベ（Grube, 1816-1884）によっ

て1840年に見い出された成果である。彼は、「4」の数図を見て、「4」は「2 + 2」であり、また「3 + 1」でもあることを発見したのである。これは、右図のように数図を●と○で表すと明確に見えてくる。

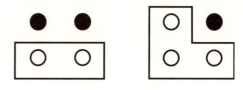

「4」を表現した数図

　実は、数え主義の生みの親であるクニルリングも数図の便利さを認めており、10以下の数では直観主義の観点も交えて数概念を形成することを推奨したようである。その理由として彼は著書『算術教授真髄』の中で以下のようなものを挙げている。一つ目は、数えて数を認識するにしても数える対象物は空間的存在であるため、数えたものを表記する時○などを用いると簡便であるだけでなく客観的にその存在を示すことができること、二つ目として、数えて得る数はいつも部分であって総体としての数にはなっていない。その点、数図は一目で全体が見えるので数えることで相続く二数の関係が分かること、三つ目は、数の分解は加法や減法を行う時に大変便利であること、などである。

　このように「数え主義」の提唱者の一人であるクニルリングは、数え主義と直観主義の併用あるいは融合という立場を採ったことで、我が国の数学者（例えば、小倉金之助など）をはじめ世界の多くの研究者らは、彼の考えや彼の著作である『算術教授真髄』に対して「珍妙な考え方」とか「珍妙な本」といった皮肉を込めた表現をしている。

第3章

乗　法

　乗法は四則計算の一つであり、私たちの日常生活でも非常によく使う演算には違いないが、加法や減法に比べると格段に理解が難しいとされており、初等算数教育においてはこの乗法の導入学習にかなりの時間が費やされ、児童の理解を深める努力が行われている。しかしながら、実際の学校現場ではこの乗法の内容で躓いたり、遅れをとる児童がかなり見られることも事実である。そのため乗法の指導や学習方法については様々な研究や調査が行われている。

　ここで小学校での乗法の指導に関する非常に興味深い調査研究結果を一つ紹介しておこう。この調査研究は2014年11月に開催された日本教育心理学会第56回総会で発表されたものである[*1]。同調査研究では大学生を対象に二つの調査が行われた。一つ目は「かけ算の導入問題としてふさわしいと思う問題を作成してください」という課題について自由に回答を求めるもの、もう一つは「5人の友だちにチョコレートを三つずつ配ります。全部でいくつでしょうか」という問題を提示して、それに対する立式の考えを五択から一つを選ぶというものである。その結果は以下のようであった。

調査1（対象者：大学生84名）
かけ算の導入問題としてふさわしいと思う問題を作成してください。

回答結果：
① 63.1％：「二つのおかしが入った袋が三つあります。おかしは全部で

[*1] 上岡学「小学校算数における乗法の導入問題に関する研究」日本教育心理学会（第56回総会発表資料）、2014年。

いくつですか」のような1当たり量が先にくる問題（順行問題）
② 29.8％：「4人の友だちに、チョコレートを五つずつ配ります。チョコレートはいくついりますか」のような1当たり量が後にくる問題（逆行問題）
③ 1.2％：「学校の靴箱は、縦に五つ、横に六つ並んでいます。全部でいくつの靴箱がありますか」のようなどちらの数も同等関係である問題（中立問題）
④ 6.0％：その他課題意図の取違えなど

調査2（対象者：大学生80名）
「5人の友だちにチョコレートを三つずつ配ります。全部でいくつでしょうか」の立式としてもっとも適切なものを選んでください。

A：式は「5×3」であり、「3×5」は間違いである
B：式は「5×3」であるが、「3×5」でもよい
C：式は「3×5」であり、「5×3」は間違いである
D：式は「3×5」であるが、「5×3」でもよい
E：式は「5×3」でも、「3×5」でもどちらでもよい

回答結果：
A：16.3％、B：28.8％、C：15.0％、D：30.0％、E：10.0％

　我が国の現行乗法指導の方法は、乗法式において1当たりの量を先に記述することが定着している。このことから判断すると、上記調査2の回答のうちCが現行の指導方法を表しているということになる。反対にAは現行の指導方法に最も遠い考え方と言える。しかしながら、同調査研究者の意見はEであり、意味を理解していれば認められるべきであるという言葉が添えられている。
　このように、一応、我が国ではある一定の乗法の指導方法が定着しているとは言いながらも、上記の調査研究結果のように私たちの考え方は多様であり、また学校教育で定着している指導方法と専門家の考え方にも多少の開きがある

のである。

　もう一つ興味深い話を紹介しよう。これは実際に学校現場で起こった実話である[*2]。小学二年生の乗法の導入の際に「3枚の皿にリンゴが2個ずつのっている時、全部でリンゴが何個あるか」という問題が出された。この問題に対してある児童が「3×2＝6」と回答したところ、担任教師は「答えの6は正しいけれども、式は3×2ではなく、2×3でなければならない」と指導し、この児童の回答を不正解とした。これを知ったその児童の父親は直接学校に出向き、その担任教師に抗議したのである。その時の双方の言い分は以下のようであった。

教師：リンゴが2個ずつのっている皿が3枚あるから、2個＋2個＋2個即ち2個の3倍、従って2個×3＝6個である。2＋2＋2は2の3倍即ち2×3であって3の2倍即ち3×2ではない。これを同数累加という。

父親：2＋2＋2を日本語では2の3倍というから2×3でなければならないというのであれば、英語では3 times 2だから3×2が自然である。私の子どもは帰国子女だからごく自然に3×2と考えたのだと思う。

教師：2（リンゴの個数）が被乗数、3（皿の枚数）が乗数でそれぞれ違う意味をもっている（立場が違う）から2×3と3×2は同じではない。

父親：2と3を違う立場の数と考えるということは、整数環Zの内部演算としての積ではなくZ－加群としての作用を考えることになる。

教師：？？？？？

父親：日本語は右Z－加群的であり英語は左Z－加群的である。更に、「かけ算」は環Zの内部演算としての積、左Z－加群としての作用、右Z－加群としての作用という三つの意味をもっている。

教師：？？？？？

・・・・・・・・（中略）・・・・・・・・

[*2] 伊藤武広、荻上紘一、原田実「算数を教えるのに必要な数学的素養―〈2×3か3×2〉の数学―」、『信州大学教育学部紀要』Vol.79、1993年、p.15-17参照。

教師：三年生になれば交換法則を教えるから問題はなくなるでしょう。

　この例では担任教師は教科書の記載に則った指導方法を徹底した一方、児童の父親は日本語と英語の語順が違うこと、自分の子どもは帰国子女だから英語の語順で考えた可能性があることを指摘するとともに、「整数環 Z」や「Z- 加群として作用」といった数学的な専門用語を持ち出し、担任教師の対応が間違っていることを指摘して教師を困らせている。実はこの父親はある大学の数学教員であり、彼の言うことはもちろん理論的には正しい。しかしながら、担任教師の言い分も乗法の考え方を徹底させるという点においては間違いではないのである。

　このように、乗法の指導方法は時に大きな議論が巻き起こり、それ故、教育学的な調査研究が絶え間なく続いている十分に検討に値するテーマの一つでもある。そこで、これから我が国はじめアジア各国の乗法の導入学習がどのように行われているのかについて見ていきたい。

第3章 乗法

3.1　日本：問題場面と意味の重視－〈ずつの数〉×〈いくつ分〉

　我が国では乗法は二年生の中頃に導入される。児童はこれまで加法と減法を学習してきた訳であるが、ここで四則計算の中でも比較的難しいとされる乗法が登場する。

　加法や減法と同様に、我が国の乗法の導入学習ではどのような場面で乗法が使われるのかという状況とその意味を重視しており、〈ずつの数〉の〈いくつ分〉という乗法の基本概念を定着させることに重きが置かれ、そのための工夫が教科書のあちこちに見られる。例えば、下に示したように、イラストを見ながら「コースターには何人乗っているでしょうか」、「アヒルのボートには何人乗っているでしょうか」といった質問を児童に答えさせるという練習は〈ずつの数〉という概念を理解させるためのものである。

注：「ずつの数」を理解させるための挿絵。
出典：『小学　算数2下』教育出版、2015年、p.2　イラスト：はしばみのる

図3-1　乗法の導入学習

■ 乗法の意味理解の徹底

乗法の学習手順としては、まず箱に入った鉛筆キャップやたこ焼き、石鹸、缶ジュースなどのイラストを見ながら、全部でいくつあるかを求める際に乗法という演算方法を用いることができることを理解させることから始まる。次に乗法は「〈1当たりの量（ずつの数）〉×〈いくつ分〉」という式から成り立っており、それを計算することで合計が求められるという指導が続く。さらにはおはじきなどの半具体物を使って「3×2」や「5×2」、「6×3」などの式を表す状況を作り出す練習へと移行していくと同時に、身の回りを見渡して乗法の式で表せるものを見つけるという活動なども行われる。このような学習過程を通して乗法の意味とそれが使われる場面についての理解を十分に深めていくことが目指されているのである。

この後「九九」が導入されるが、ここでも単に数と数の乗法として暗記させるのではなく、それぞれの段が使われる具体的な場面を提示した上で該当する段の学習を進めていくという工夫がされている。そして、我が国では「九九」の学習に際して「5の段」から開始され、その後「2の段」、「3の段」、「4の段」…「9の段」と順に進み、最後に「1の段」という順番で学習が進められる。「5の段」が最初に扱われるのは児童にとっても「5、10、15、20、25…」と覚えやすいということが考慮されているからである。

■「0」を用いた乗法導入の工夫

ここで「0」を使った乗法学習について少し触れておこう。ある数に「0」をかけたり（○×0）、「0」にある数をかける（0×○）という乗法は理論的には成り立つが、日常の場面ではあまり使うことはない。そこで、乗法式に「0」が含まれている場合についてはどのような場面設定が行われているのであろうか。この内容は三年生の初めに「かけ算のきまり」という単元で取り扱われ、次頁の図3-2のように点取り遊びの得点計算という場面を設定して学習させるようになっている。これは実によく考えられたアプローチであると筆者は考えている。

第 3 章 乗 法

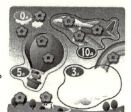

たけしさんが点とり遊びを
したら，右のようになりました。
得点を調べましょう。

入ったところ	10点	5点	3点	0点
入った数（こ）	3	2	0	5
得　点（点）				

3点，0点のところの得点は何点になるでしょうか。
かけ算の式に表しましょう。

3点のところ　　　　　　　　0点のところ

3×□＝□　　　　　　　　0×□＝□

出典：『小学　算数3上』教育出版、2011年、p.2　イラスト：鶴田一浩
図3-2　「0」を使った乗法式の学習

　ところで話は戻るが、本章の最初である学校の教師と大学の数学教員である父親との間で交わされた乗法式の書き方の順序についての議論を思い起こしてほしい。先にも述べたが、父親の言い分は数学的理論から見て正しい意見である。反対に、担当教師の言い分も乗法の考え方を徹底させるという意味においては妥当な意見と考えられる。この議論を通して読者の皆さんに伝えたいことは、我が国の算数教育では単に計算ができればよいという教育ではなく、どのような場面、状況でそのような操作を用いるのかということを重視しているがために、数学の専門的見地からすれば、それほど意味をもたないようなことに拘りが見られることがあるということなのである。

日本の「九九」の表

　小学二年生で導入される乗法の学習において、「九九」を確実に覚えることは非常に重要である。これができないと、後に登場する除法もできなくなる。そこで、学校現場ではこの段階で「九九」がきっちりと暗唱できるように努力が払われる。また、教科書にも「九九」を覚えるための表が掲載されており、児童がこの表を迅速にかつ正確に埋められることが求められる。

		\multicolumn{9}{c}{かける数}

		かける数								
		1	2	3	4	5	6	7	8	9
かけられる数	1									
	2									
	3									
	4									
	5									
	6									
	7									
	8									
	9									

　教科書に掲載されている「九九」の表は、やはり「かけられる数」と「かける数」がきっちりと区別されている。これは、本文でも述べたように、日本の乗法の導入学習ではそれが使われる場面を重視しており、「〈1当たりの量（ずつの数）〉×〈いくつ分〉」という前にくる数と後ろにくる数の違いを明確に区別しているためである。この区別は、この後、アジア各国の乗法学習を見ると明らかになるが、我が国独特のものと言える。

3.2 ベトナム：乗法は累加の書き換え—〈いくつ〉×〈何回〉

ベトナムでは乗法の学習は二年生の中頃から始まる。乗法の導入学習ではまず乗法の概念について簡単な説明がある。この説明によれば、二つのもの（教科書では●で表示）のまとまりが五つある場合、既習の加法では「2＋2＋2＋2＋2」という計算ができ答えは「10」となるが、これを乗法で書くと「2×5」と表すことができるとされている。その後、「一皿に4個のリンゴが盛られた皿が二つ」、「5匹の魚が入っている水槽が三つ」、「3軒の一まとまりの家が4つ」といった図が示され、それぞれ「4が2回」、「5が3回」、「3が4回」

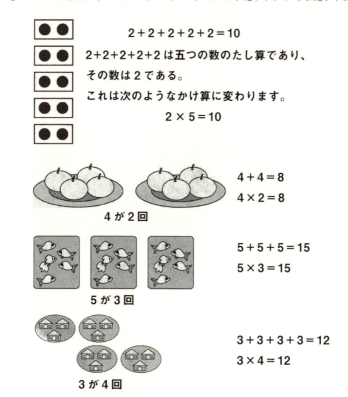

出典：ベトナム国『TOÁN 2』教育訓練省、2003年、p.92、筆者翻訳
図3-3　乗法概念の説明

と数えられ「4 × 2 = 8」、「5 × 3 = 15」、「3 × 4 = 12」という乗法式が示されている。

　この概念説明に続いて、図3-4に示したような解説が行われる。これは乗法式の構造についての解説であるが、「2」や「5」は「要素」と呼ばれ、「10」は「結果」と呼ばれることが示されている。先ほど乗法の立式では「〈いくつ〉×〈何回〉」という構造になっていることを学習したばかりの児童に、このような内容をさらに指導するというのはどうかと思われるが、これもベトナムの指導方針なのかもしれない。ただし、このような説明を行うということは、我が国における乗法の導入学習が「かけられる数」と「かける数」の順番にかなりの神経を使っていたのとは異なり、その順番についてはあまり注意していないようにも理解できる。

　こうした概念的な説明の後、今度は「2の段」や「3の段」といった各段の学習に入っていく。各段の学習内容は基本的に同じであり、例えば「2の段」では右に示したように、「2×1」、「2×2」、「2×3」を使って「2の段」の乗法の意味が簡単に説明される。ここでは累加という考

出典：ベトナム国『TOÁN 2』教育訓練省、2003年、p.94、筆者翻訳

図3-4　乗法式の構造についての説明

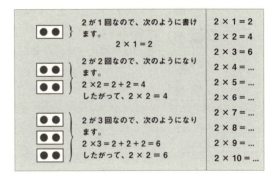

出典：ベトナム国『TOÁN 2』教育訓練省、2003年、p.95、筆者翻訳

図3-5　「2の段」の学習内容

え方が持ち出され「いくつが何回あるか」ということが繰り返し強調される。この説明の後、「2の段」の計算練習が行われ、続いて文章題、そして最後に「2の段」の結果を順に並べるという学習が行われる。

実はベトナムでの各段の乗法には「×10」まである。これは日本の「九九」にはない同国の大きな特徴と言える。

■ 乗法の意味指導

ベトナムでは乗法の考え方の説明として、「2＋2＋2＋2＋2」のような累加が「2×5」という乗法式に置き換えられるというように指導されていた。このことから分かることは、同国では乗法は累加の言い換えあるいは書き換えであり同じものとして理解されているということである。

また、教科書ではリンゴの絵を用いて「4×2」の乗法式が「4が2回」と解説されており、乗法の立式は「〈いくつ〉×〈何回〉」というように構成されていると指導されていた。この「〈いくつ〉×〈何回〉」は累加式からそのまま派生した解釈である。というのは、「4×2」の累加式は「4＋4」であり、これは「4」が「2」回加えられているからである。これはベトナムの乗法指導における一つの大きな特徴であると言えよう。

このように、同国では乗法の導入学習において乗法は累加を書き直したものであり、その構造は「〈いくつ〉×〈何回〉」となっていることを児童に理解させることが主な内容となっている。

■ 除法との関係性を重視

ベトナムでの乗法の学習過程を詳細に見ていくと、我が国のように一気にすべての段の学習を行うのではなく、二年生と三年生の2年間をかけてすべての段の学習が終わるように内容が配列されていることが分かる。二年生では「2の段」から「5の段」まで、三年生は「6の段」から「9の段」までを学習するようになっているのである。この理由は各段の乗法を学習した後にその逆算である除法の学習が段毎に配置されているためである。例えば、乗法の「2の段」の学習の後には、「2：2」、「4：2」、「6：2」、「8：2」、「10：2」、「12：2」、「14：2」、「16：2」、「18：2」、「20：2」（ベトナムの除法記号は我が国のも

のとは違う。詳細は第4章を参照）の除法が扱われるという具合である。ここにベトナムにおける乗法と除法の特徴的な考え方が見て取れる。すなわち、乗法と除法は逆算関係にあり、密接な相互関係があるために同時並行的に学習する方が計算力を高める上では効果があるという考え方である。

かけ算	わり算
2×4=8	8：2=4
	8：4=2
2×6=12	12：2=6
	12：6=2
2×9=18	18：2=9
	18：9=2

出典：ベトナム国『TOÁN 2』教育訓練省、2003年、p.112を参考に筆者作成

図3-6　乗法と除法の関係

■ 「0」を用いた乗法の指導

　ここで「0」を使った乗法の導入について少し触れておこう。ベトナムでは、二年生で「5の段」までの乗法を学習し、その後「5」までの数のわり算を学習した後に「0のかけ算とわり算」という節の中で「0」を使った乗法の学習が行われる。ただ、下に示したような簡単な計算方法と答えが書かれてあるだけで、どのような場合にこの乗法を用いるのかといった問題場面についての記述は一切ない。果たして、児童がこの説明だけで「0」を用いた乗法式の意味が理解できるのかについては大きな疑問が残る。

```
0を使ったかけ算

0×2=0+0=0       したがって、  0×2=0
                また、        2×0=0

0×3=0+0+0=0     したがって、  0×3=0
                また、        3×0=0

0にどのような数をかけても答えは0
また、ある数に0をかけても答えは0
```

出典：ベトナム国『TOÁN 2』教育訓練省、2003年、p.133、筆者翻訳

図3-7　「0」を使った乗法の説明

ベトナムの乗法表「10×10」

　ベトナムにも我が国と同じように「九九」の表に似たものがある。ただし、「九九」の表と異なる点がいくつかある。一つは縦横に数字が「1」から「10」まであることである。これは同国の各段の乗法が「×10」まであることから理解できるであろう。なお、乗法表には「10の段」があるが、教科書では特に「10の段」についての学習内容は設定されていない。

　二つ目は縦軸、横軸の区別が明確になされていないことである。ただし、この表の使い方をよく見ると、縦軸が「かけられる数」、横軸が「かける数」を示しているように理解でき、そうであれば、我が国の「九九」の表と縦軸、横軸の構造は同じと言える。

　三つ目は、この乗法表は同時に除法表としても用いられるということである。同国では乗法と除法が逆算関係にあるとして同時並行的に指導が行われることとも無関係ではないであろう。

　下の乗法表（あるいは除法表と呼べるかもしれない）の実線矢印が乗法を示し（4×3＝12）、点線矢印が除法を示している（63：7＝9）。

×	1	2	3	4	5	6	7	8	9	10
1	1	2	3	4	5	6	7	8	9	10
2	2	4	6	8	10	12	14	16	18	20
3	3	6	9	12	15	18	21	24	27	30
4	4	8	12	16	20	24	28	32	36	40
5	5	10	15	20	25	30	35	40	45	50
6	6	12	18	24	30	36	42	48	54	60
7	7	14	21	28	35	42	49	56	63	70
8	8	16	24	32	40	48	56	64	72	80
9	9	18	27	36	45	54	63	72	81	90
10	10	20	30	40	50	60	70	80	90	100

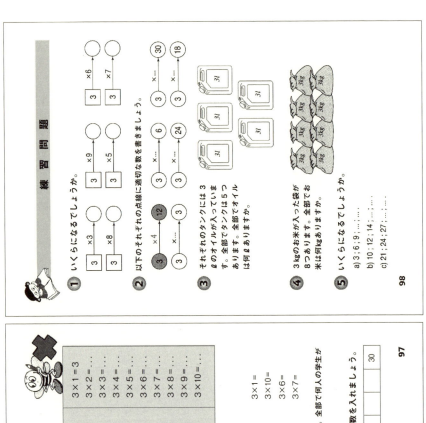
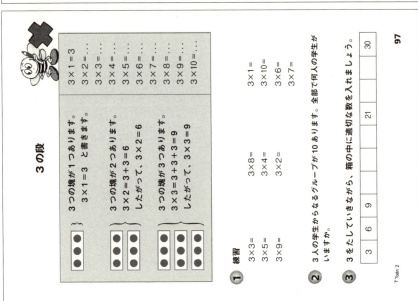

出典：ベトナム国『TOÁN 2』教育訓練省、2003年、p.97-98、筆者翻訳
図3-8 乗法の導入学習（ベトナム）

3.3 インドネシア：乗法と累加は同じ―〈何回〉×〈いくつ〉

インドネシアでは乗法の学習は二年生の中頃から開始される。乗法の導入学習ではまずその考え方についてイラストを用いて説明されている。この説明によれば「一房に3個のサクランボ」が一房だけの場合は「1×3＝3」、二房の場合には「2×3＝6」、三房の場合には「3×3＝9」、四房の場合には「4×3＝12」と立式できることが示されている。加えて、乗法は累加を置き換えたものであることも説明されている。

ここで注目すべき点は二つある。一つはかけられる数とかける数の意味である。我が国の場合「〈ずつの数〉×〈いくつ分〉」とされていたし、ベトナムでは「〈いくつ〉×〈何回〉」と示されていた。しかしながら、インドネシアのそれはこれまで見た2カ国の場合と異なっている。そのことは「1房＝1×3＝3」、「2房＝2×3＝3＋3＝6」、「3房＝3×3＝3＋3＋3＝9」、「4房＝4×3＝3＋3＋3＋3＝12」という説明から明らかである。すなわち、インドネシアでは「〈何回〉×〈いくつ〉」というようにベトナムにおける乗法の考え方と全く反対になっているのである。

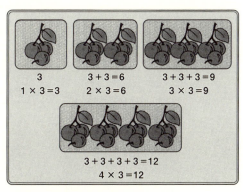

出典：インドネシア国『Pelajaran Matematika 2B』Erlangga出版社、2006年、p.2、筆者翻訳
図3-9　乗法の概念説明

もう一つの点は乗法が累加を置き換えたものであるという理解である。これはベトナムで見た乗法の考え方と同様である。

こうした乗法の考え方についての説明の後、その理解を定着させるための練

習問題が用意されている。最初の練習問題は左下に示したように、「1×1」や「2×1」といった乗法式を累加式に置き換えて答えを計算するというものである。ここではすべて「〈何回〉×〈1〉」(1の段)という乗法式が与えられている。次の練習問題は右下に示したように様々な累加式と乗法式を正しく結びつけるというものである。ここには「〈何回〉×〈8〉」(8の段)を除くすべての段、すなわち「〈何回〉×〈1〉」(1の段)から「〈何回〉×〈9〉」(9の段)までが登場している（図はその一部のみを示している）。

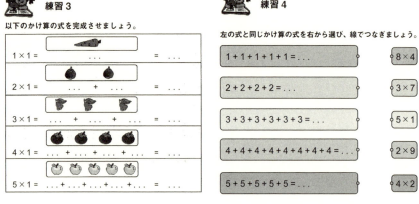

出典：インドネシア国『Pelajaran Matematika 2B』Erlangga出版社、2006年、p.5-6、筆者翻訳
図3-10　乗法の理解についての練習問題

　その後、乗法の計算が迅速かつ正確に行えるようにさらなる練習が繰り返される。ただし、児童がこうした練習問題の繰り返しに興味をもって取り組めるようにゲーム的要素を加味したものが準備されている。一番上の問題は中心に書かれた「2×」や「3×」をすぐ外の円に示された数値と行い、一番外側の円に答えを書くというものである。真ん中の問題は三角形や四角形のそれぞれの頂点に書かれた数値をかけ算し、その答えをその辺の真ん中に書くというものである。そして、最後の問題は左上の角の数値から開始し、その数値に接した横と下のそれぞれの数値とかけ算して答えをそのさらに横と下に書いていくというものである。こうして同国での乗法の導入学習は完結する。

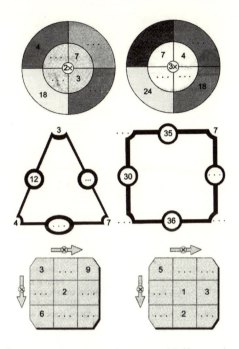

出典：インドネシア国『Pelajaran Matematika 2B』Erlangga 出版社、2006 年、p.12、p.13、p.18
図 3-11　ゲーム的要素を加味した乗法の練習問題

■ 乗法の独特の意味理解

　すでにお気付きの読者もおられると思うが、インドネシアでは乗法式の構造を「〈何回〉×〈いくつ〉」と理解していることから、例えば「3の段」と言った場合、「1×3」、「2×3」、「3×3」、「4×3」、「5×3」、「6×3」、「7×3」…というように、かける数が「3」であり、かけられる数は順に変化していくという通常とは反対の現象が起こる。しかし、不思議なことに本節末の囲み記事に示したように、同国教科書に記された乗法表は「3×1」、「3×2」、「3×3」、「3×4」、「3×4」、「3×5」、「3×6」、「3×7」…というようにかけられる数が「3」で固定された私たちが見慣れた一般的なものとなっているのである。

　では、どこでこのような大転換が起こったのであろうか。このことについて筆者は次のように考えている。教科書では乗法表が示される直前に乗法の交換

法則が登場する。ここでは「2×3」は「3×2」と同様であり、どちらも答えは「6」になることが示されている。そして、この「2×3」と「3×2」は見方の違いであるということもイラストを使って示されている。この交換法則の学習によって、これまで学習した「〈何回〉×〈いくつ〉」という基本概念を一旦きれいに消去したのではないだろうか。すなわち、かけられる数とかける数の意味や順番にはほとんど意味がないということを新たに学習したという訳である。こうして、これまでのように、「3の段」が「1×3」、「2×3」、「3×3」、

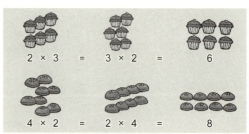

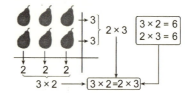

出典：インドネシア国『Pelajaran Matematika 2B』Erlangga 出版社、2006年、p.8、筆者翻訳

図3-12 乗法の交換法則についての説明

「4×3」…という一般的な書き方とは反対になる方法を、乗法表では「3×1」、「3×2」、「3×3」、「3×4」…という一般的な方法に書き直したのではないかという推測である。ただし、その真相は同国の教科書編集者にしか分からなく、筆者自身も正確なところは確認できていない。

■ 特徴のある乗法の筆算

インドネシアの乗法の筆算は、我が国の筆算とは少し異なっている。加減法の章でも少し触れたが、乗法の演算記号「×」の書く位置、繰り上がりの数の表記場所が我が国の場合と違っているのである。右に示したように、「95×3」を例にとると、乗法記号「×」が右に書かれている。

```
     1 ← 保存
    9 5
      3
  ─────×
    2 8 5
```

また「5」と「3」をかけた積である「15」の繰り上がり部分の「1」が「9」の上に書かれているという具合である。所変われば書き方も変わるという興味深い例である。

■「0」を用いた乗法の指導

最後に「0」を使った乗法の学習について少し触れておこう。同国の乗法学習においては三年生の最初の単元である「第1章 数と計算」の「第3節 かけ算とわり算」で、ある数に「0」をかけた乗法（○×0）が登場する。ただし、ここには乗法式が示されているだけでそれについての説明は一切ない。

他方、その逆の場合、すなわち「0」にある数をかける乗法（0×○）については特に取り扱われることなく、四年生になってから「第1章 数の計算」の単元の中の「第1節 交換法則、結合法則、分配法則」において既習の「○×0」の交換法則として少し触れられる程度である。

インドネシアではベトナムと同様に、「0」を用いた乗法式の計算結果がどのようになるかということは示されているものの、それらがどのような場面で使われるかという説明はない。これで児童が本当に「0」を用いた乗法について理解できるのかは大きな疑問が残るところではある。

例

4 × 0 = 0   35 × 0 = 0   157 × 0 = 0

練習問題6

次のかけ算をしましょう！

1. 21 × 0 = ...
2. 42 × 0 = ...
3. 63 × 0 = ...
4. 84 × 0 = ...
5. 95 × 0 = ...
6. 256 × 0 = ...
7. 457 × 0 = ...
8. 638 × 0 = ...
9. 719 × 0 = ...
10. 910 × 0 = ...

E 0を使ったかけ算

3 × 0 = 0 + 0 + 0 = 0
7 × 0 = 0 + 0 + 0 + 0 + 0 + 0 + 0 = 0
3 × 0 = 0 + 0 + 0 = 0
a × 0 = 0 + 0 + 0 + . . . + 0 (aと同じ数だけ) = 0

公式にしよう！

0を使ったかけ算は：
...... × 0 = ... または 0 × ...... = ...

注：（上）「ある数×0」の説明、（下）「0×ある数」を含む説明。
出典：インドネシア国『Pelajaran Matematika 3A』、p.68-69、『同4A』、p.7、Erlangga出版社、2006年、筆者翻訳

図3-13 「0」を使った乗法説明

インドネシアの乗法一覧と乗法表「10×10」

インドネシアでは、乗法式の構造を「〈何回〉×〈いくつ〉」としていたことは本文で述べた通りである。乗法式をこのような構造として理解した場合、普通に考えると、各段の数字は私たち日本人が見慣れたものとは逆になる。すなわち、「3の段」といった場合、後ろの数字が「3」となり、前の数字は「1」、「2」、「3」、「4」…と順に変化していくのである。

しかしながら、同国では交換法則が成り立つという説明を追加することで、乗法式の数字の順序はあまり重要ではないことを示し、乗法一覧（左下）では、私たちが一般に見慣れたものに類似した形式で表されている。また、このことを反映して、乗法表（右下）の縦軸、横軸は単に「1」から「10」が付されているだけで、「かけられる数」がどちらで、「かける数」がどちらという区別は示されていない。

なお、下の乗法一覧の「4の段」には誤記があることに注意されたい（＊は筆者による）。

×	1	2	3	4	5	6	7	8	9	10
1	1	2	3	4	5	6	7	8	9	10
2	2	4	6	8	10	12	14	16	18	20
3	3	6	9	12	15	18	21	24	27	30
4	4	8	12	16	20	24	28	32	36	40
5	5	10	15	20	25	30	35	40	45	50
6	6	12	18	24	30	36	42	48	54	60
7	7	14	21	28	35	42	49	56	63	70
8	8	16	24	32	40	48	56	64	72	80
9	9	18	27	36	45	54	63	72	81	90
10	10	20	30	40	50	60	70	80	90	100

```
1×1 = 1      2×1 = 2      3×1 = 3
1×2 = 2      2×2 = 4      3×2 = 6
1×3 = 3      2×3 = 6      3×3 = 9
1×4 = 4      2×4 = 8      3×4 = 12
1×5 = 5      2×5 = 10     3×5 = 15
1×6 = 6      2×6 = 12     3×6 = 18
1×7 = 7      2×7 = 14     3×7 = 21
1×8 = 8      2×8 = 16     3×8 = 24
1×9 = 9      2×9 = 18     3×9 = 27
1×10 = ...   2×10 = ...   3×10 = ...

4×1 = 4*     5×1 = 5      6×1 = 6
4×2 = 8      5×2 = 10     6×2 = 12
4×3 = 12     5×3 = 15     6×3 = 18
4×4 = 16     5×4 = 20     6×4 = 24
4×5 = 20     5×5 = 25     6×5 = 30
4×6 = 24     5×6 = 30     6×6 = 36
4×7 = 28     5×7 = 35     6×7 = 42
4×8 = 32     5×8 = 40     6×8 = 48
4×9 = 36     5×9 = 45     6×9 = 54
4×10 = ...   5×10 = ...   6×10 = ...

7×1 = 7      8×1 = 8      9×1 = 9
7×2 = 14     8×2 = 16     9×2 = 18
7×3 = 21     8×3 = 24     9×3 = 27
7×4 = 28     8×4 = 32     9×4 = 36
7×5 = 35     8×5 = 40     9×5 = 45
7×6 = 42     8×6 = 48     9×6 = 54
7×7 = 49     8×7 = 56     9×7 = 63
7×8 = 56     8×8 = 64     9×8 = 72
7×9 = 63     8×9 = 72     9×9 = 81
7×10 = ...   8×10 = ...   9×10 = ...
```

乗法一覧（左）と乗法表（上）

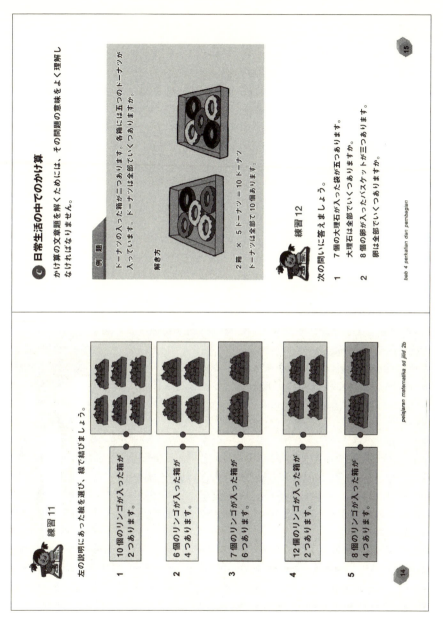

出典：インドネシア国『Pelajaran Matematika 2B』Erlangga 出版社、2006 年、p.14-15、筆者翻訳
図 3-14　乗法の導入学習（インドネシア）

3.4 ミャンマー：累加から乗法へ—〈いくつ〉×〈何回〉

　ミャンマーでは二年生の前半に乗法が導入される。乗法の導入学習ではこれまで見てきた他国と同様に、乗法についての考え方が簡単に説明される。ここでは魚のイラストを使って、①「一枚の絵に魚は何匹いますか？」（4匹）、②「いくつの絵がありますか？」（3枚）、③「全部で何匹の魚がいますか？」（4 + 4 + 4 = 12匹）というように説明が進められていく。続いて、④「4が何回ありますか？」（3回）、⑤「4が3回は4×3と書きます」と展開されていく。そして、最後に「×」が乗法を示す演算記号であること、「4かける3」と読むこと、そして「乗法はたし算を繰り返すこと（累加）である」ことが強調されて乗法についての説明が終わる。

一枚の絵に魚は何匹いますか？　　4匹
いくつの絵がありますか？　　　　3枚
全部で何匹の魚がいますか？　　　4＋4＋4＝12匹

4が何回ありますか？　　　　　　3回
4が3回を　　4×3　　と書きます。

したがって、4 + 4 + 4 = 4 × 3 となります。

これを「4を3回」と読み、「×」はかけ算の記号です。
「×」は数を何回かかけることを表します。
「4を3回」と読む代わりに、一般的には「4かける3」と呼びます。

　　　　　　4×3＝12

12は4と3のかけ算の結果を表しています。

　かけ算は、たし算を繰り返すことです。

出典：ミャンマー国『Mathematics Grade 2』カリキュラム・シラバス・教科書委員会、2014年、p.38、筆者翻訳

図 3-15　乗法の考え方についての説明

この後、乗法の意味を定着させるためにいくつかの例題が示されている。「2匹の亀が3回」や「4匹のアヒルが2回」、「3個のマーブルが4回」といったイラストが描かれ、「2匹の亀が3回」では、まず累加式「2＋2＋2」を作り、答え「6」を出し、次に「2が3回＝6」及び「2かける3＝6」という文章による式で累加式を書き換えるというものである。

さらに、乗法式の構造についての説明が行われ、「2×8＝16」という乗法式を例にとって、この「2」を「基本となる数」と呼び、「8」を「かける数」と呼ぶとされ、「16」は「かけ算の結果」であると指導される。ここまでがミャンマーにおける乗法の導入学習の内容である。

乗法の基本的な考え方についての学習が終わると、いよいよ各段の練習に進んでいく。「2の段」、「3の段」、「4の段」…といった

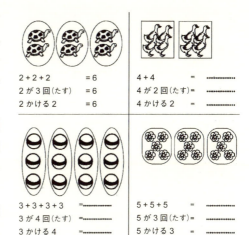

出典：ミャンマー国『Mathematics Grade 2』カリキュラム・シラバス・教科書委員会、2014年、p.39、筆者翻訳
図3-16 乗法の概念定着を図る練習

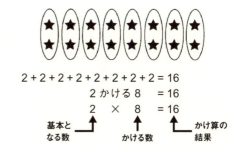

出典：ミャンマー国『Mathematics Grade 2』カリキュラム・シラバス・教科書委員会、2014年、p.40、筆者翻訳
図3-17 乗法式の構造についての説明

学習内容である。この過程もベトナムの場合と同じである。しかし、ベトナムが「5の段」までの学習で打ち切り、その後の「6の段」から「9の段」は次の学年で取り扱うように配置されていたのに対し、ミャンマーでは「10の段」までを二年生で学習し終えてしまう点が大きく異なっている。ただし、同国では「11の段」、「12の段」もあり、この二つの段については次の学年である三

●●	2	2かける1	2×1=2
●● ●●	2+2=4	2かける2	2×2=4
●● ●● ●●	2+2+2=6	2かける3	2×3=6
●● ●● ●● ●●	2+2+2+2=8	2かける4	2×4=8
●● ●● ●● ●● ●●	2+2+2+2+2=10	2かける5	2×5=10
●● ●● ●● ●● ●● ●●	2+2+2+2+2+2=12	2かける6	2×6=12
●● ●● ●● ●● ●● ●● ●●	2+2+2+2+2+2+2=14	2かける7	2×7=14
●● ●● ●● ●● ●● ●● ●● ●●	2+2+2+2+2+2+2+2=16	2かける8	2×8=16
●● ●● ●● ●● ●● ●● ●● ●● ●●	2+2+2+2+2+2+2+2+2=18	2かける9	2×9=18
●● ●● ●● ●● ●● ●● ●● ●● ●● ●●	2+2+2+2+2+2+2+2+2+2=20	2かける10	2×10=20

2の段の乗法表

2	×	1	= 2
2	×	2	= 4
2	×	3	= 6
2	×	4	= 8
2	×	5	= 10
2	×	6	= 12
2	×	7	= 14
2	×	8	= 16
2	×	9	= 18
2	×	10	= 20

練習問題

A) 2×8=(　)　　E) 2×4=(　)
B) 2×1=(　)　　F) 2×(　)=8
C) 2×6=(　)　　G) 2×(　)=18
D) 2×9=(　)　　H) 2×(　)=14

出典：ミャンマー国『Mathematics Grade 2』カリキュラム・シラバス・教科書委員会、2014年、p.43-44、筆者翻訳

図3-18　「2の段」の図による説明（左）、式だけの説明（右上）と練習問題（右下）

年生になってから学ぶようになっている。

　ところで、ミャンマーでの「2の段」から「10の段」までにおける各段の学習内容は基本的に同じで、図による説明、式による説明、練習問題というように構成されている。

　ここでミャンマーの「2の段」の乗法表を見て気付かれた方もおられると思うが、実は、同国では各段が「×10」まである。これはベトナムやインドネシアでも同様であったことから、アジア諸国の乗法学習に共通する特徴と言えるかもしれない。我が国の「九九」が「×9」までで終わっているのはアジアでは珍しいことなのかもしれない。

■ 乗法の意味と構造

　ミャンマーの乗法学習の内容はこれまで見てきたベトナムの乗法導入学習と

非常によく似ている。その理由の一つは、乗法の考え方として〈いくつ〉が〈何回〉あるかという理解の下で「〈いくつ〉×〈何回〉」を乗法構造としている点である。

二つ目は累加を別の形で書き換えたものが乗法であるという理解がされており、教科書の説明でもイラストを見ながら、まず累加式を立て、それを乗法式に変換するという手順が採られていることである。ベトナムの節でも触れたが、「〈いくつ〉×〈何回〉」という解釈は実は累加式から派生しているのである。

三つ目は、乗法の意味を理解した時点で乗法式の構造についての説明が行われている点である。ただし、この説明はベトナムとミャンマーでは若干異なっている。ベトナムでは「要素×要素＝結果」としていたのに対し、ミャンマーでは「基本となる数×かける数＝結果」としている。筆者個人としては後者の方がよいと思っている。というのも、「基本となる数×かける数」という解釈は、乗法式の基本構造である「〈いくつ〉×〈何回〉」に繋がり、イメージしやすいためである。

■「0」を用いた乗法の指導

同国では乗法の基本的な考え方の学習を終えたすぐ後に「0」を使った乗法が紹介される。すなわち、各段の学習に入る前に「0」を用いた乗法が扱われるということである。

ここでの説明は右に示したように、「0＋0＝0」は「0が2回」で、「0×2」と書き換えられ、答えは「0」となるということが示されているのみである。これは既習の「〈いくつ〉×〈何回〉」の「いくつ」の部分を「0」にしただけの説明である。これによって、「0」にどんな数をかけても答えは「0」となることが指導されるのである。なお、この逆の「○

例1　0＋0＝0
　　　0×2＝0

例2　0＋0＋0＝0＋0
　　　0＋0＋0＝
　　　0×3　＝0

出典：ミャンマー国『Mathematics Grade 2』カリキュラム・シラバス・教科書委員会、2014年、p.41、筆者翻訳

図3-19「0×数」の説明

×0」は三年生になって乗法の交換法則を学習した後に登場してくるが、ここでも「0×2＝2×0＝0」という説明だけであり、「0」を使う乗法が実際にど

のような場面や状況で生起するのかという説明は全くない。果たして、児童がこのような説明だけで「0」を用いた乗法について本当に理解できるのかどうかは、ベトナムやインドネシアと同様に非常に疑問が残るところではある。

■ **特徴のある乗法の筆算**

ミャンマーの乗法の筆算は、我が国の場合と少し異なり一風変わった特徴がある。まず、乗法の演算記号「×」が乗数のすぐ横に書かれるということである。さらに、右に示したように、「3」に「4」をかけた積が「12」となって十の位の「1」が繰り上がる場合、その「1」は「2」の上に書かれるということである。

```
    1
   2 3
  ×4
  ───
   9 2
```

後者はインドネシアでも同様であったことを思い出してほしい。このように、ミャンマーの乗算の筆算においては、演算記号の記載位置、繰り上がりの数の表記場所において大きな特徴があるのである。

ミャンマーの乗法表「10×10」プラスα

　ミャンマーでも乗法学習において各段の乗算を確実に覚えることが重要視されており、そのために繰り返し練習が行われる。その一助として下に示したような乗法表が使われている。

×	1	2	3	4	5	6	7	8	9	10
1	1	2	3	4	5	6	7	8	9	10
2	2	4	6	8	10	12	14	16	18	20
3	3	6	9	12	15	18	21	24	27	30
4	4	8	12	16	20	24	28	32	36	40
5	5	10	15	20	25	30	35	40	45	50
6	6	12	18	24	30	36	42	48	54	60
7	7	14	21	28	35	42	49	56	63	70
8	8	16	24	32	40	48	56	64	72	80
9	9	18	27	36	45	54	63	72	81	90
10	10	20	30	40	50	60	70	80	90	100

　同国の乗法表には、我が国のそれとは異なる特徴がいくつかある。一つ目は縦軸と横軸がそれぞれ「10」まであることである。このことは、同国では「10の段」まであり、かつ各段が「×10」まであることを示している。この点はベトナムのそれに似ていると言えよう。

　二つ目は、縦軸が「かける数」、横軸が「かけられる数」を表しているということである。実は、この乗法表自体には縦軸、横軸が何の数字を示すのかということについては書かれていないが、乗法表の使用方法という記述を読めば、それぞれが示す数字が上記のようになっていることが分かる。これは、我が国の乗法表とは逆であり、また、ベトナムのそれとも逆になっているのである。

　三つ目は、この乗法表は主に小学二年生において使われるもので、小学三年生になると、この乗法表に加えて「11の段」、「12の段」が追加されることである。ただ、この二つの段が乗法表に挿入されるということはなく、右に示したように別の一覧として示される。

11の段の乗法一覧	12の段の乗法一覧
11 × 1 = 11	12 × 1 = 12
11 × 2 = 22	12 × 2 = 24
11 × 3 = 33	12 × 3 = 36
11 × 4 = 44	12 × 4 = 48
11 × 5 = 55	12 × 5 = 60
11 × 6 = 66	12 × 6 = 72
11 × 7 = 77	12 × 7 = 84
11 × 8 = 88	12 × 8 = 96
11 × 9 = 99	12 × 9 = 108
11 × 10 = 110	12 × 10 = 120

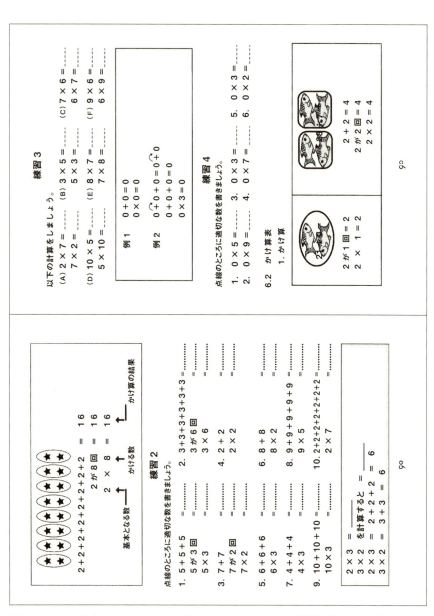

出典：ミャンマー国『Mathematics Grade 2』カリキュラム・シラバス・教科書委員会、2014年、p.40-41、筆者翻訳

図 3-20　乗法の導入学習（ミャンマー）

3.5 ネパール：累加を乗法に変換—〈いくつ〉×〈何回〉

ネパールでは乗法の導入学習は一年生の後半で行われる。加法及び減法も同学年で行われることから、同国の一年生の算数の学習内容はかなり過密になっていると言える。

同国における乗法の導入学習は、まず乗法の考え方を理解させることから始まる。これは既習の加法を使いながら行われ、「シタさんはリンゴを2個もっています。ハリ君もリンゴを2個もっています。二人はあわせて4個のリンゴをもっています」という状況をイラストで示し、それを「リンゴ2個＋リンゴ2個＝リンゴ4個」→「2＋2＝4」で表せることを確認する。それから、この「2＋2＝4」と言う等式が「リンゴ2個が2回＝リンゴ4個」に書き換えられ、それがさらに「2×2＝4」という乗法式に変換できることが順次示

シタさんはリンゴを2個もっています。　リンゴ2個＋リンゴ2個＝リンゴ4個

ハリ君もリンゴを2個もっています。　2＋2＝4

二人あわせて4個のリンゴをもっています。　リンゴ2個が2回＝リンゴ4個

　　2×2＝4

出典：ネパール国『My Mathematics Class 1』カリキュラム開発センター、2010年、p.77、筆者翻訳
図3-21　乗法の考え方についての説明

(A) 　(B)

2個のカップが1組あります。　　2本のペンが2組あります。

2 × 1 ＝ 2　　　　　　　　　2 × 2 ＝ ☐

出典：ネパール国『My Mathematics Class 1』カリキュラム開発センター、2010年、p.79、筆者翻訳
図3-22　「2×○」の練習

される。このように、累加式が乗法式に書き換えられることを通して乗法という演算の考え方を理解させていくのである。

この後、「2×○」、「3×○」、「4×○」、「5×○」というように「5」までの数を使った乗法を順に学習していく。例えば「2×○」の節では「2個のカップが1組あります」（2×1）、「2本のペンが2組あります」（2×2）、「2個のリンゴが5組あります」（2×5）というようにイラストを示し、それを乗法式にして答えを出すという内容である。

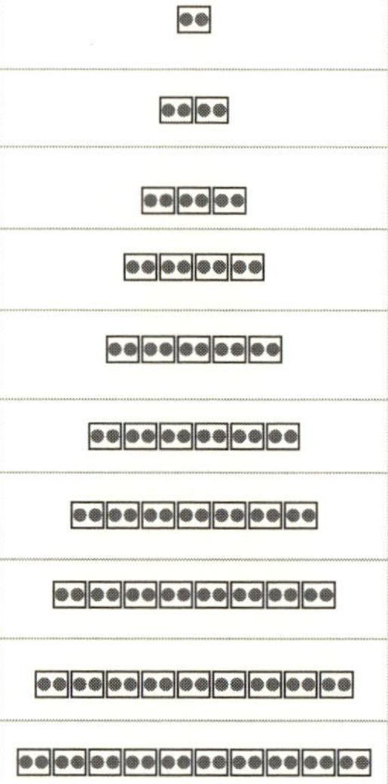

読み方	数図	書き方
にんいち	●●	2 × 1 = 2
ににん	●●●●	2 × 2 = 4
にさん	●●●●●●	2 × 3 = 6
にし	●●●●●●●●	2 × 4 = ☐
にごう	●●●●●●●●●●	2 × 5 = ☐
にろく	●●●●●●●●●●●●	2 × 6 = 12
にひち	●●●●●●●●●●●●●●	2 × 7 = 14
にはち	●●●●●●●●●●●●●●●●	2 × 8 = ☐
にく	●●●●●●●●●●●●●●●●●●	2 × 9 = ☐
にじゅう	●●●●●●●●●●●●●●●●●●●●	2 × 10 = 20

出典：ネパール国『My Mathematics Class 1』カリキュラム開発センター、2010年、p.88、筆者翻訳

図3-23 「2の段」の乗算

「5」までの数を使った乗法の学習の後、それらの乗法表が示され、児童はそれを繰り返し暗唱する。ここまでが一年生の乗法学習である。

二年生になると「6」から「10」の数を使った乗法の学習が扱われるが基本的な手順は一年生の時と同様である。また、三年生では二位数と一位数の乗法の筆算が学習の主要な内容となるが、その中の「11の段」と「12の段」は暗唱することとされている。

■ 乗法の意味指導

すでにお気付きの方もおられると思うが、ネパールの乗法における学習手順は先のベトナムやミャンマーにおける乗法の指導方法と非常に似ていると言える。すなわち、累加式が変換されて乗法式ができるということと、乗法式の構造が「〈いくつ〉×〈何回〉」になっているということを学習させている点が同

第 3 章 乗 法

じなのである。ただ、インドネシアでは乗法式の構造が「〈何回〉×〈いくつ〉」と逆になっていたという違いはあるが、累加を変換して乗法にするという考え方は同じである。このことは、ネパールも含めたアジア諸国の乗法指導では累加を基にした考え方が広まっており、それはかなりの程度アジアの初等算数教育に浸透したアプローチであるということを意味していると考えられる。

ただし、累加と乗法を同じものと見る考え方に関しては批判的な意見もあることは事実で、この点に関しては本章の最後の「コラム:乗法と累加」を参照していただきたい。

■「0」を用いた乗法の指導

先に述べたように、ネパールでは一年生で「5」までの数を使った乗法、二年生で「6」から「10」までの数を使った乗法の学習をすることになっている。そして、「0」を用いた乗法が「10」までの数を使った乗法の学習のすぐ後に登場してくる。

この「0」を用いた乗法学習では右に示したように、数図を用いた若干の説明があるものの、「0が4回」→「0×4＝0」という記述だけでは残念ながら全く意味が分からない。また、その逆である「4が0回」→「4×0＝0」という解説も同様であり、ほとんど意味が分からない。実は、これは「0」という数字を用いた乗法の説明というよりも「0×4」や「4×0」を言葉で言い換えただけに過ぎないものだからである。これでは折角の説明も児童にとっ

0を使ったかけ算
0の入ったかけ算をしましょう。
例

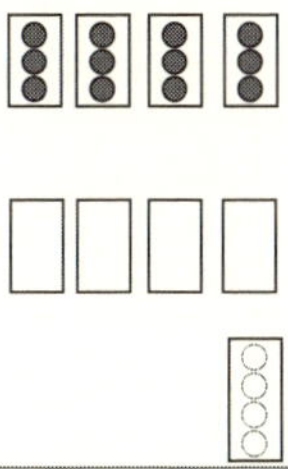

3が4回
3×4＝12

0が4回
0×4＝0

4が0回
4×0＝0

0にどのような数をかけても、答えは0になります。
例えば、0×4＝0です。
また、どのような数に0をかけても、答えは0になります。
例えば、4×0＝0です。

練習問題
空欄に適切な数を入れましょう。
a. 2×0＝☐   d. 7×☐＝0
b. 0×3＝☐   e. 0×9＝☐
c. 0×0＝☐   f. ☐×5＝0

出典:ネパール国『My Mathematics Class 2』カリキュラム開発センター、2010年、p.47、筆者翻訳

図3-24 「0」を使った乗法

ては何を意味しているのか全く分からず、「0が入った乗法の計算結果はすべて0になる」と暗記するだけの学習に終わってしまう危険性がある。ただし、これまで見てきたアジア各国の説明はどこもよく似たものであり、問題場面や状況の説明はほとんどなく、ただ単に「0」を用いた乗法式の計算結果は「0」になるという説明だけに終始していた。これもアジアの初等算数教育における一つの大きな特徴（負の側面）と言えるのかもしれない。

ネパールの乗法表「10×10」プラスα

　ネパールでは、一年生で「2の段」、「3の段」、「4の段」、「5の段」の四つの段を学習し、二年生では「6の段」、「7の段」、「8の段」、「9の段」、そして「10の段」の五つの段を学習するように内容が配列されていたことは本文で述べた通りである。さらに、三年生になると「11の段」及び「12の段」も登場する。

　同国における乗法のそれぞれの段は「〇×10」までであり、これは我が国とは異なってはいるものの、他のアジア諸国のそれとは共通である。特に、ミャンマーの学習内容とは非常に類似しており、乗法表についても、ミャンマーとほぼ同じ形式をとっている。すなわち、縦横それぞれ「1」から「10」まであり、全部で100マスから構成されているということである。また、「11の段」と「12の段」は、別に一覧として掲載されている点でもミャンマーに似ている。

　ただし、ミャンマーのものと違うところは、乗法表の縦軸及び横軸がどのような数を示すのかが示されていないことである。

×	1	2	3	4	5	6	7	8	9	10
1	1	2	3	4	5	6	7	8	9	10
2	2	4	6	8	10	12	14	16	18	20
3	3	6	9	12	15	18	21	24	27	30
4	4	8	12	16	20	24	28	32	36	40
5	5	10	15	20	25	30	35	40	45	50
6	6	12	18	24	30	36	42	48	54	60
7	7	14	21	28	35	42	49	56	63	70
8	8	16	24	32	40	48	56	64	72	80
9	9	18	27	36	45	54	63	72	81	90
10	10	20	30	40	50	60	70	80	90	100

11の段の乗法一覧
11 × 1 = 11
11 × 2 = 22
11 × 3 = 33
11 × 4 = 44
11 × 5 = 55
11 × 6 = 66
11 × 7 = 77
11 × 8 = 88
11 × 9 = 99
11 × 10 = 110

12の段の乗法一覧
12 × 1 = 12
12 × 2 = 24
12 × 3 = 36
12 × 4 = 48
12 × 5 = 60
12 × 6 = 72
12 × 7 = 84
12 × 8 = 96
12 × 9 = 108
12 × 10 = 120

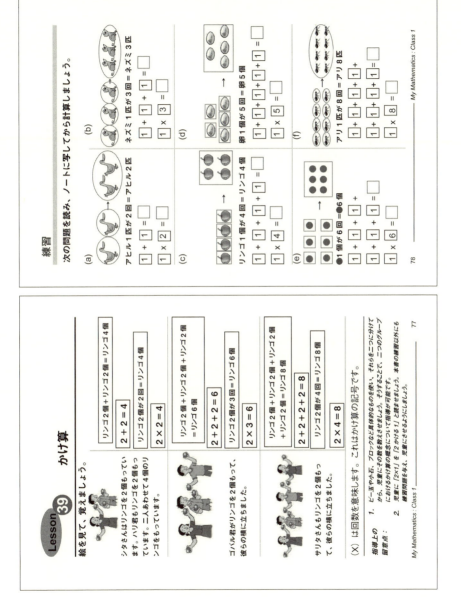

図 3-25　乗法の導入学習（ネパール）

コラム：乗法と累加

　本章で見てきたように、ベトナム、インドネシア、ミャンマー、それにネパールの乗法学習においては、どの国においても乗法は累加を書き換えたもので、乗法と累加は同じ意味であると指導されていた。これはアジアの各国においてはいわば一種共通の考え方であるとも言える。この背景には、イギリスで開発された国家数量的思考能力戦略（National Numeracy Strategy: NNS）[*3]が乗法の学習において累加を使って説明することを推奨していることとも無関係ではないであろう。

　しかしながら、我が国の数学教育協議会はこれとは反対の立場を示しており、「累加はかけ算の計算を行う一つの方法であり、かけ算の意味ではない」として「かけ算の意味」と「かけ算の答えの出し方」を区別している。どういうことかと言えば、かけ算の意味は「1当たりの量（ずつの数）×いくつ分」であり、他方、たし算の繰り返し（累加）はかけ算の意味ではなく、答えの出し方の一つに過ぎないということである[*4]。

　では、我が国の数学教育協議会は、なぜ、そのような考え方を採っているのであろうか。その理由は次のように説明されている。例えば「太郎君は70円のチョコレートを、次郎君は70円のキャンディーを、三郎君は70円のせんべいを買った時、買い物全体の値段はいくらですか」という問題があったとすると、答えは「70＋70＋70＝210円」となる。これは「70×3」として計算することもできるが、この事柄自体は加法であって乗法とは言えないからである。すなわち、すべての累加が必ずしも乗法には変換できないという理由からなのである。

[*3] 国家数量的思考能力戦略（NNS）は、1996年に英国で始まった国家数量的思考能力プロジェクトで開発されたものであり、初等教育における算数指導におけるガイドラインを示したものである。2006年には、同戦略は国家識字能力戦略（National Literacy Strategy: NLS）と統合され、初等国家戦略（Primary National Strategy: PNS）となった。

[*4] Yamanoshita, T. & Matsushita, K., "Classroom models for young children's mathematical ideas," 1996, p.765, Yoshida, M., "Is Multiplication Just Repeated Addition? – Insights from Japanese Textbooks for Expanding the Multiplication Concept," NCTM 2009 Annual Meeting and Exposition を参照。

第4章
除　法

　除法は初等算数教育で取り扱われる四則計算の一つであり、通常は加法、減法、乗法と学習が進んだ後、一番最後に登場してくる演算である。初等教育段階の児童にとって、乗法もなかなか難しい課題であるが、除法はもっと難易度の高い課題であることに間違いはない。したがって、小学校現場では除法の導入やそれ以降の学習において丁寧かつ工夫を凝らした指導が行われていることも事実である。それでも除法で躓いてしまう児童は後を絶たない。一体、除法の何がそんなに難しいのであろうか。

　まず、すぐに思い浮かぶことは除法の筆算である。例えば「57÷8」を筆算に書き表すと右のようになり、答えは「7あまり1」となる。しかし、これを児童に読ませると「8わる57　答え1あまり7」というような奇妙な回答が出てきたという報告もある[*1]。実は、この児童は全く出鱈目に答えたのではない。むしろ既習の内容を使って答えたとも言えるのである。その理由は、これまで学んだ加法、減法、乗法の筆算はすべて左から、あるいは上から読み、一番最後に書いた数字が答えだったからである。ここでもその方法を使うと、やはり「8わる57」と読め、答えは「1」となるという訳である。

　また、この除法計算を行う際、乗法及び減法の知識を使わなければならない。「8の段」を唱え「57−56」を行わなければならないということである。このように、除法はこれまでの演算とは書き方が異なるばかりか、これまでの演算技

[*1] 数学で育ちあう会（教育会）「水道方式で学ぶ算数・数学教室―わり算の教え方」(http://suikukai.com/category/1754228.html) を参照。

能を用いなければ解答が導き出せないという難しさがあるという訳である。

　除法にはこのような難しさがあることは分かったが、児童が除法で躓く最大の理由は実は別のところにあるという指摘もある。それは、除法には二つの意味があり、文章題などで混乱を起こしてしまうからという理由である。では、このことについてもう少し詳しく述べていこう。

　「わり算」はもともと「分ける」という行動から生まれた操作であり、そこには二つの意味が内在している。一つ目は「等分除」と呼ばれる除法であり、もう一つは「包含除」と呼ばれる除法である。ここで前章で述べた乗法の立式を思い出していただきたい。乗法は「〈ずつの数〉×〈いくつ分〉」という構造になっており、これによって「全体の数」が導き出された。除法はその逆の計算を行う訳であるから「ずつの数」が答えになる場合と「いくつ分」が答えになる場合とがあることになり、「ずつの数」を求める除法を「等分除」、その反対に「いくつ分」を求める除法を「包含除」と呼ぶのである。これを整理すると次のように表せる。

　　等分除：全体の数÷いくつ分＝ずつの数（1当たりの数）

　　例：チョコレートが12個あります。今、4人の子どもに同じようにチョコレートを分けると、1人何個のチョコレートがもらえますか？

　　　　12÷4＝3　　答え　3個

　　包含除：全体の数÷ずつの数（1当たりの数）＝いくつ分

　　例：12個のチョコレートを一人に3個ずつあげます。何人の子どもにあげられますか？

　　　　12÷3＝4　　答え　4人

　我が国の初等算数教育では等分除と包含除が一緒に出てくるために、児童は

頭の整理が十分にできないで混乱してしまうのである。

　さて、ここで一つの疑問が浮かんでくる。除法に二つの意味があることは分かったが、では除法の指導に際して一体どちらの除法から導入していくのがよいのだろうかということである。実はこれには確かな答えは存在しない。もちろん、等分除の方を先に学習させる方がよいという意見もあれば、包含除の方を先に学習させる方が理解しやすいという意見もある。これらの主張はお互いに妥当な理由があり、現在においても決着はついていないのである。この詳細については本章最後の「コラム：等分除が先か？　それとも包含除が先か？」を参照していただきたい。

　では、これから様々な難しさを含んだ除法がどのように学習されているのか、我が国はじめアジア各国の教科書を検討していこう。

4.1 日本：問題場面と意味の重視―「包含除」と「等分除」、「分離量」と「連続量」

　我が国では除法は三年生の最初に導入される。これまで見てきたように、一年生で加法と減法、二年生で乗法が導入されているので、三年生の除法の導入によって一応四則計算すべての学習が行われたことになる。

　除法は乗法と同様に児童にとっては非常に理解しにくい学習内容の一つである。したがって、我が国の教科書ではその点を十分に考慮して具体的な場面や状況を示しながら丁寧に解説が行われている。

　では、教科書において除法の導入がどのように取り扱われているのかを見ていこう。まず児童が興味をもちそうなイラストとともに「クッキーが12個あります。1袋に4個ずつ入れると何袋できるでしょうか」（包含除）という問題が提示される。児童はこの問題に対しておはじきを使って考えていく。すなわち、最初に4個を取り（一袋目）、次に再び4個を取り（二袋目）というように、4個ずつ順番に取っていくという操作を行うのである。この操作では三回目にすべてのクッキー（おはじき）がなくなるので、答えは「3袋」というこ

出典：『小学 算数3上』教育出版、2011年、p.40　イラスト：青山ゆういち
図 4-1　除法の導入学習（包含除）

第 4 章　除　法

とになる。

　この後、「クッキーが12個あります。4人に同じ数ずつ分けると、1人分は何個になるでしょうか」（等分除）という別の問題が提示される。ここでも前の問題と同様に、おはじきを使って考えていく訳であるが、この問題では、けんじ君、ゆみさん、たくや君の三人がそれぞれ異なった方法で問題を解いていく過程が示されている。けんじ君はランダムに分けて、後で数を合わせていくという方法、ゆみさんはおはじきをまず半分に分け、それをさらに半分に分けるという方法、たくや君はまず四人に1個ずつ配り、さらに1個ずつ配っていくという方法を採っており、それぞれの考え方が非常に興味深い。そして最後に「12個のクッキーを4人で同じ数ずつ分けると、1人分は3個になります。このことを、わり算の式で次のように書きます。12÷4＝3」と除法の導入説明が締め括られる。

出典：『小学 算数3上』教育出版、2011年、p.43　イラスト：青山ゆういち
図 4-2　除法の導入学習（等分除）

　除法の導入説明の後、いくつか練習問題を行いある程度定着した時点で、今度は「8÷2の式になる問題を作って、答えをもとめましょう」という課題が提示される。この課題に対して、けんじ君は「8個のクッキーを1人に2個ずつ配ると、何人に分けられるでしょうか」（包含除）という問題を作り、他方、

ゆみさんは「8個のクッキーを2人で同じ数ずつ分けると、1人分は何個になるでしょうか」(等分除)という問題を作っている。

さらにもう一つ「48cmのリボンがあります。このリボンの長さを使って48÷6の式になる問題をつくって、答えをもとめましょう」という問題も用意されている。これは前述の「8÷2」の式になる問題やこれまでのクッキーの問題とよく似ているが、大きく違う点が一つある。それは、これまでの問題ではクッキーがいくつというように一個一個別々に考えられる「分離量」が扱われていたのに対して、ここではリボンという繋がったもの、すなわち「連続量」が扱われているという違いである。実は、分離量を連続量に代えただけで児童の理解は急低下するという報告[*2]もあるくらい、問題場面で扱われるものによって児童の反応には大きな変化が生じるのである。

■ 「包含除」と「等分除」の同時導入

我が国の除法の導入学習は、すでに見たように、イラストを使って問題場面を丁寧に解説し、どのような場合に除法を用いることができるかについて児童が理解しやすいように工夫がされていた。特に導入学習で扱われている二つの例は、クッキーを分けるという具体的な場面をおはじきなどを使って児童が実際にその操作を行いながら、除法の意味について理解を深めていくことを狙った非常に工夫された教材と言える。

ここでの導入学習で注目したい点は「包含除」と「等分除」という二種類の除法が同時に導入されていることである。本章の最初で触れたが、除法の難しさはこのような二種類の意味があり、これが同時に登場してくるために児童がこの二つを明確に区別できずに混乱してしまうことから来ていた。まさに、ここではこのような混乱が起こる危険性があるのである。この混乱を避けるためには、児童がこの二つの除法の意味を十分に理解できるように時間をかけて指導していくことが求められる。教科書には「8÷2の式になる問題を作って、答えをもとめましょう」という問いが用意され、けんじ君は「包含除」の問題、ゆみさんは「等分除」の問題を作っている。また、「48cmのリボンがあり

---

*2 川野由紀子「包含除で導入する除法指導と子供の実態についての考察」大学院派遣研修研究報告書、発行年不明、p.7-8を参照。

ます。このリボンの長さを使って48÷6の式になる問題をつくって、答えをもとめましょう」という問いでは、前問とは逆にゆみさんが「包含除」の問題、けんじ君が「等分除」の問題を作っている。このような教科書の記述から、教科書編集者の思いが伝わってくるようである。すなわち、すべての児童がけんじ君やゆみさんのように両方の種類の問題が作れるようになってくれることを期待したいという思いである。

■「分離量」と「連続量」を用いた除法

　これまで見てきたように、我が国の四則計算の学習においては問題場面及び意味が非常に重視されており、どのような場面や状況において四則計算が使われるのか、それはどのような意味をもっているのかなどが丁寧に指導されていた。除法もその例外ではない。すでに見た「包含除」と「等分除」という二種類の除法の区別はその最たるものの一つであるが、それ以外にも「分離量」と「連続量」という違いがある。ここではこの違いについて検討していくことにしよう。

　まず、「分離量」及び「連続量」とは一体どのようなものなのかについて明確にしておく必要がある。『算数教育指導用語辞典』[*3]（2009年）には次のように定義されている。

分離量

　みかんの個数、児童の人数などのように、それを細かく分けていくと、ある単位以上に細かく分割できない、おのずから最小単位が決まってくる。このように最小単位の決まっている量を分離量（離散量）という。

　したがって、その分離量が幾つあるかを調べれば、その量の大きさが決まる。その量の大きさの決定は「数える」ことによってなされる。そのことから、分離量は物の個数を表す量のことであり、自然数（1、2、3、…）で表される。

---

*3　日本数学教育学会『算数教育指導用語辞典　第四版』教育出版、2009年、p.76を参照。

連続量

　コップの中の水は一つにつながっており、いくら細かく分割しても水がある状態に変わりがないし、しかも分割したものを一つのコップに入れても合わせると元どおりのつながった水になり、全体の体積に変化を生じない。このような量は、個体をなしておらず、数えることのできないもので、連続量という。

　連続量は、分離量と違って最小単位がおのずから決まっていない。したがって、連続量の大きさは、人為的に単位を決めて、測定という操作によって、その幾つ分であるかを調べなければならない。

　小数や分数は、その連続量の測定においてはしたの部分の処理に伴って生じた数とも考えられる。したがって、小数・分数、さらには実数の概念形成はこの連続量が基礎となる。小学校では実数のうちの小数や分数で連続量を表す。

　我が国の教科書では除法の導入学習において取り扱われる量は、最初はクッキー、あめ、いちご、ドーナツ、絵葉書などの「分離量」であるが、その後はリボン、テープ、ロープ、水などの「連続量」も導入される。除法における考え方は「分離量」であっても「連続量」であっても基本的には同じであるが、その思考過程における数図の描き方において大きな違いがある。「分離量」は一個一個が独立しているので数図においては「●」などで描けるが、「連続量」はそうはいかない。数直線などの線分で表す必要が生じてくるのである。もちろん、児童が習熟すれば「分離量」でも

8個のクッキーを二人で分ける場合の数図（分離量）

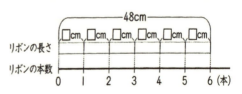

48cmのリボンを6本に分ける場合の数図（連続量）

出典:『小学 算数3上』教育出版、2011年、p.47、p.48
イラスト：青山ゆういち

図4-3　式から問題場面を作る課題

数直線で表すことができるようになってくるのであるが、それまでには少し時間がかかる。

　このように、取り扱われるものが「分離量」あるいは「連続量」によって数図での表し方に大きな違いがあり、このために「連続量」になると理解できない児童が多く見られるという現状を考慮して「分離量」について先に扱いながら、その後は「連続量」も取り扱うという学習指導上の配慮が見られるのである。

■ 余りのある除法

　除法の導入学習でもう一つ指摘しておかなければならないことがある。それは余りのある除法の学習である。この余りのある除法は三年生の後半に学習される。ちょうどわり切れる除法を学習して1〜2カ月程度経過した頃である。
　余りのある除法の導入では、例えば「りんごが17個あります。1袋に5個ずつ入れると、何袋できるでしょうか」という問いに始まり、次に「りんごが14個あります。3人で同じ数ずつ分けると、1人分は何個になるでしょうか。また、何個余るでしょうか」や「トマトを20個取りました。1袋に3個ずつ入れると、何袋できるでしょうか。また、何個余るでしょうか」、「ボールが27個あります。1箱に6個ずつ入れていきます。ボールを全部箱に入れるには、何箱いるでしょうか」といった例題、それに加えて、ちょっと難易度が高いと思われる「よしとさんは、馬車乗り場の列の前から30人目に並んでいます。馬車には、1台に8人ずつ乗ります。よしとさんは、何台目の馬車に乗ることになるでしょうか」といったものが掲載されている。
　これら問いを見ると、二題目が唯一「等分除」であるが、他はすべて「包含除」となっていることが分かる。その後の児童の理解の定着を図る練習問題でもその傾向は同じで、「包含除」を中心とした問題構成になっている。この理由は「等分除」という語彙がもつ一般的なイメージが大きく関係していると筆者は考えている。すなわち、「等分除」はみんなに等しく分けるというイメージが強烈であり、そこに「余り」があるという印象をもちにくいためではないかということである。反対に「包含除」は「何個ずつに括っていく」というイメージしかなく、そこには「余り」があることも許容される印象があるためで

はないだろうか。

「分離量」と「連続量」という点に関しては、やはり余りがある除法ということで、りんご、あめ、トマト、子どもというように「分離量」が中心に扱われている（なお、練習問題の中に一題のみリボンという「連続量」を扱った問いが見られる）。しかしながら、この余りのある除法の単元において、これまでとは大きく異なっているところはその数図の描き方に見られる。これまで「分離量」では「●」などが用いられ、「連続量」では数直線が用いられていた。それが、ここでは「分離量」であっても数直線が用いられているのである。これによって、扱われるものが「分離量」であっても「連続量」であっても数図を数直線で表すことができるという共通の方法が学習されることになるのである。

このように、余りのある除法でも問題場面を重視しながらイラストを使った丁寧な解説が行われている。そして、児童の理解を深めていくために、適切な状況説明をする上でどうしても「分離量」を用いた「包含除」が主体となった問題構成になってしまったということもあるのだろう。しかしながら、ここには数の上ではわずかとは言いながらも「等分除」や「連続量」を用いた除法も加味されていることは教科書編集者が苦労したところではないだろうかと推測できる。

第4章 除法

4.2 ベトナム：除法は乗法の逆算

　ベトナムでは二年生で除法が導入される。我が国よりも一年早い導入である。前章でも触れたが、同国の除法学習の大きな特徴は乗法との関係性を強く打ち出しており、除法とは乗法の逆算であることが強調されていることである。教科書の内容構成と配列も「かけ算（乗法の考え方）」→「2の段」→「3の段」→「4の段」→「5の段」（以上、二年生の乗法学習）の直後に、「かけ算の逆算（除法の考え方）」→「2でわる」→「3でわる」→「4でわる」→「5でわる」（以上、二年生の除法学習）というように、乗法と除法の学習が同時並行で進められる。ちなみに、「6」以上の数を用いた乗除法は三年生で扱われ、この内容配列は「6の段」→「6でわる」→「7の段」→「7でわる」→「8の段」→「8でわる」→「9の段」→「9でわる」というように、これまで以上に両者の関係性が強く打ち出されている印象がある。

　では、同国の除法の学習内容を詳細に見ていこう。除法の導入である最初の単元は「かけ算の逆算」という名称が付けられている。そして、二行、三列に並んだブロック6個を二つのグループに分ける時、「6」を「2」でわって「6：2＝3」（本節で詳述するが、ベトナムの除法記号は我が国と異なることに注意）という式ができること、三つに分ける場合には「3」でわって「6：3＝2」という式ができることが説明され、最後に「3×2＝6」という乗法式から「6：2＝3」と「6：3＝2」という二つの除法式が生成することが示される。

　除法の基本的な考え方の説明に続き、「2でわる」という節が続く。ここでは文字通り

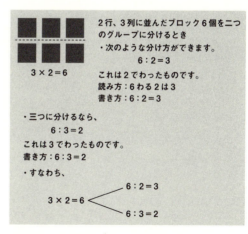

出典：ベトナム国『TOÁN 2』教育訓練省、2003年、p.107、筆者翻訳

図4-4　除法の導入学習

「2」でわる除法についての学習が行われるが、ここに登場する除法はまさに「2の段」の逆算に相当する内容となっている。すなわち、「2の段」では「2×1＝2」、「2×2＝4」、「2×3＝6」…「2×10＝20」の学習が行われ、ここでは「2：2＝1」、「4：2＝2」、「6：2＝3」というように乗法の結果を被乗数でわって乗数を求めるという計算になっているという訳である。

なお、これに続く「3でわる」、「4でわる」、「5でわる」の内容、さらには三年生での「6でわる」、「7でわる」、「8でわる」、「9でわる」の内容は「2でわる」とほぼ同じである。

出典：ベトナム国『TOÁN 2』教育訓練省、2003年、p.109、筆者翻訳

図4-5 「2でわる」の学習内容

■ 乗法から生まれる二つの除法式

これまでベトナムにおける除法の導入学習について見てきたが、その中でいくつかの特徴があることが分かった。一つ目の特徴は除法を使う問題場面や状況の説明がほとんどないことである。これは我が国とは大きく異なる点であるが、同国では乗法の時も同様であったことから、問題場面についてはあまり考慮する必要がないと考えられていると理解できる。

二つ目としては除法は乗法の逆算であり、一つの乗法式から二つの除法式が生じることが強調されていることである。しかしながら、この二つの除法の意味（包含除と等分除）については全く触れられておらず、もちろんその違いについての説明もない。

三つ目は除法の学習だけではなく、四則計算の学習全体に共通することであ

第4章　除　法

るが、同国では計算の仕方を覚え正確に計算できることが最も重要であると考えられている印象が強い。このように考えると、一つ目や二つ目の特徴として挙げた問題場面の説明がないことや二つの除法の意味についても全く触れられていないことの意味が分かってくる。

■ 余りのある除法

　ここで余りのある除法の学習を少し見ておこう。余りのある除法は、除法の導入学習を終えた翌年の三年生で取り扱われる。ここでの学習は、直前に学習した除法筆算を用いて行われ、「8：2」はわり切れるが「9：2」はわり切れず余りが出るという具合に非常に単純な説明が行われるだけである。もちろん、数図は示されているが、それが理解の大きな助けになっているとは考えられない。すなわち、これまでの四則計算の学習と同様に、計算の仕方さえ理解し、正確かつ迅速に計算ができればよいという考え方が根底にあり、そのような思考の下で余りのある除法計算も同じように指導しておけばよいと考えられているのであろう。なお、下に示したように、同国では余りを商の後に括弧をつけて「（余り〇）」と書くようになっている。さらに、除法筆算の書き方が独特の形式を採っていることにも注意する必要がある。これについては以下で述べる。

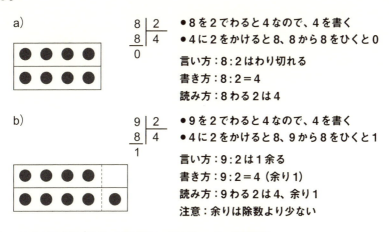

出典：ベトナム国『TOÁN 3』教育訓練省、2003 年、p.29、筆者翻訳

図 4-6　余りのある除法

■ 独特の除法筆算

　ベトナムの除法筆算は我が国のものと非常に大きな違いがあり、なかなか理解するのが難しい。すなわち、筆算表記の方法が根本的に異なっているのである。

　「72：3」を例に見ていこう。まず、「7」を「3」でわると答えは「2」となり「2」を書く。除数の「3」と今書いた「2」をかけると「6」となり「6」を書く。「7」ひく「6」を行い、答え「1」を書く。次に「2」を下ろして「12」。「12」を「3」でわって答えは「4」となり、その「4」を書く。除数「3」と今書いた「4」をかけると「12」で、「12」を書いてひき算をすると「0」となるという具合である。

```
72：3＝？

72  │ 3
 6  │ 24
───
12
12
───
 0
```

　実は、同国では四年生へと学年が進むと、除法で使われる数字の桁が多くなり、それとともに筆算の記述も少し変化してくる。「128472：6」を例にとって見ていこう。教科書には、「12」を「6」でわって「2」、「2」を書く。「2」と「6」をかけて「12」、「12」から12をひくと「0」、「0」を書く。「8」を下ろす。「8」を「6」でわって「1」、「1」を書く。「1」と「6」をかけて「6」、「6」を書く。「8」から「6」をひくと「2」、「2」を書く。「4」を下ろして「24」とする。「24」を「6」でわって「4」、「4」を書く。「4」と「6」をかけて「24」、「24」から「24」をひくと「0」、「0」を書く。「7」を下ろす。「7」を「6」でわって「1」、「1」を書く。

```
128472：6＝？

128472 │   6
 08    │ 21412
 24
 07
 12
  0
```

「1」と「6」をかけて「6」、「7」から「6」をひいて「1」、「1」を書く。「2」を下ろして「12」とする。「12」を「6」でわって「2」、「2」を書く。「2」と「6」をかけて「12」、「12」から「12」をひいて「0」、「0」を書く、という具合に説明されている。

　先に示した筆算と後の筆算は同じ除法ではあるが、見かけが大きく違っている。実は、前者は除法の演算過程をすべて記述したもので、一般に「長除法」

と呼ばれ、他方、後者は途中の過程を省略して最小限の記述に留めた「短除法」と呼ばれるものである。この二つの方式がベトナムの初等算数教育では学習されるのである。

■「：」で表される除法記号

ここでもう一つ指摘しておかなければならないことがある。それは除法の記号が「÷」ではなく、「：」となっていることである。私たち日本人からすれば、「〈：〉なんて変だなあ」と思うが、実は「÷」という記号こそが世界ではかなり珍しく、「：」の方が世界的に多くの国々で使われている記号なのである。「÷」という記号を使っているのは世界でもアメリカ、イギリスと日本、そして、こうした国々からの文化的影響を強く受けた国々に限られ極めて少数派であるというのが現状である。

少し長くなるがこの理由について少し述べておこう。これは今から350年ほど前に数学界で発見された微分積分と大きく関係している。当時、イギリスのニュートン（Issac Newton、1642-1727）とドイツのライプニッツ（Gottfried Wilhelm Leibniz、1646-1716）が微分積分について「私こそが発見者」と名乗りを上げたため、両者の間で大論争が繰り広げられることになった。両者は当時の数学・科学界の大御所であったため、世界の専門家たちもイギリス派とヨーロッパ派（大陸派）に分かれ、残念ながらその間の交流は途絶えてしまったのである。

当時、ニュートンは「÷」を、ライプニッツは「：」を使っていたので、これによって「÷」を使う国・地域と「：」を使う国・地域に分かれて今に至っているという訳である。

アメリカはイギリス人移民によって開拓された国であり、また我が国はアメリカの影響が大きかったこともあって「÷」が使われるようになったのである。

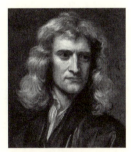

出典：ウィキペディア「アイザック・ニュートン」
ニュートン

出典：ウィキペディア「ゴットフリート・ライプニッツ」
ライプニッツ

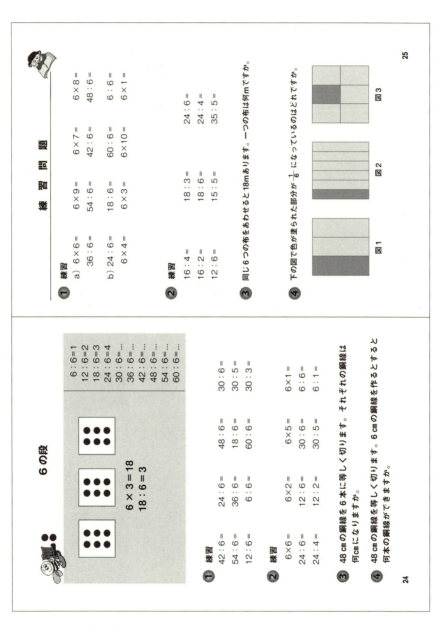

出典:ベトナム国『TOÁN 3』教育訓練省、2003 年、p.24-25、筆者翻訳
図 4-7 除法の導入学習(ベトナム)

第 4 章 除 法

4.3　インドネシア：累減としての除法

　インドネシアでは除法は二年生の中頃に導入される。除法の導入における説明では「ジョコは 8 本のバナナをもっています。今、それを 4 人の友だちに分けます」という課題を提示し、その解法がイラストとともに丁寧に説明されている。それによれば、まず 8 本のバナナから 4 本のバナナをとってそれを 4 人に分ける。この時、「8－4＝4」という式が成り立ち、残りのバナナは 4 本ということが分かる。次に、その残り 4 本のバナナを再び 4 人に分ける。この時には「8－4－4＝0」となり、8 本のバナナがすべて友達に分けられたことになる。このように 8 本のバナナを 4 人に分けると、各自 2 本バナナを受け取ることになり、式では「8：4＝2」（インドネシアの除法記号は我が国と異なることに

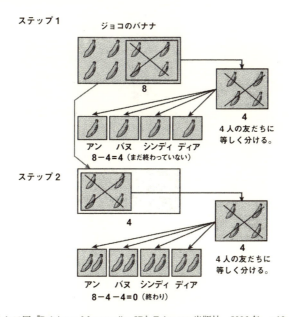

出典：インドネシア国『Pelajaran Matematika 2B』Erlangga 出版社、2006 年、p.19、筆者翻訳

図 4-8　除法の解法（その 1）

注意）と書き表せることが示されている。そして、次頁ではまとめとして、例えば「〈6：2〉の答えは、6 − 2 − 2 − 2 = 0（3回減）であり、〈6：3 = 3〉と書くことができる」と記載されている（実は、このまとめは誤記であり、本来は「〈8：4〉の答えは、8 − 4 − 4 = 0 [2回減] であり、〈8：4 = 2〉と書くことができる」とすべきところである）。

ここで注目したいことは、「ジョコは8本のバナナをもっています。今、それを4人の友だちに分けます」という設定場面において、計算方法として「8 − 4 = 4」や「8 − 4 − 4 = 0」といった、いわゆる「累減」の考え方を持ち出していることである。ここに同国の除法の導入学習における大きな躓きがあるが、それは後程述べることにする。

その後、不思議なことに先のまとめで挙げられた「6：2」の解法についての操作手順が上記のバナナの例と同じように示される。ここの説明は基本的に

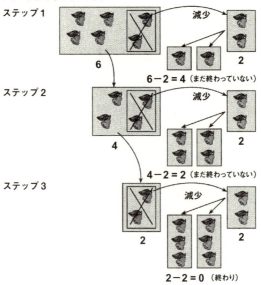

出典：インドネシア国『Pelajaran Matematika 2B』Erlangga 出版社、2006 年、p.25、筆者翻訳
図 4-9　除法の解法（その 2）

先のバナナの例と同じであるが、問題場面が示されていないこと、累減の回数が増えていることが異なっている。

　除法についての導入学習が終わったところで、今度は乗法と除法との関係についての説明がある。一つの乗法式から二つの除法式が生起することを通して、除法が乗法の逆算になっていることを理解させるという内容である。そして、乗法式の被乗数を求める練習問題（例えば、…×4＝12や…×6＝54）や除法の被除数を求める練習問題（例えば、…：6＝7や…：9＝9など）などが行われるが、これは小学二年生の児童にとってはかなり難易度の高い問題となっており、どのくらいの児童がきっちりと理解し、解答を導けるかについては大きな疑問が残る。

下の図式に注意しましょう。
2 × 3 = 6

なぜなら	6 − 2 − 2 − 2 = 0	次に
	6：2 = 3	
なぜなら	6 − 3 − 3 = 0	次に
	6：3 = 2	

乗法と除法の間には関係があります。

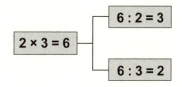

出典：インドネシア国『Pelajaran Matematika 2B』Erlangga 出版社、2006 年、p.30、筆者翻訳
図 4-10　乗法式から除法式の生成

■ 誤った累減についての理解

　ここでいよいよインドネシアにおける除法の導入学習における躓きについて述べていきたい。前章でも触れたようにアジア各国では乗法を累加と見る傾向が非常に強かった。除法についても同様で、インドネシアでは「除法＝累減」と見て、除法の解法を説明している。もちろん、除法は累減（正確には同数累減）という操作で処理でき解答を導き出せることは事実であるが、「累減」の

本来の意味を考えた場合、あらゆる除法が同数累減であると見なすことには大きな無理があることが分かる。というのも、同数累減とは「ある数から同じ数を何回ひけるか」ということであり、除法の中の「包含除」とは考え方が一致するが、「等分除」（同じように分ける）とは一致しないからである。

そこで、先のバナナの例を再度振り返ってみると、この例は8本のバナナを4人の友達に等しく分ける操作であるから、明らかに「等分除」であることが分かる。したがって、この場合には同数累減の考え方を採用することは不適切という訳である。

なお、二つ目の「6：2」の例では問題場面が設定されておらず、どのような状況における除法であるのか分からない。したがって、同数累減の考え方を持ち出すことが完全な誤りであるとは言い切れないが、最善の方法はきっちりと除法が使われる問題場面を設定し、その問題場面が「包含除」である場合に限り、同数累減という考え方を使うことであろう。

■ 乗法との関係

インドネシアでも先に見たベトナムと同様に、除法は乗法の逆算であることが明確に打ち出されている。教科書には「かけ算をわり算に変換する（逆算）」（二年生）という節まで設けられ、そこで乗法を除法へ変換したり、その逆の操作の練習が行われる。

ここでの説明は、一つの乗法式から二つの除法式が生成されることが示されている。例えば、「2×3＝6」という乗法式から「6：2＝3」と「6：3＝2」という二つの除法式が作れるという具合である。

実はここには大きな問題が潜んでいる。ベトナムでも全く同様の学習内容が行われていたことから、この問題はインドネシアだけではなく、ベトナムにも共通する問題であると言える。ここでの問題というのは「2×3＝6」における被乗数（ここでは「2」）及び乗数（ここでは「3」）についての説明、すなわちインドネシアの文脈では「いくつ」と「何回」ということが全く触れられていないということである。その結果、「6：2」と「6：3」とは何が違うのかについて全く無知なまま乗法を除法に変換する機械的な操作のみが行われるという学習になってしまっているのである。

これが顕著に表れるのが除法を乗法に変換する時である。下に示したように、教科書には除法式を乗法式に変換する場合には除数と商をかけ合わせれば被除数が導き出せることが示されている。実際の授業で教師がこの説明を行った後、練習として「12：3＝4」という除法式を板書し「これをかけ算に直しましょう」という問題を出した。大半の児童はすぐに「3×4＝12」という乗法式を作ったかと思うと、もう一つ「4×3＝12」という乗法式も書き出したのである。この解答に対して、驚くことに教師は「よくできましたね」と称賛したのである。

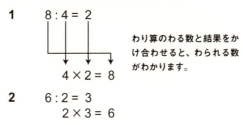

次のわり算式の数字の対応に注意しましょう。

1　　8：4＝2

　　　4×2＝8

わり算のわる数と結果をかけ合わせると、わられる数がわかります。

2　　6：2＝3
　　　2×3＝6

したがって、わり算はかけ算の逆になります。

出典：インドネシア国『Pelajaran Matematika 2B』Erlangga 出版社、2006 年、p.33、筆者翻訳

図 4-11　除法式から乗法式の生成

　これは明らかに理論的な間違いである。授業後そのことを筆者が担当教師に尋ねると、担当教師からは「これでよいのです。一つの乗法式から二つの除法式が作れるように、一つの除法式から二つの乗法式が作れるのです」と説明され、加えて「教科書にもそう書いてあります」とその部分を見せてくれた（次頁に示した練習4）。驚くべきことに、そこには確かにそのように理解できる記述があった。
　ここでの誤りは乗法及び除法の意味を考えることなく、式中に使われている数字の操作だけをしていたために起こったと考えることができる。一つの乗法式には被乗数（日本式では「ずつの数」）と乗数（「いくつ分」）があり、それを除法に変換する場合「ずつの数」を求める除法式と「いくつ分」を求める除法式の二つができる。前者を「等分除」と呼び、後者を「包含除」と呼ぶことはすでに述べた通りである。しかし、除法から乗法への変換ではそうはいかないの

練習4

1	12 : 3 = 4	次に	3 × 4	= …
			4 × 3	= …
2	15 : 3 = 5	次に	3 × 5	= …
			5 × 3	= …
3	24 : 6 = 4	次に	6 × 4	= …
			4 × 6	= …
4	28 : 4 = 7	次に	4 × 7	= …
			7 × 4	= …
5	36 : 4 = 9	次に	4 × 9	= …
			9 × 4	= …
6	81 : 9 = 9	次に	9 × …	= …
7	48 : 3 = 5	次に	6 × …	= …
			8 × …	= …
8	45 : 5 = 9	次に	5 × …	= …
			9 × …	= …

出典：インドネシア国『Pelajaran Matematika 2B』Erlangga 出版社、2006 年、p.33、筆者翻訳

図 4-12　誤解を生む練習問題

である。除法式にももちろん被除数（全体の数）と除数（「ずつの数」あるいは「いくつ分」）がある。しかし、乗法に変換する場合には商と除数をかけるという一通りしかないのである。もちろん、乗法は交換法則が成り立つので「商×除数」と「除数×商」の二つの式が成り立つが、この二つは基本的に同じものなのである。

　インドネシアでは乗法や除法が使われる場合の場面や状況をあまり重視していないために、このような大きな誤りが起こってくるのである。また、教科書編集者の知識不足という印象も免れない。これは真摯に反省すべき点であろう。

■ 余りのある除法と独特の筆算の表記

　これまで二年生での除法の導入学習の内容について見てきたが、ここで扱われていた除法はすべてわり切れるものであった。同国では、余りのある除法はずっと後の四年生になってようやく登場する。ここでは余りのある除法について少し見ておこう。

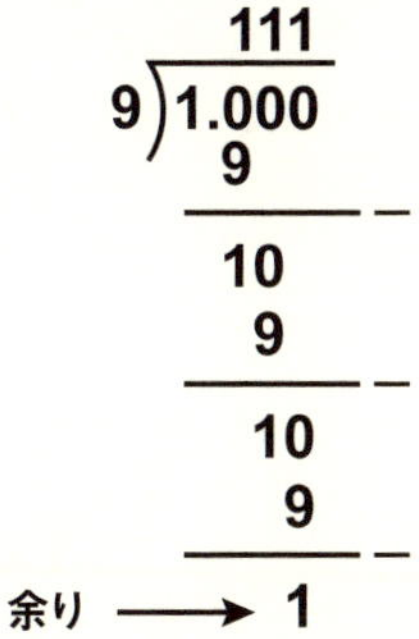

第4章 除法

```
          111
      ┌─────────
    9 ) 1.000
         9      −
        ───
         10
          9     −
        ───
          10
           9    −
        ───
  余り → 1
```

したがって、1.000 : 9 = 111 余り 1

注：インドネシアでは位取りを表すコンマ（,）がピリオド（.）になっていることに注意。
出典：インドネシア国『Pelajaran Matematika 4A』Erlangga 出版社、2006 年、p.47、筆者翻訳

図 4-13　余りのある除法

　四年生にもなると、ただでさえ少なかった具体的な問題場面や状況の提示は全く見られなくなる。余りのある除法も例外ではない。すなわち、余りのある除法を使う場面設定については一切説明がなく、単に計算においてわり切れない場合にはどうするかという計算処理の方法として扱われるのみである。例えば、「1000：9」の計算では、筆算での計算が行われ、答えは「111 余り 1」と記すことが示されているのみである。商と余りの記載方法は我が国の場合とほぼ同じである。

　ここですでにお気付きの方もおられると思うが、インドネシアの除法筆算の表記は我が国のそれと少し異なっている。すなわち各段階において減法の演算記号「−」を書くようになっているのである。

■「：」で表される除法記号

　最後にもう一つ指摘しておこう。インドネシアでも除法の記号として「：」が使われている。これはベトナムの場合と同じである。すでに触れたように、インドネシアではライプニッツ派（非イギリス派、欧州大陸派）が使用していた記号が広まったと考えれば合点がいく。というのも、同国は歴史的にもオランダ植民地であったからである。

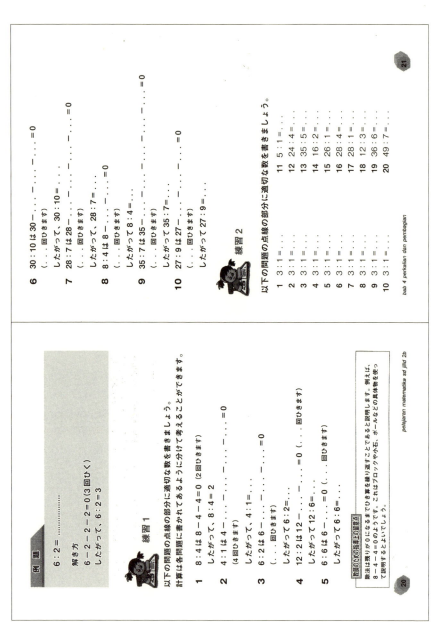

出典：インドネシア国『Pelajaran Matematika 2B』Erlangga 出版社、2006 年、p.20-21、筆者翻訳
図 4-14　除法の学習（インドネシア）

4.4 ミャンマー:「包含除」と「等分除」を区別した除法

ミャンマーでもベトナムやインドネシアと同様に、除法は二年生の後半に導入される。除法の導入学習では「12個の石があります。これらの石を3個ずつに括るとすると何個の括りができますか」という課題に対して、「1個目の括り (12 − 3)」、「2個目の括り (9 − 3)」、「3個目の括り (6 − 3)」、「4個目の括り (3 − 3)」とイラストを使って順に示し、4個目の括りですべての石がなくなることから答えは「4」になると説明される。そして「この操作は 12 ÷ 3 = 4 と表せる」ことも示される。また、除法式は「〈基本となる数〉÷〈わる数〉=〈商〉」という構造であることも説明される。すでに読者の皆さんはお分かりと思うが、これは「包含除」と呼ばれる種類の除法である。

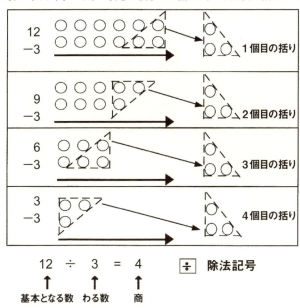

出典:ミャンマー国『Mathematics Grade 2』カリキュラム・シラバス・教科書委員会、2014年、p.66、筆者翻訳

図 4-15 除法(包含除)の考え方についての説明

この後、しばらく「包含除」の計算練習が行われる。「8÷2」、「12÷6」、「15÷3」、「20÷4」といった練習であるが、計算式の横に数図が描かれており、児童はそれを見ながら問題を解いていくように工夫されている。

　包含除の練習が済んだ後、今度はもう一つの除法である「等分除」が取り扱われる。ここでは「6本のバナナを2人の子どもに同じように分けると、それぞれの子どもは何本のバナナを受け取ることができますか」という課題が与えられ、「まず、バナナ2本をそれぞれの子どもに1本ずつ分けます。次に、さ

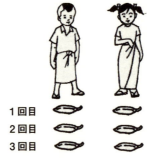

6本のバナナを二人の子どもに同じように分けると、それぞれの子どもは何本のバナナを受け取ることができますか。

まず、バナナ2本をそれぞれの子どもに1本ずつ分けます。
次に、さらにバナナ2本をまた子どもに1本ずつ分けます。
このようにバナナを2本ずつ子どもに分けていくと、6本のバナナすべてを分けるには、この操作を何回繰り返さなければなりませんか？　3回繰り返さなければなりません。

1回目
2回目
3回目

6から2を繰り返しひいてみましょう。

```
  6
 -2   1回目
  4
 -2   2回目
  2
 -2   3回目
  0
```

このように6から2は3回ひくことができます。
したがって、わり算というのはひき算を繰り返すことなのです。

出典：ミャンマー国『Mathematics Grade 2』カリキュラム・シラバス・教科書委員会、2014年、p.76、筆者翻訳

図4-16　除法（等分除）の考え方についての説明

第4章 除法

らにバナナ2本をまた子どもに1本ずつ分けます。このように、バナナを2本ずつ子どもに分けていくと、6本のバナナすべてを分けるには、この操作を何回繰り返さなければなりませんか」という説明がイラストを用いて行われ、結論として「3回繰り返さなければなりません」と導いていく。ここでは、「6－2－2－2＝0」という累減式が使われている。この後は「包含除」の時と同様に、しばらく「等分除」の練習が行われる。ここまでが二年生で取り扱われる除法の学習内容である。

　三年生になると、除法と乗法との関係についての学習が登場し、ここで乗法式の除法式への変換が扱われる。ただし、この変換は右に示したように「〈いくつ〉×〈何回〉＝〈全体の数〉」を「〈全体の数〉÷〈いくつ〉」というものだけが示され、「〈全体の数〉÷〈何回〉」には触れられていない。言い換えると、「包含除」のみが示され、「等分除」には触れられていないという不思議な内容になっているのである。

　さらに、この学年では除法の筆算も扱われ、二位数や三位数を一位数でわるという筆算が登場する。

かけ算とわり算の関係

A) $7 \times 5 = 35$ 　　$5 \times 7 = 35$
　　$35 \div 7 = 5$　　　$35 \div 5 = 7$

B) $7 \times 4 = 28$　　$4 \times 7 = 28$
　　$28 \div 7 = 4$　　　$28 \div 4 = 7$

C) $8 \times 5 = 40$　　$5 \times 8 = 40$
　　$40 \div 8 = 5$　　　$40 \div 5 = 8$

出典：ミャンマー国『Mathematics Grade 3』カリキュラム・シラバス・教科書委員会、2014年、p.69、筆者翻訳

図4-17　除法と乗法との関係

■ 不明確な「包含除」と「等分除」の違い

　これまでミャンマーにおける除法の導入学習について見てきたが、同国では除法を用いる問題場面がきっちりと示されており、「包含除」と「等分除」が区別されて扱われていた。これはベトナムやインドネシアでは見られなかったもので、ミャンマーの大きな特徴と言えるであろう。その取り扱い順序は「包含除」が先で、その後「等分除」となっていたこともすでに見た通りである。話が少し逸れるが、筆者はかつて算数教科書の編集責任者であったというヤンゴン大学のある教授にその理由を尋ねたことがある。その教授によれば、「〈○個を一つに括ると何個の括りができるか〉という方がイラストを○個ずつ括っ

ていけばよいので、児童にとっては簡単に理解できる」ということであった。しかしながら、イラストを使うことは「包含除」だけに限ったことではなく、「等分除」でもできるため、これは理由としての妥当性に乏しいと筆者は考えている。

　話を元に戻そう。ミャンマーにおける「包含除」と「等分除」をしっかりと区別した学習内容はアジア諸国では画期的なものであると言えるが、一つ残念なことがある。それは、折角これら二つを区別するために別々に扱っているにもかかわらず、その説明にほとんど違いが見られないことである。石を括っていく「包含除」とバナナを平等に分けていく「等分除」の双方で累減の考え方を持ち出し、前者は「3ずつ」、後者は「2ずつ」除去していくという操作でもって解法が説明されているのである。本来、累減の考え方に適合するのは「包含除」の方であり、したがって、前者の石を括る例題のみで累減の考え方が使えるのだが、それをバナナの配分の例題でも持ち出したところに大きな理論的誤りが見られるのである。

　要するに、同国の教科書では、除法の学習において、一見二つの種類の除法を区別して丁寧に指導しているように見えるが、実はこの二つの除法が明確に区別されて提示されているとは言えず、結局は児童の理解を混乱させる原因を教科書自体が作り出していると言えるのである。

■ **乗法式から除法式への変換は「包含除」のみ**

　先に少し見たように、三年生で扱われる乗法と除法の関係についての学習で少し理解しがたい記述が見られる。それは、乗法式を除法式に変換する際、「合計の数」を「被乗数」でわるという除法式しか示されていないということである。

　ベトナムやインドネシアでは一つの乗法式から二つの除法式が生起することが説明されていた。ただし、この2カ国ではその意味（「包含除」と「等分除」を表す除法式）の説明が全くなかったことから、折角の説明もどこか中途半端で理解しがたい面があった。他方、ミャンマーでは完全とは言えないまでも「包含除」と「等分除」という区別をしながら除法導入をしたことから、一つの乗法式から「包含除」を意味する除法式と「等分除」を意味する除法式の二

種類の除法式が生成されることを説明することは可能で、それはかなり理解しやすい方法であると考えられる。にもかかわらず、一種類の除法式しか取り扱われないという点は疑問でならない。

筆者はこの点についてもヤンゴン大学の数学科の教授に質問したことがあるが、残念ながら明確な回答は得られなかった。

■「0÷一位数」の登場

ミャンマーでは「等分除」の導入学習のすぐ後に、「0」の入った除法が扱われる。導入学習で「0」が被除数となっている除法が取り扱われることは非常に珍しい。これまで見てきたように、我が国やベトナム、インドネシアではこのような除法は扱われていなかった。

さて、同国の「0」の入った除法の問題場面設定が結構ユニークなのである。ビー玉を分けようとしていた三人の子どもたちが箱を開けると何もなかったという設定で、その場合、どの子どももビー玉を受け取ることはできないから、「0÷3＝0」となるというのである。

3人の子どもたちがビー玉を平等に分けようと考えています。そこでビー玉が入っているはずの箱を開けたところ、何も入っていませんでした。
この場合、3人の子どもは何ももらえませんから下のようになります。
0÷3＝0

出典：ミャンマー国『Mathematics Grade 2』カリキュラム・シラバス・教科書委員会、2014年、p.79、筆者翻訳

図4-18 「0」の入った除法

■「分離量」と「連続量」

ミャンマーの初等算数はベトナムやインドネシアと違い問題場面が示されていることが多い。このため除法が使われる場面でどのような量が操作されるのかについての分析が可能となる。

二年生の除法の導入学習では、石、ビー玉、りんご、バナナ、花、ボール、

本などの「分離量」のみが扱われ、数図も「○」や「△」などで一つひとつを描いて示されている。

しかし、三年生になると、章末の練習問題においてロープやコイルといった「連続量」が用いられる。ただ、残念なことに例題はすべて「分離量」であるため、教科書に示されている数図は依然として「○」や「△」を用いたものとなっている。せめて例題一つだけでも「連続量」を用い、数図も数直線を使ったものを示しておくと、今後の児童の学習の幅あるいは考え方の幅の拡大を図ることが可能であると考えられるのであるが…。

■ 余りのある除法と独特の筆算の表記

ミャンマーにおいて、余りのある除法はわり切れる除法を学習した翌年の三年生の後半で登場する。ただし、ここでの学習はベトナムやインドネシアと同様に、具体的な状況や場面が示されることはなく、単に計算上の処理方法だけが指導される。なお、余りのある除法の解答の記述方法は、我が国の場合とは異なり、商と余りを別々に書くという形式が採られている。例えば、「4275÷7」の場合、「答え＝610、余り＝5」というように二つに分けて書くのである。

ここで同国の除法筆算の表記についても触れておかなければならない。同国の除法筆算はすべて直線で書かれ、被除数と除数を隔てている直線も若干長く描かれる。また、各段階において減法の演算記号「－」が付される。このように所変われば表記方法も変わるということであろう。

```
     4275÷7の場合

          6 1 0
      ┌─────────
    7 │ 4 2 7 5
      －4 2
      ─────
          7
         －7
         ───
            5
           －0
           ───
            5

      商＝6 1 0
      余り＝5
```

出典：ミャンマー国『Mathematics Grade 4』カリキュラム・シラバス・教科書委員会、2014年、p.69、筆者翻訳

図4-19　余りのある除法

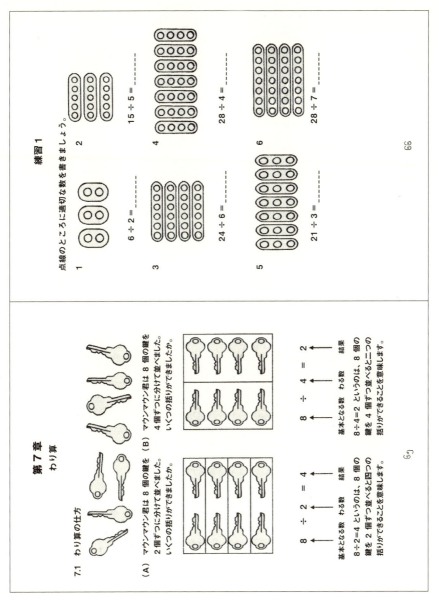

出典：ミャンマー国『Mathematics Grade 3』カリキュラム・シラバス・教科書委員会、2014 年、p.69-70、筆者翻訳

図 4-20 　除法の導入学習（ミャンマー）

4.5　ネパール：「等分除」はない！？

　ネパールでは除法の導入学習は一年生に行われ、我が国よりも2年、ベトナムやインドネシア、ミャンマーといったアセアン諸国よりも1年早い。ただし、一年生の段階ではイラストを用いて「〇（もの）を△つのグループに分けましょう」といった程度で、除法式には触れられていない。したがって、本格的に除法が扱われるのは二年生の中頃からだと言える。

　では、本格的な除法学習が行われる同国の二年生の内容とその方法について見ていこう。同国の教科書における除法の説明では、「チョコレートはいくつありますか？　全部で18個あります。このチョコレートを3個ずつ括ると、いくつの括りができますか？」という課題を示し、イラストを使って、「全部で六つの括りができます」と解答を導き出している。さらに、対象物をりんごやみかんなどに代えて、同じような操作が練習できるように構成されている。

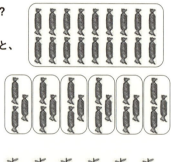

チョコレートはいくつありますか？
全部で18個あります。
このチョコレートを3個ずつ括ると、
いくつの括りができますか？
全部で六つの括りができます。

5個ずつに括りましょう。
いくつの括りができますか？

4個ずつに括りましょう。
いくつの括りができますか？

出典：ネパール国『My Mathematics Class 2』カリキュラム開発センター、2010年、p.51、筆者翻訳
図4-21　除法の考え方についての説明

　このように除法の概念を説明した後で、今度は「りんごが20個あります。こ

わり算記号(÷)の使用

りんごが20個あります。
これを4個ずつ括ると、
全部で五つの括りができます。
この操作をわり算記号を使って書くと、
  20 ÷ 4 = 5
となります。

注：りんごの絵は文章と合っていないことに注意。
出典：ネパール国『My Mathematics Class 2』カリキュラム開発センター、2010年、p.52、筆者翻訳

図4-22　除法式の説明

れを4個ずつ括ると、全部で五つの括りができます。この操作をわり算記号を使って書くと、20 ÷ 4 = 5となります」というように除法式の書き方が示され、引き続き、「12÷一位数」、「18÷一位数」の練習問題へと学習が進んでいく。この段階ではまだ数図の助けを借りながら解答を求めるように工夫されている。

練習
次の●を数えながら、空らんに正しい数字を書きましょう。

a.　12 ÷ 2 = ☐
　　12 ÷ 3 = ☐
　　12 ÷ 4 = ☐
　　12 ÷ 6 = ☐

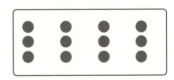

出典：ネパール国『My Mathematics Class 2』カリキュラム開発センター、2010年、p.53、筆者翻訳

図4-23　練習問題

　一通り除法の考え方を学習した後に、除法と乗法との関係について学ぶ内容が設定されている。ここではベトナムやインドネシアと同様、一つの乗法式から二つの除法式が生起することとともに、除法は乗法の逆算であることを学習することが意図されている。すなわち、「3 × 4 = 12」という一つの乗法式からは「12 ÷ 3 = 4」と「12 ÷ 4 = 3」という二つの除法式が生起し、それらの関係は逆算関係にあるということである。
　さらにこの段階で除法の筆算での計算方法も紹介され、「二位数÷一位数」でも筆算を用いて計算することが学習される。

■ 除法は「包含除」だけ！

　ネパールにおける除法の導入学習について見てきたが、ここで扱われる除法はすべて「包含除」であった。チョコレート、りんご、みかんなどを使った例題のすべてがそうであった。この傾向はこれ以降の学年でも同様である。実は、同国の教科書において「等分除」の考え方は扱われない。もっと正確に言えば、除法は「包含除」しかないと考えられているようで、本来であれば「等分除」と考えられる場合であっても「包含除」の考え方で処理されてしまっている。この典型的な例を二つ挙げておこう。

　まず一つ目は三年生の「第13章　わり算」で見られる例題である。ここでの主目的は余りの出る計算であるが、「大きな箱に45個のりんごが入っています。これを7人で分けると、一人何個のりんごがもらえますか」という問題に対して、「7人に平等にりんごを分けると、一人6個もらえ、その時、箱の中には何個のりんごが残こりますか？」という説明が続く。そして、最終的には筆算式が示され、「7人に6個ずつ分けると、3個余ります」という解答が導

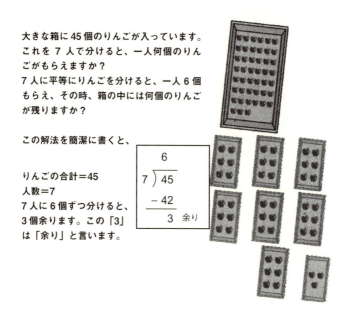

出典：ネパール国『My Mathematics Class 3』カリキュラム開発センター、2010年、p.57、筆者翻訳
図4-24　「等分除」の「包含除」としての処理（その1）

第4章　除法

き出される。ここで注目したいのはそこに描かれた図である。45個のりんごをあたかも6個ずつ小さな箱に詰め直したような図が描かれていることである。本来、7人に平等に分けるのだから、人を描くべきであろう。ここここそが「等分除」として処理されるべき除法を「包含除」として処理している証拠なのである。

　二つ目の例は二年生の「第15章　かけ算とわり算の関係」の中の説明である。先にも少し触れたように、ここでは一つの乗法式から二つの除法式が生起することと、除法は乗法の逆算であることを学習させることが大きな目標である。特に、前者はベトナムやインドネシアでも取り扱われていた内容で、除法を乗法の逆算と見た場合には重要な内容である。

　しかしながら、同単元の内容を注意深く見ていくと不明瞭な箇所がいくつもあることが分かる。以下に示した教科書の記述を見ると明らかであるが、「3×4＝12」という乗法式から、まず「12÷3＝4」という除法式が作られている。これはネパール式に言えば、「何回」の部分を求める「包含除」である。そこで、もう一つの除法式がどのように作られるかを見ると、「もし、12を4つの括りにすると、…」とあり、再び「包含除」のような説明になっているの

4つの括りがあります。
それぞれの括りには3個あります。
3×4＝12

全体で12個のものを、3個ずつに括ると、いくつの括りができますか？
12÷3＝4
したがって、12は3個ずつの括りに分けられます。
もし、12を4つの括りにすると、それぞれの括りにはいくつありますか？
12÷4＝3
したがって、一つの括りには3個あります。
6×3＝18
18÷3＝6
18÷6＝3

出典：ネパール国『My Mathematics Class 2』カリキュラム開発センター、2010年、p.54、筆者翻訳
図4-25　「等分除」の「包含除」としての処理（その2）

である。本来ここでは「いくつ」の部分を求める「等分除」としての「12÷4」が明確な説明とともに示されなければならないが、そのようにはなっていないのである。

　要するに、「等分除」という種類の除法がほとんど考慮されずに、「包含除」一辺倒の説明になってしまっていると言えるのである。このあたりは先に見たミャンマーの除法理解と共通するものがあるようである。

　なお蛇足ではあるが、最後の結論が「3 × 4 = 12、12 ÷ 3 = 4、12 ÷ 4 = 3」と書かれるべきところが、「6 × 3 = 18、18 ÷ 3 = 6、18 ÷ 6 = 3」に変わっているのも不思議である。

■ 累減の誤った適用

　除法を累減と見て導入していくことはインドネシアやミャンマーで行われており、これはアジアにおける一種の傾向のように考えられることはすでに見た通りである。

　しかし、ネパールでは除法の導入学習において累減が持ち出されることはなく、インドネシアやミャンマーとは少し導入の仕方が異なっていると思っていると四年生になって累減の考え方が突然登場してくる。

　同国の四年生の段階では、すでに除法の基本的な考え方はもちろん、筆算式、「二位数÷一位数」、そして簡単な「三位数÷二位数」などの計算も学習済みであり、より高度な「三位数以上の数÷二位数」の計算が取り扱われる。その高度な計算の仕方を説明するために累減の考え方が導入されるのである。

　ここでの例題は次に示したように「768個のみかんを96人で平等に分けるとすると、一人何個のみかんがもらえますか」という問題に対して、768から96が何回ひけるかということを考える必要があることが式で示され、結論として「768から96を8回繰り返してひくということは、768を96に等しく分けると1当たり8になることを意味し、768を96でわると商は8になると言います」と説明されている。

　さて、ここに大きな問題があることに気付かれた方もおられるのではないだろうか。この例題は「等分除」の問題である。累減は「包含除」の考え方と似ており、「包含除」においてこの考え方が持ち出されることはよくあり許容範

768個のみかんを96人で平等に分けるとすると、一人何個のみかんがもらえますか？

繰り返しのひき算（累減）	わり算
768 -96 1回目 672 -96 2回目 576 -96 3回目 480 -96 4回目 384 -96 5回目 288 -96 6回目 192 -96 7回目 96 -96 8回目 0	96) 768　1 　　　-96 　　　672　1 　　　-96 　　　576　1 　　　-96 　　　480　1 　　　-96 　　　384　1 　　　-96 　　　288　1 　　　-96 　　　192　1 　　　-96 　　　96　1 　　　-96 　　　0

768から96を8回繰り返してひくということは、768を96に等しく分けると1当たり8になることを意味し、768を96でわると商は8になると言えます。
したがって、96) 768 (8
　　　　　　　　 -768
　　　　　　　　　 0

要するに、わり算とは繰り返しのひき算の短縮形であると言えます。

出典：ネパール国『My Mathematics Class 4』カリキュラム開発センター、2010年、p.33、筆者翻訳
図4-26　「等分除」を累減と見る誤り

囲内であると考えられるが、「等分除」において累減の考え方を使うことは理論的に適切とは言えない。にもかかわらずここでは累減が用いられており、加えて「わり算とは繰り返しのひき算の短縮形であると言えます」と結論付けられている。これは大きな誤りと言わなければならない。

　このような誤った記述の理由として考えられることは、先に触れたこととも関係している。すなわち、同国において除法と言えば、すべて「包含除」と見なされ、「等分除」は全く考慮されていないことから、このような記述がなさ

れたものと筆者は考えている。

■ 余りのある除法

ところで、余りのある除法についてはどうであろうか。余りのある除法は三年生の中頃に登場するが、同国においてもこれまで見てきたベトナム、インドネシア、ミャンマーと同様で、余りのある除法が使われる場面や状況についての説明は一切なく、計算の処理方法として扱われるだけである。それも、筆算における余りのある除法として学習されるため、我が国のように「20÷3＝6余り2」というように等式上どのように記載するかについては明確な説明がない。ただし、四年生の教科書にその表記らしきものがようやく見られる。そこでは、「12850÷225」の計算で「商＝57、余り＝25」というように商と余りが別々に記載されている。これは、先に見たミャンマーの表記法と同じである。

12850 を 225 でわると商はいくらになるでしょう？

```
           57
     ─────────
225 ) 12850
     −1125
     ─────
      1600
     −1575
     ─────
        25 余り
```

従って、商＝57
余り＝25

出典：ネパール国『My Mathematics Class 4』カリキュラム開発センター、2010年、p.37、筆者翻訳

図 4-27　余りのある除法の商と余りの表記

■ 独特の除法筆算の表記 ── 二種類の表記方法

ネパールには除法の筆算の表記方法が二種類ある。一つは、上で見たように、我が国の筆算とよく似た表記方法によるものある。ただし、減法の演算記号「−」がそれぞれの段階で記述されるという違いはある。

他方、もう一つは右に示したように、商を書く位置が全く異なっており、上ではなく、右に書くという形式である。実は、この表記方法は隣国のインドで広く普及しているものである。同国の教育省（MOE）傘下にあるカ

48÷4

```
4 ) 4 8 ( 12
   −4 ↓
    ───
     0 8
    − 8
    ───
      0
```

リキュラム開発センター（CDC）から出版された『My Mathematics』では前者の表記方法で統一されているが、民間の出版会社から刊行されている初等算数教科書は後者の表記方法が使われていることが多い。現在、同国では民間出版会社による教科書を使っている学校が急増していることもあり、児童によって除法筆算の表記方法が異なっているという現象が見られるようになっている。

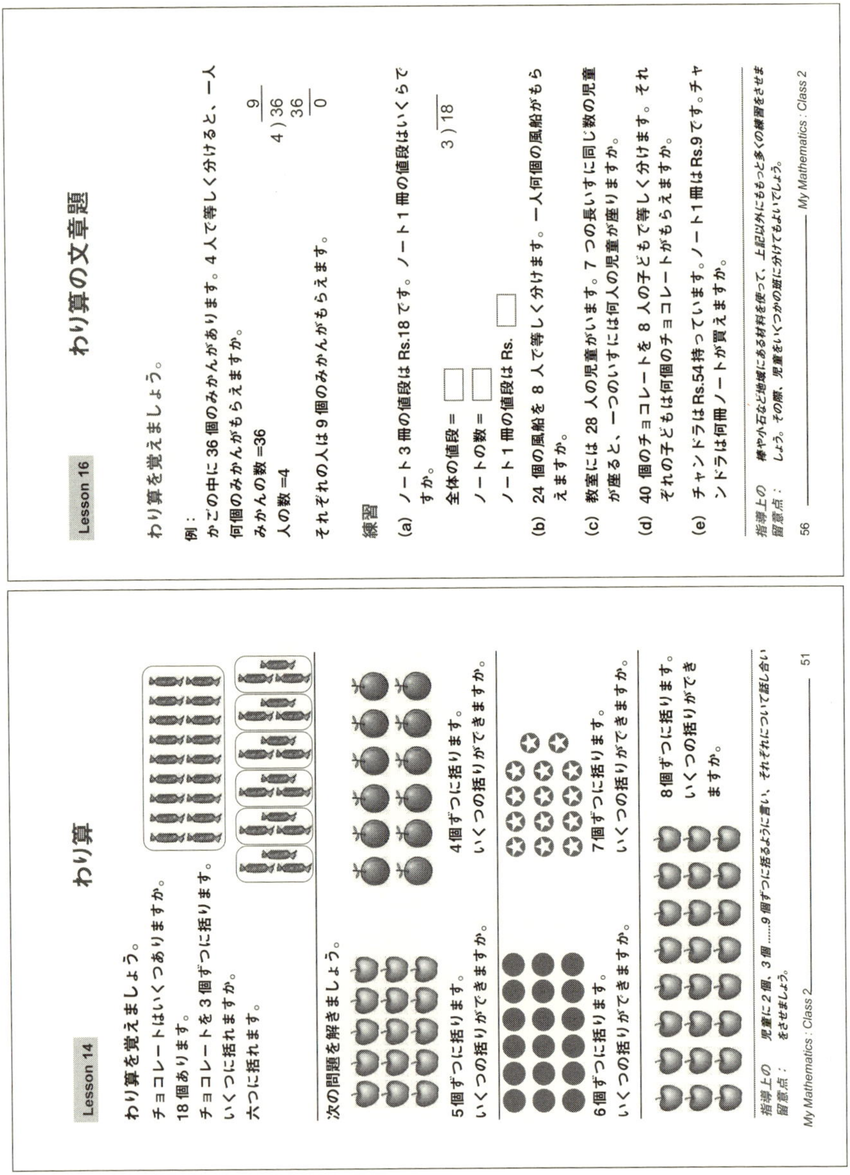

Lesson 14

わり算

わり算を覚えましょう。

チョコレートはいくつありますか。

18個あります。

チョコレートを3個ずつに括ります。

いくつに括れますか。

六つに括れます。

次の問題を解きましょう。

5個ずつに括ります。
いくつの括りができますか。

4個ずつに括ります。
いくつの括りができますか。

6個ずつに括ります。
いくつの括りができますか。

7個ずつに括ります。
いくつの括りができますか。

8個ずつに括ります。
いくつの括りができますか。

指導上の留意点：児童に2個、3個……9個ずつに括るように言い、それぞれについて話し合いをさせましょう。

My Mathematics : Class 2　51

Lesson 16

わり算の文章題

わり算を覚えましょう。

例：
かごの中に36個のみかんがあります。4人で等しく分けると、一人何個のみかんがもらえますか。

みかんの数 =36
人の数 =4

$$4\overline{)36}=9,\quad 36,\quad 0$$

それぞれの人は9個のみかんがもらえます。

練習

(a) ノート3冊の値段はRs.18です。ノート1冊の値段はいくらですか。
全体の値段 = □
ノートの数 = □
ノート1冊の値段はRs. □
$3\overline{)18}$

(b) 24個の風船を8人で等しく分けます。一人何個の風船がもらえますか。

(c) 教室には28人の児童がいます。7つの長いすに同じ数の児童が座ると、一つのいすには何人の児童が座りますか。

(d) 40個のチョコレートを8人の子どもで等しく分けます。それぞれの子どもは何個のチョコレートがもらえますか。

(e) チャンドラはRs.54持っています。ノート1冊はRs.9です。チャンドラは何冊ノートが買えますか。

指導上の留意点：棒や小石など地域にある材料を使って、上記以外にももっと多くの練習をさせましょう。その際、児童をいくつかの班に分けてもよいでしょう。

56　My Mathematics : Class 2

出典：ネパール国『My Mathematics Class 2』カリキュラム開発センター、2010年、p.51、p.56、筆者翻訳

図 4-28　除法の導入学習（ネパール）

コラム：等分除が先か？　それとも包含除が先か？

　本文でも述べたように除法には二種類の意味があった。繰り返しになるが、ここで再度この二種類の除法について振り返っておこう。

　一つ目の除法は「等分除」と呼ばれるもので、例えば「15個のミカンを5人に同じように分けます。1人は何個のミカンを受け取ることができますか？」（解答：15÷5＝3、答え3個）というような場合である。二つ目の除法は「包含除」と呼ばれ、「15個のミカンを3個ずつ配ります。何人の子どもに配れますか？」（解答：15÷3＝5、答え5人）というような場合である。この二つの除法は、乗法式を思い出すとより明確になってくる。というのは、この例の場合、乗法式は（ずつの数：ミカン3個）×（いくつ分：5人）＝（全体の数：15個）と表せる。この乗法式を基本に二つの除法を見ると、「等分除」というのは「ずつの数」を求める除法であり、「包含除」は「いくつ分」を求める除法であると言えるのである。

　では、この二つの除法のどちらを先に学習させるのが望ましいかという本題について検討していこう。実は、現時点においてこの問いに対する明確な解答はない。もちろん、様々な団体や組織、個人による見解や主張はあるが、いずれも他を凌駕するまでには至っていない。例えば、我が国では早くから水道方式などの提唱により算数・数学教育の発展に大きく貢献した民間の教育団体である数学教育協議会（数教協）などは「等分除」を先行させることを提唱しているが、それとは反対に、長田耕一[*4]などは「包含除」の方が理解しやすいという論陣を張っている。他方、現行の『小学校学習指導要領解説　算数編』（文部科学省、2008年）では、以下のような記述が見られる。

　　ア　除法が用いられる場合とその意味
　　　除法が用いられる具体的な場合として、大別すると次の二つがある。

[*4] 長田耕一「わり算の意味と方法についての具体的展開」、新算数教育研究会『整数の計算（リーディングス新しい算数研究）』東洋館出版社、2011年、p.145を参照。なお、彼の主張の詳細については本コラムで述べているのでその箇所を参照。

一つは、ある数量がもう一方の数量の幾つ分であるかを求める場合で、包含除と呼ばれるものである。他の一つは、ある数量を等分したときにできる一つ分の大きさを求める場合で、等分除と呼ばれるものである。なお、包含除は、累減の考えに基づく除法ということもできる。例えば、12÷3の意味としては、12個のあめを1人に3個ずつ分ける場合（包含除）と3人に同じ数ずつ分ける場合（等分除）がある。
　包含除と等分除を比較したとき、包含除の方が操作の仕方が容易であり、「除く」という意味に合致する。また、「割り算」という意味からすると等分除の方が分かりやすい。したがって、除法の導入に当てっては、これらの特徴を踏まえて取り扱うようにする必要がある。なお、おはじきなど具体物を操作したり、身の回りのものを取り扱ったりするなど、具体物を用いた活動などを取り入れることが大切である。
　あわせて、除法には割り切れない場合があり、その場合は、余りを出すことを指導する[*5]。

　以上が、我が国の現行の学習指導要領の記述である。この記述だけでは、残念ながら、等分除あるいは包含除のどちらを先行学習させるのがよいかの明確な判断は難しいが、印象としては「包含除」の方からと理解できなくもない。
　なお、我が国の算数教育の歴史を振り返ってみると、その時代時代に応じて除法の指導方法が多少なりとも変化してきたことがうかがえる。そこで、以下では各時期における除法の取り扱い方について簡単にまとめておきたい[*6]。

① 1940年以前
　「等分除」及び「包含除」という用語は、昭和初期の書物にも見ることができ、例えば、木村教雄『小学算術教材ノ基礎的研究』（培風館、1936年）には、「12銭は4銭の幾倍か」という「包含除」が示され、次に「12銭は幾銭を4

[*5] 文部科学省『小学校学習指導要領解説　算数編』2008（平成20）年、p.110「3　第3学年の内容」、「A　数と計算」、「A(4)　除法」の項を参照。
[*6] わさっき「わり算、包含除・等分除、トランプ配り」2013年（http://d.hatena.ne.jp/takehikom/20130605/1370382764）を参照。

倍したものか」という「等分除」についての記述がある。そして、「包含除の本質は累減にあると見ることができる」という注釈も付けられている。

　この記述だけから断定することは難しいが、「包含除」の方が指導しやすいという印象があることは事実である。

②1970〜80年代
　この時期の除法の指導についての考え方は『整数の計算（リーディングス新しい算数研究）』(2011年)に収められた論文からうかがうことができる。その中の長田耕一「わり算の意味と方法についての具体的展開」では、「包含除」の場合は同数累減という操作で処理できること、被乗数先唱で「九九」を唱えれば商を見つけられること、などの理由から「包含除」から導入する方が分かりやすいとされている。

　ここでの長田の主張する理由はどういうことかについて解説をしておこう。先述のミカンの例を使うと、「15個のミカンを3個ずつ配ります。何人の子どもに配れますか？」（包含除）の問題に対して、除法を知らない児童は「3×□＝15」と□を使って立式することができる。この時、□の数は「九九」の「3の段」（被乗数）が使え、「三一が3、三二が6、三三が9、三四12、三五15」と唱えて、□が5であることを見つけられるというのである。他方、「15個のミカンを5人に同じように分けます。1人は何個のミカンを受け取ることができますか？」（等分除）の問題に対しては、「□×5＝15」となり、何の段を唱えればよいのか分かりにくいということである。

③現在
　先に見た『小学校学習指導要領解説　算数編』の記述にもあったように、「等分除」と「包含除」の両方を学習させること、その導入にはそれぞれの特徴を踏まえて行うことが示されているだけで、どちらを先に学習させればよいかということには触れられていない。ただし、印象としては「包含除」からという風にも理解できなくもない。

　他方、数学教育協議会（数教協）などは「等分除」からの導入を主張しており、その理由として、わり算のもともとの意味が「分ける」ということであ

り、日常的にものを平等に分けるという方が馴染み深く、理解しやすいことと、乗法の「〈ずつの数〉×〈いくつ分〉=〈全体の数〉」の「ずつの数」を求める除法を基本とした方が説明しやすいこと、などが挙げられている。

　ちなみに、我が国の初等算数教科書を見ると、本文でも取り上げた『小学算数3上』(教育出版、2011年)では「包含除」が先、『新しい算数3上』(東京書籍、2017年)や『みんなと学ぶ小学校算数3下』(学校図書、2015年)では「等分除」が先に登場する。

　以上のように、現時点においては「等分除」と「包含除」の導入順序についての明確な方針はないと言えるであろう。

第5章
0の学習

　私たちは、日頃から普通に「0（ゼロ）」という数字を使っており、そこに何の不思議も感じてはいないが、実はこの「0」の発見は人類史及び数学史上驚くべき一大発見であったと言われている。

　ここで数学の歴史について少し触れておこう。数学はギリシャ時代（紀元前600年頃）に生まれたというのが定説になっているが[*1]、この時代にはまだ「0」という数字は発見されていなかった。そのため、数学の概念が華々しく起こったにもかかわらず、その内容を深化させていくことは難しかったと言われている。「0」の概念が発見されるのはそれからずっと後、6世紀の終わりから7世紀にかけてのインドにおいてであった。このインド人による「0」の発明は次に挙げる二つの意味から数学史上非常に重要であったとされている。一つ目は位取りの原理の発明という意味からである。そして二つ目は数としての「0」の発明という意味からである。

　まず位取りの原理の発明ということについて説明しよう。位取りの原理とは数を記すのに一の位、十の位、百の位といった異なる位を文字で示すのではなく、数字が書かれた位置でそれを区別しようという原則である。例えば、三万五千五百四十三を「35543」というように、数字を単に並べて記す方法はこの位取りの原理に則ったものである。しかし、この位取りの原理が発明される以前、すなわち紀元前600年頃からギリシャで用いられていた記数法は、次に示したように桁が上がると数字そのものも変わるというもので、上記の数

---

*1　ここで言う「ギリシャ」とは、現在の地理上のギリシャとは異なっている点に注意する必要がある。ギリシャ時代に数学者たちが活躍したのは、現在で言うところのエジプト、トルコ（小アジア）、イタリアの地域を指す。

「35543」も次のように記されていた。

ギリシャで用いられていた記数法[*2]

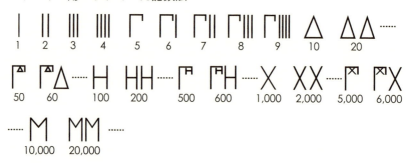

上記の記数法に従って、三万五千五百四十三（35543）は以下のように記された。

　上記のような記数法を見ると、位取りの原理の発明が如何に記数を平易にしたかが分かるであろう。そして、ある位がない時、すなわち空位の時にはその位置に「0」を記すということにしたという訳である。
　次に数としての「0」の発明ということについて説明しよう。この意味は「0」が一つの数として認識されるようになったということであり、演算において他の数と同じように用いられるようになったということでもある。従来ギリシャ人は「数」というものを面積や長さのような「量」と結び付けて考えていたため、「無」という場合、これを数として認識するにはかなり哲学的な論議の洗礼を経る必要があった。しかし、インド人の「数」という理解には「量」などというイメージはなかったことから、そうした理論上の障害はほとんどなかったと考えられ、計算に使われるうちに「0」が自然に数として認識されて

[*2] 吉田洋一、赤攝也『数学序説』ちくま学芸文庫、2013年、67頁より転載。

いったと言える。

　以上のように、「0」の発見は数学が起こってからかなり後になって成し遂げられたもので、この発見によって、それ以降の数学の理論が飛躍的に発展したとも言えるのである。こうした先人が苦労して発見した「0」を現代の小学生の児童に対してどのように導入していくかは、実は非常に大きな課題なのである。

5.1 日本：「10」の学習後に「0」の導入

我が国における現行の『小学校学習指導要領解説　算数編』(p62-63)によれば、「0」の学習については以下のような記述がある。

> 0については、次の意味が次第に理解できるよう配慮する必要がある。
> ①玉入れなどのゲームにおいて得点がない場合や、具体的な量が1ずつ減少していってなくなるという場合などの体験を通し、何もないという意味に用いる。このとき、0がほかの数と同じ仲間としてみられるようにすることが大切である。
> ②70や80の一の位の0のように、十進位取り記数法で、空位を表すのに用いる。
> ③数直線で、基準の位置を表すのに用いる。

では、実際に我が国の初等算数教科書では「0」の導入はどのように行われているのであろうか。我が国では一年生の最初に数字の「1」から「5」を学び、その後「6」から「10」を学ぶようになっている。この時「もの」と数字を対応させる形で提示される。「もの」は最初は鉛筆や椅子といった具体物であるが、その後ブロックなどの半具体物に移っていく。これは、すでに触れたように、我が国の算数教育の一つの特徴と言える。

「10」までの数字を学んだ後、ようやく「0」が導入される。この時、「いちごの数を言いましょう」という問いが設定され、児童はいちごの数を順に「3個」、「2個」、「1個」と言っていく。そして、お皿のいちごを全部食べ切った場合には「0（れい）」と表すことを学習するという具合である。

ここで読者の中には我が国のこの「0」の導入学習について「おやっ？」と思われた方もおられるのではないだろうか。すなわち、「0」が「何もない」ことを表す場合の表記法であり、これも数であることは分かるが、「0」以前に学習される「10」という数が「1」と「0」という二つの数の組み合わせであるということ、言い換えると、位取り原理に基づいた記数法であるということは

第5章　0の学習

この指導手順では分からない。そして、悪いことに「10」という表記が二つの数の組み合わせというよりも一つの文字として理解されてしまう危険性があるということである。

　我が国の民間教育団体の中には、こうした問題を一早く認識し、現行の学習指導の方法に対して厳しい批判を行っている組織もある。その一つとして算数教育ネットワーク岡山[*3]の例を挙げておこう。同組織は、先に「10」を学習するということは「10」についての位を学習する前に学ぶことになるので、「10」が二つの数字で構成されていることを理解できないまま「1」と「0」が合体した一つの記号として覚えてしまう、と現行の指導方法を批判するとともに、実際は十進位取り記数法に基づく表記であるのに理解を伴わない算数がスタートしてしまう、とその問題点も明確に指摘している。

　さらに、同組織では効果的な「0」の導入についても提案しており、それによれば、「0」の導入時期としては「1」から「9」の数を学習した後に「9」から「1」へと遡りながら、空の場面を示して、「もの」がないことを認識できた時に「0」を知らせるのがよいとしている。その後「0」から「9」を数え、その「9」に「1」を加えた数になると束にして一つの棒（かたまり）に置き換え、一つ左の部屋の数を「1」にすることを知らせ（繰り上がり）、この数の表記方法を話し合う。左の部屋（十の位）は「1」になっているが、右の部屋（一の位）は空になっている。ここで、先に導入した

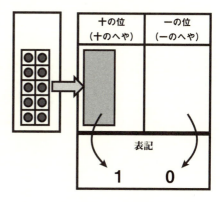

出典：「0の導入について」算数教育ネットワーク岡山、2011年より転載

図5-1　「0」の導入

---

*3　算数教育ネットワーク岡山は、1999年6月に設立された小さな組織で、算数教育に興味関心のある方々がインターネットでの情報交換を通して、創意あふれる算数教育研究を進め、その成果を多くの方々と共有することで、社会に貢献しようという組織である。「0の導入」についても、インターネット上に論文が発表されている（www.seidensha-ltd.co.jp/~seiden/math/zero_dounyu.pdf）

「0」を使って「10」が導かれるという具合に進めていくのがよいとしている。

　同組織は、算数・数学を学ぶ上で大切なことは理解したことを覚えるという学び方であって、理解できないことを覚える、あるいは使うということは子どもたちに算数は理由が理解できなくても覚えなければならない教科であると間違った認識を植え付けることになってしまうと述べ、そのため現行の我が国の「0」の導入手順には賛同できないとしている。加えて、算数・数学は思考力を養う教科であり、そのためには理解したことを覚えるという学び方は譲ることができないと締めくくっている。

5.2 インドネシア：「20」までの数の学習後に「0」の導入

　インドネシアでは、「0」の導入は一年生において行われる。それ以前に児童は「20」までの数字を学習しており、その後これらの数字を用いた加法と減法を行う過程で「4－4」や「3－3」といった同数同士の減法において「0」が紹介されるのである。

　次頁に示した同国の一年生の算数教科書では「4個のなしがあって、そこからなしを4個取り去ると…」、「3個のビー玉があって、そこからビー玉3個を取り去ると…」といった例がイラストを用いて説明されている。この説明から「何もない」ことを「0」という数字で書き表すことができることを児童に理解させようとしていることが読み取れる。また、「0」が一つの数字であることも理解させようとしていると考えられる。

　しかし、ここで一つの大きな疑問が浮かぶ。これは我が国の現在の算数教育にも言えることであるが、「0」を学習する以前に同国ではすでに「10」や「20」が登場しており、この「10」や「20」の数字の中にすでに「0」が出てきている。これについてはどのように理解すればよいのだろうかという疑問である。先にも触れたように、「10」や「20」の一の位の「0」は十進位取り記数法から見れば、「空位」、「何もない」ことを意味するので、まさしく後から登場する「0」と同じ意味をもっているはずであるが、この段階では位取りには触れられていないため、児童は「10」や「20」を一位数と同じように一つの記号として理解している可能性が高い。そして、後に「0」を学習した後、児童はこれまで一つの記号として理解していた「10」や「20」に対して、どのように考えるようになるのだろうかという疑問も生じてくる。残念ながら、これらの疑問についての回答は現時点ではまだ得られていない。

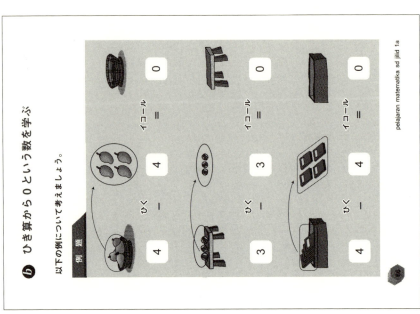

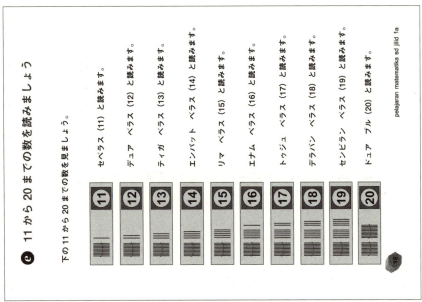

出典：インドネシア国『Pelajaran Matematika 1A』Erlangga 出版社、2006 年、p.16、p66、筆者翻訳
図 5-2 「0」の導入（インドネシア）

5.3　ミャンマー：早期導入の長所、活かせず！

　ミャンマーにおいて「0」が導入されるのは比較的早く一年生の最初である。児童はまず「1」から「5」までの数字を学び、その後に「0」を学習するという手順になっている。

　この「0」の導入学習においては、4人の子どもたちが硬貨投げを行い、それぞれの子どもの得点を計算するという背景設定がなされる。最も得点が高い子どもが3点、次に高い子どもが2点、三番目の子どもが1点、そして円の中に硬貨が一つも入らなかった子どもが0点というようにして「0」を学習させるのである。この時、児童は初めて「何もない」ことを表すのに「0」を用いると理解する訳である。

　この「0」の導入学習では、「0」という数字の書き方も示されている。それによると下から書き始め、時計回りにぐるりと一回転するように指導されており、私たち日本人が馴染んでいる通常の書き方とは異なっており興味深い。なお、ミャンマーの書き順は我が国では「〇（マル）」の書き方に相当する。

図5-3　ゼロの書き方

　さらに学習が進むと「10」という数字が登場する。すでに「0」は学習済みではあるが、この「10」の導入では「6」、「7」、「8」、「9」と同様に、りんごのイラストが10個描かれ「りんごが10個あります」と言うことによって「10」を学習したということになっている。残念ながら、折角「0」を早い段階で導入したにもかかわらず、これでは現行の我が国の指導と同じであり、「10」を一つの記号と理解してしまう可能性が高い。ただし、すでに「0」を学習したことを覚えている児童の中には「この〈10〉という数は〈0〉と何か関係があるのかな？」と疑問をもつ者も出てくるかもしれない。ちなみに、位取りが登場するのは、かなり後で一年生も終わりに近づいてきた頃である。

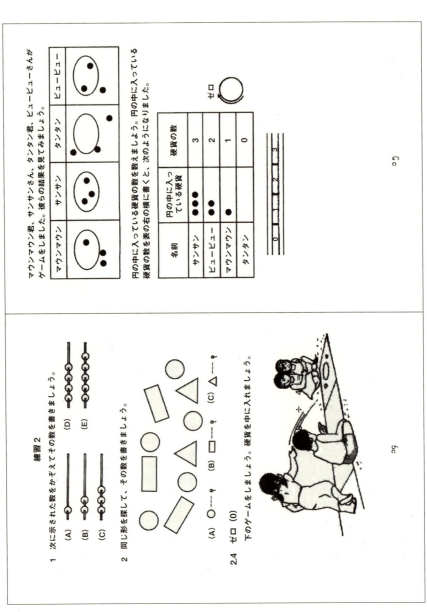

出典：ミャンマー国『Mathematics Grade 1』カリキュラム・シラバス・教科書委員会、2014年、p.14-15、筆者翻訳

図5-4 「0」の導入（ミャンマー）

第5章　0の学習

5.4　ネパール：多くの疑問が残る「0」の導入

　ネパールにおける「0」の導入もミャンマーと同様、比較的早く一年生の最初である。それ以前に、児童はすでに「1」から「9」までの数字とそれを使った加減法の計算を学習済みである。その後「3－3」といった減法が登場して「0」という数字を学ぶのである。

　同国の「0」の導入においては「3羽の鳥が木にとまっています。1羽が飛び立ち、その後、もう1羽が飛び立ち、最後に残りの1羽も飛び立ちました」という問題背景がイラストを使って説明されており、それぞれにおいて「3－1＝2」、「3－2＝1」、「3－3＝0」という式ができることが示される。特に、最後の「3－3＝0」という式から「0」は「何もない」ことを表す数字として児童に理解させるようになっている。

　実はここで二つの重要なことを指摘しておかなければならない。まず一つ目は、少し前の単元である「第8章　5までの数のひき算」で「5－5」という同数の数字の減法が登場していることである。しかし、この時点ではまだ「0」

練習問題2

下の絵を見ながら、以下の問題をノートに写し、ひき算の答えを求めましょう。

A.

5 － 1 = ☐

5 － 2 = ☐

5 － 3 = ☐

5 － 4 = ☐

5 － 5 = 何もない

出典：ネパール国『My Mathematics Class 1』カリキュラム開発センター、2010年、p.18、筆者翻訳
図5-5　「5－5」の解答は「何もない」

を学習していないため、解答は「Nothing（何もない）」とされていた。これは非常に興味深いことであると同時に、なぜこの時点で「0」を導入してしまわないのか、あるいは、なぜこの時点で「5－5」といった減法を扱ったのか、という疑問が出てくる。

　二つ目は「0」を導入した次の単元「第12章　10の数」において「10」という数が扱われることである。これは、先に触れた我が国の算数教育ネットワーク岡山の主張に沿った学習内容の配列であるが、実際には「10」の導入に際して、位取りについては全く触れられておらず、単に「9」の次は「10」といった程度の説明で終わってしまっている。これでは折角先に「0」を学んだにもかかわらず、その成果が全く活かされていない。児童が「10」という数を一つの記号として理解してしまう可能性は非常に高く、「10」という数を「1」（十の位）と「0」（一の位）の組み合わせでできているということを学習できずに、単に「9」の次は「10」ということを学ぶだけである。非常に残念であると同時に、貴重な位取りについての学習の機会がありながら、それを見過ごしてしまったという悔しさが残る。

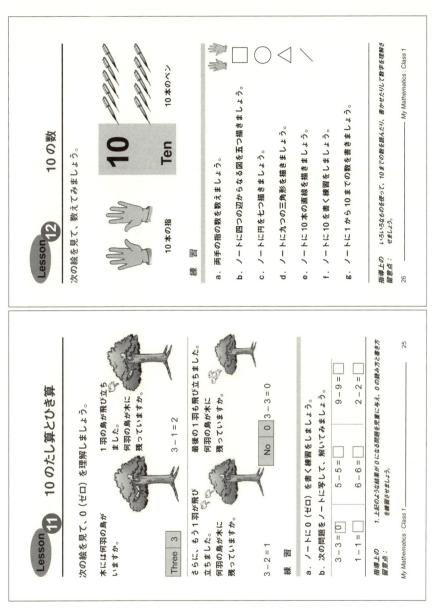

注：左頁の単元名は本来「0（ゼロ）」であるが、教科書の表記自体が間違っている。
出典：ネパール国『My Mathematics Class 1』カリキュラム開発センター、2010年、p.25-26、筆者翻訳

図5-6 「0」の導入（ネパール）

第 6 章
分　数

　分数は、子どもにとって理解することが難しい算数教材の一つである。例えば、2010（平成22）年に行われた全国学力・学習状況調査（小学六年生対象）において出題された以下の問題に対する児童の正答率を見ると、そのことが明らかである。

　　（問題）2 ℓ のジュースを3等分すると、1つ分の量は何 ℓ ですか。
　　　　　答えを分数で書きましょう。

　　（正答）$\frac{2}{3}\ell$　（正答率：40.6％）
　　（誤答例）$\frac{1}{3}\ell$、$\frac{1}{3}$、$\frac{1}{2}\ell$、$\frac{1}{2}$

　上記の問題に対する正答は「$\frac{2}{3}\ell$」であるが、そのように答えた児童は全体の半分にも満たない40％程度であった。それとは反対に、多く見られた誤答は「$\frac{1}{3}\ell$」や「$\frac{1}{3}$」であった[*1]。では、なぜ、多くの児童が「$\frac{1}{3}\ell$」や「$\frac{1}{3}$」と答えたのであろうか。その理由としては、問題文の中に「3等分すると、1つ分の量は…」という記述があるためである。問題文を読んだ児童の頭の中には「三つに分けた一つ分」ということが強く残り、全体量である「2 ℓ」を忘れてしまうのである。その結果、「$\frac{1}{3}\ell$」や「$\frac{1}{3}$」といった誤答が出てくるという訳である。

---
*1　余宮忠義「実践編　第3学年　くらべてみよう、計算してみよう（分数）」熊本大学教育学部附属小学校、発表年不詳、及び国立教育政策研究所「平成22年全国学力・学習状況調査―小学校調査問題算数 A」2010年、を参照。

ではもう一つ、児童の分数についての理解度を示す例を挙げておこう。以下に挙げた問題は、岡山大学（教師教育開発センター）において行われた初等算数教育の実態調査[*2]の一部であり、県内にある小学校の五年生及び六年生を対象[*3]にして実施された分数に関する問題である。

（問題）けい子さんは、右の図を見て次のように言っています。
　　　けい子さんが言っていることは、正しいですか。それともまちがっていますか。
　　　どちらかを選び、そう考えた理由も書きましょう。

（正答）まちがっている。理由：図には単位がついていないにもかかわらず、けい子さんは「m」という単位をつけているから。
（理由付きで正誤選択できた割合）10%（五年生）、16%（六年生）
（正誤選択のみ正しくできた割合）55%（五年生）、58%（六年生）

　ここから分かることは、この問題に正答できた児童はわずか10%強と非常に少ないということである。さらに、何となく「けい子さんの言っていることは間違っている」と思った児童を含めても半数程度であるということである。逆に言えば、半数弱の児童が「けい子さんの言っていることは正しい」と考えているのである。では、なぜ、児童は「けい子さんの言っていることは正しい」と思ってしまうのだろうか。それは「二等分された図」の印象が極めて大きく、その印象から「二つに分けた一つ分」で「$\frac{1}{2}$」と短絡的に考えてしまうからである。そこに「m」といった単位が付いていることには注意がいかないのである。

[*2] 黒﨑東洋郎、圓井大介「量としての分数から数としての分数への移行を図る分数指導の研究」、『岡山大学教師教育開発センター紀要』第1号、2011年、p.37-46、を参照。
[*3] 共同調査メンバーである圓井氏の勤務校である岡山市立鹿田小学校の児童を対象に実施された。

第6章 分数

　このように、分数というのは児童にとっては非常に理解が難しい学習教材であることがお分かりいただけたであろうか。ではこれから、なぜ分数がそれほどまでに難しいのかということについて考えていきたい。

　実はこれには二つの大きな理由があると言われている。その一つは分数には様々な意味があり、子どもが問題解決をしようとする時には幾つかの意味が同時に用いられることが多いということである。そして二つ目は分数は整数や小数などと違った特殊な性質をもっているということである[*4]。一般的に前者を分数の「多義性」、後者を分数の「特異性」と呼んでいる。一体どういう意味であろうか。

　まず分数の多義性ということについて説明しよう。分数には一般的に次に挙げるような異なった意味があるとされている。ここでは話を分かりやすくするために「$\frac{2}{3}$」を例にとってその意味の違いを説明していく。

① 具体物を三等分したものの二つ分の大きさを表す（分割分数）
② 「1」を三等分したもの（単位分数である$\frac{1}{3}$）の二つ分の大きさを表す（操作分数）
③ $\frac{2}{3}$ℓ、$\frac{2}{3}$mのように測定したときの量の大きさを表す（量分数）
④ AはBの$\frac{2}{3}$というように、Bを「1」とした時のAの大きさの割合を表す（割合分数）
⑤ 整数の除法「2÷3」の結果（商）を表す（商分数）
⑥ 「1」を三等分したものを「$\frac{1}{3}$」と表すように分子が「1」の分数（単位分数）
⑦ 蓋然性を表す分数（確率を表す分数〈○回中○回〉）[*5]

[*4] こうしたこと以外に、我が国は「小数圏」の国であり、日常生活の中で分数を量として使うことが少ないという事実も関係していると言われている。小数は十進位取り記数法に則って表現されており、子どもたちにとって馴染みが深いのである（余宮忠義「実践編　第3学年　くらべてみよう、計算してみよう（分数）」熊本大学教育学部附属小学校）。
[*5] 文部科学省『小学校学習指導要領解説　算数編』平成20年（2008年）、p.115を参考に筆者作成。なお、( )内の名称は、片桐重男『数学的な考え方を育てる「数」の指導』明治図書出版、1995年、進藤芳典「数感覚を重視した分数の理解に関する研究」、『上越数学教育研究』第24号、上越教育大学数学教室、2009年、p.75-84を参考。

このように分数には多様な意味があるために、我が国の初等算数教育における分数の導入学習で扱う分数教材は時代によって大きく変化してきたという事実がある。その歴史的な変化を表にまとめると次のようになる。

表6-1　我が国の算数教育における分数導入時に扱われる分数教材の変化

学習指導要領改訂年	分数の導入学年	分数の導入時に扱う分数の意味
1951（昭和26）年	小学一年	分割分数、操作分数
1958（昭和33）年	小学二年	割合分数
1968（昭和43）年	小学二年	分割分数、操作分数
1977（昭和52）年	小学三年	量分数
1989（平成元）年	小学三年	量分数
1998（平成10）年	小学四年	量分数
2008（平成20）年	小学二年	分割分数

出典：田中佳江「分数の意味の実感的な理解を図る指導」、新潟大学教育学部数学教室『数学教育研究』第44巻第2号、2009年、p.44-49

次に分数の特異性についてであるが、これにはさらに二つの場合がある。一つ目は分数が整数や小数とは違って、ある一つの数を多様に表示できるということである。例えば、「$\frac{1}{2}$」は「$\frac{2}{4}$」や「$\frac{3}{6}$」というようにも表すことができるように、単位として都合のよい大きさを選ぶことが可能であるということである。また「$\frac{3}{2}$」や「$\frac{4}{2}$」といった「1」以上の分数は帯分数や整数で表すことが可能であるということもそれに含まれる。二つ目は分数の計算の仕組みが複雑であるということである。整数や小数は十進位取り記数法の仕組みや乗法「九九」の決まりに従って比較的簡単に計算できるが、分数の四則計算はそのままの形ではその仕組みを適用することができない。例えば、「$\frac{2}{5}+\frac{1}{4}$」や「$\frac{2}{5}-\frac{1}{4}$」といった異分母分数の加減法は通分して同じ単位分数の幾つ分という形に直す必要がある。また乗除法の場合、計算の途中で約分の操作が入ることがある。

以上のように、分数はそれ自体がもつ多義性と特異性によって理解を難しくしているのである。

さて、ここで一般的に分数とよく似たものと考えられている小数との関係について述べておこう。我が国の算数教育では、分数と小数は表現形式においては異なるものの、よく似たものであると信じられているようである。その証拠

に現行の『小学校学習指導要領解説　算数編』(文部科学省、平成20〈2008〉年)における両者の説明が極めて似通っていることが挙げられる。第三学年の学習内容として、分数の意味や表し方についての理解があり、そこには「等分してできる部分の大きさや端数部分の大きさを表すのに分数を用いること。また、分数の表し方について知ること」(p.114、傍点は筆者による)という記述がある。同様に、同学年では小数の意味や表し方についての理解も求められており、そこには「端数部分の大きさを表すのに小数を用いること。また、小数の表し方及び$\frac{1}{10}$の位について知ること」(p.111-112、傍点は筆者による)という記述が見られる。すなわち、分数と小数は両者ともに「端数部分の大きさを表す」という点で極めて類似したものであると考えられているのである。

　このため、現在の我が国の算数教育においては分数と小数を並行して学習するように教材が配列されている。具体的に言えば、三年生から分数と小数が本格的に導入され、四年生、五年生でもその両者が並行して学習されるという具合である。

　しかしながら、分数と小数の間には本質的に大きな違いがあり、両者を「端数部分の大きさを表す」からという点だけで類似した概念と考えることは大きな誤りである(この本質的な違いについては、本章末の「コラム：分数と小数の本質的差異」を参照いただきたい)。したがって、分数と小数を並行的に学習させるという教材配列はあまり薦められるものではない[*6]。小数と分数の違いが分からないで混乱してしまうばかりか、なぜ同じ量が二通りに表示されるのかという疑問まで生んでしまうからである。

　実は我が国でも1905(明治38)年から1934(昭和9)年まで使われていた国定教科書『尋常小学算術書』(通称『黒表紙』)では、両者を区別して学習させていた。四学年までに小数の四則計算を完了し、五学年になってから初めて分数を導入していたのである。この配列が壊れ、現在のように分数と小数を並行的に学習させるようになったのは、1935(昭和10)年から使われた国定教科書

[*6] 分数と小数の同時並行的な学習については、銀林浩氏も強く反対しており、著書『子どもはどこでつまずくか―数学教育を考えなおす』(現代教育101選53、国土社、1994年、p.54)では、我が国の国定教科書『尋常小学算術書』(通称『黒表紙』)が小数先行の教材配列をしていたことを、同教科書の編集者藤沢利喜太郎(1861-1933)の卓見であったと称賛している。

『小学算術』(通称『緑表紙』)からである。

また、ヨーロッパの多くの国でも分数と小数を区別して別々に学習させている。ただ、その順序は上記の『黒表紙』とは正反対で、分数を先に学習させてから小数について触れるという配列である。さらに、小数については「10」の累乗を分母とする特別な分数として定義されていることも「分数圏」(下記の「二つの文化圏—分数圏と小数圏」を参照のこと)と呼ばれるヨーロッパの特徴であろう。

二つの文化圏—分数圏と小数圏

数学の歴史を覗くと、非常に興味深いことに気付かされる。

分数の使用もその一つである。分数は、古代エジプトにおいてすでに使用されていたことが知られているが、それは、世界最古の数学書と呼ばれている「アーメス・パピルス[*7]」(紀元前1650年頃)に様々な分数の単位分数への分解表が書かれているためである。

また、古代ギリシャでは、互除法(本章末のコラム参照)を基にしたほぼ完全な量の理論を構築していたことが知られている。さらに、古代ローマでは十二進分数を日常生活で活用していたと言われている。このように、古代エジプト、ギリシャ、ローマでは早くから分数が発達しており、こうした古代文明を受け継いだ現代のヨーロッパでは、分数が非常によく使われている。したがって、ヨーロッパを中心とした地域は「分数圏」と呼ばれることがある。

他方、古代メソポタミア文明や中国

$$\frac{2}{5} = \frac{1}{3} + \frac{1}{15}$$

$$\frac{3}{7} = \frac{1}{4} + \frac{1}{7} + \frac{1}{28}$$

$$\frac{2}{15} = \frac{1}{10} + \frac{1}{30}$$

出典:ウィキペディア「リンド数学パピルス」
アーメス・パピルスと記載された分数の単位分数への分解例

[*7] 古代エジプトのアメンエムハト三世(Amenemhat III)時代に活躍した書記官であるアーメス(Ahmes、生没年不詳)によって筆写されたため「アーメス・パピルス」と呼ばれている。なお、これは、1858年にスコットランドの弁護士・古物研究家であるヘンリー・リンド(Alexander Henry Rhind, 1833-63)がエジプトのルクソールで購入し、後に大英博物館に保管された経緯から「リンド数学パピルス」とも呼ばれている。

においては、分数よりも小数が発展していた。メソポタミアでは六十進小数が使われていたと言われているが、古代中国では完全な十進小数を使っていた。我が国は、古くから中国文化の影響を受けてきたこともあって、昔から小数がよく使われてきた。現在では歩合の名称としてわずかに残っている「分」、「厘」、「毛」はもともと小数点以下第一位、第二位、第三位を示す位の名称であったことや、現在でも0.8倍を「八掛（はちがけ）」と言ったり、$\frac{3}{4}$を「コンマ75」と言ったりすることからもそれが分かるであろう。ヨーロッパでは、「$\frac{75}{100}$」と分数で言うのが当たり前で、たとえ、百分率であっても「$4\frac{1}{4}$％」といったような言い方をするのとは対照的である。

　こうした理由から、我が国をはじめ中国文化の影響を強く受けた東アジア地域は「小数圏」と呼ばれることがある。実は、ヨーロッパで十進小数が使われるようになったのは、ずっと後の16世紀末になってからだと言われている。

6.1 日本:「分割分数」から「量分数」、そして「数としての分数」へ

　現行の学習指導要領では分数の導入は小学二年生の後半で行われる。ただし、ここで扱われる分数は「分割分数」のみである。「折り紙を同じ大きさに二つに分けましょう」というように、紙を二つに折って二等分することで「$\frac{1}{2}$」という分数を理解させ、その後、折り紙を四等分することで「$\frac{1}{4}$」という分数を理解させるように学習が進む。この段階で登場するのは上記「$\frac{1}{2}$」、「$\frac{1}{4}$」及び「$\frac{1}{8}$」の三種類である。

　この段階の内容は分数と言っても基本中の基本のみである。これは、分数が児童にとって理解しづらいものとなっているという状況を踏まえ、早い段階で「分数について理解する上で基盤となる素地的な学習活動を行い、分数の意味を実感的に理解できるようにする」(文部科学省『小学校学習指導要領解説　算数編』平成20〈2008〉年、p.82)ための工夫と言える。

　本格的に分数の学習が行われるのは三年生の後半からである。ここでは大きく三つの目標が掲げられている(『小学校学習指導要領解説　算数編』p.114)。一つ目は等分してできる部分の大きさや端数部分の大きさを表すのに分数を用いること。また、分数の表し方について知ること。二つ目は、分数は単位分数の幾つ分かで表せることを知ること。三つ目は簡単な場合について分数の加法及び減法の意味について理解し計算の仕方を考えることである。

　ここでの学習の中心は「量分数」である。教科書ではテープを使ってテープ全体の長さが1メートルの時、三等分した一つの長さや五等分した一つの長さ、さらには三等分した二つの長さなどを分数で表すことを学習していく。テープの次には水槽を使って1リットル枡に入っている水の量を分数で表すという学習に移っていく。ここではテープや水槽のイラストはもちろん、数直線も使いながら分数を丁寧に分かりやすく説明している点に特徴がある。

　その後、分母の数が同じ分数の加減法が学習される。この段階では「量分数」に加え「単位分数」の考え方も入ってくる。例えば、「こうきさんは、パイナップルジュース$\frac{1}{5}\ell$とオレンジジュース$\frac{2}{5}\ell$でミックスジュースを作りました。で

きたミックスジュースは何ℓでしょうか」や「まみさんの水筒には$\frac{4}{5}$ℓのお茶が入っています。かずやさんの水筒には$\frac{2}{5}$ℓのお茶が入っています。違いは何ℓでしょうか」といった設問が準備されているのである。ここでは1未満の分数しか扱われない。

四年生になると真分数、仮分数、帯分数が登場し、分数同士の大小比較が扱われる。この際、三年生で学んだ同分母分数だけではなく異分母分数同士の比較も登場してくる。

この段階になると、数直線の活用が重要になってきて、数直線上に与えられた分数を書き表しながら、その分数の大きさを比較していくという手法が用いられる。この段階では

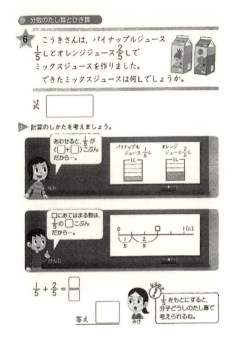

出典：『小学 算数3下』教育出版、2011年、p.21
イラスト：青山ゆういち
図6-1 量分数の学習（その2）

1以上の分数も登場してくる。すなわち、「量分数」（1mのテープや1ℓの水を何等分かした大きさ）の学習から「数としての分数」の学習へと移行してきているということなのである。また、帯分数を含む同分母分数の加減法もこの段階で取り扱われる。

そして、五年生、六年生になると約分や通分といった操作が登場し、異分母分数同士の加減乗除を含めた四則計算が学習される。ここでは初めて「商分数」や「割合分数」が登場し、いよいよ数としての分数の学習が本格化してくるのである。

■ 問題ありの「分割分数」から「量分数」への移行

これまで見てきたように、我が国の初等教育における分数学習は、①あるものを分けるという分数の素地的学習（任意量の分割を表す「分割分数」）→②ある

ものを測定した時の端数部分の大きさを表す分数の学習(「1」という基準量をもとにした「量分数」)→③量ではなく「数としての分数」の学習(単位分数の幾つ分と捉えながら、「商分数」、「割合分数」の学習)、というように学年を追って段階的に進行する。これを分かりやすく表にまとめると以下のようになる。

表 6-2 我が国における分数学習の順序

学年	時期	分数の学習内容
二年生	下旬	◇分割分数 「第 17 章　1 を分けて」 紙などを二等分、四等分、八等分し、$\frac{1}{2}$、$\frac{1}{4}$、$\frac{1}{8}$ を学習
三年生	中旬	◇量分数、単位分数 「第 12 章　分数」 真分数、同分母分数の大小、同分母分数の加減法
四年生	下旬	◇数としての分数 「第 17 章　分数の大きさとたし算、ひき算」 真分数、仮分数、帯分数、同分母分数の大小、異分母分数の大小、同分母分数の加減法(帯分数を含む)
五年生	中旬	◇数としての分数 「第 7 章　分数の大きさとたし算、ひき算」 約分、通分、異分母分数の加減法(帯分数を含む)
	中旬	◇商分数 「第 10 章　わり算と分数」 分数と小数の相互変換、商分数
	下旬	「第 15 章　分数と整数のかけ算、わり算」 分数と整数の乗除法
六年生	上旬	◇割合分数 「第 3 章　分数のかけ算」 分数同士の乗法
	上旬	「第 4 章　分数のわり算」 分数同士の除法

出典:『小学　算数』教育出版、2011 年及び 2015 年を参考に筆者作成

ここで本章の最初で触れた全国学力・学習状況調査の結果を思い出していただきたい。「2ℓ のジュースを 3 等分すると、1 つ分の量は何 ℓ ですか」という問いに対して、「$\frac{1}{3}$ℓ」や「$\frac{1}{3}$」という誤答が非常に多かった。この理由として、問題文を読んだ児童の頭の中には「三つに分けた一つ分」という印象が強く残り、全体量である「2ℓ」という量を忘れてしまったということを指摘した。実は、児童のこのような思考は、分数を初めて学ぶ際(二年生)に取り扱われる「分割分数」の影響が非常に大きいと考えられる。すなわち、「分割分数」では「幾つに分けるか」にのみ注目し、その全体量は考慮する必要はな

かった。この最初の分数学習の印象が児童にとっては強烈なインパクトとなっているのである。その後、三年生で「量分数」の学習に入っていくが、ここで扱われる全体量は「1m（メートル）」や「1ℓ（リットル）」などのように基本的に「1」なので、全体量を敢えて意識しなくても学習が進められる。ここに先の全国学力・学習状況調査で見られたような誤答が頻発する素地が作られていると考えられるのである。

言い換えると、「分割分数」から「量分数」への移行が円滑に行われていない、あるいは「分割分数」をもとに「量分数」が指導されている点に問題があるとも言えるのである。

■ 小数との並行学習による混乱

我が国の初等算数教育では分数と小数を同時並行的に学習させるように教材配列が行われていることは本章の初めに述べた通りである。そして、このことが児童の分数についての理解を阻害している可能性があると筆者は考えている。そこで、本節ではこの問題について考えていきたい。

まず我が国の分数と小数の学習内容が学年毎にどのように配置されているの

表6-3 『小学　算数』（教育出版）における分数と小数の学習内容の配列

学年	分数	小数
二年生	第17章　1を分けて	なし
三年生	第12章　分数	第14章　小数
四年生	第17章　分数の大きさとたし算、ひき算	第11章　小数のしくみとたし算、ひき算 第15章　小数と整数のかけ算、わり算
五年生	第7章　分数の大きさとたし算、ひき算 第10章　わり算と分数 第15章　分数と整数のかけ算、わり算	第1章　整数と小数 第3章　小数のかけ算 第5章　小数のわり算
六年生	第3章　分数のかけ算 第4章　分数のわり算	なし

出典：筆者作成

かを見ると、最初は分数が先行して学習されるが、四年生からは小数が分数に先立って登場し、四則計算を含む演算はすべて小数を先に行ってから分数に移るという配列となっている。

このような教材配列の下で、児童が分数と小数が同じものを表していることに気付くのは三年生の「第14章　小数」の学習においてである。ここでは「$\frac{○}{10}$（十分の○）」という分母が「10」の分数と「0.○」という小数が同じ値であることが学習されるためである。この時、児童の多くが「小数は普通の数字とよく似ていて分かりやすいが、分数は何となく分かりにくい」と感じるようである。これは当然のことで、小数は十進位取り記数法に従った数であり、整数と同じように数を扱うことができるが、分数はそうではない。また、我が国は「小数圏」の国であり、古くから日常生活の中で小数が使われてきたが、分数はあまり使われることはないといったことからも児童の素朴な印象は日本人にとってはもっともなことなのである。さらに、「同じものを表しているのなら、分かりやすい小数だけを使えばいいではないか」と考えてしまう児童もいることは事実である。こうして、児童の気持ちの中に「分数軽視」の雰囲気が生起してくると考えるのは筆者の考え過ぎであろうか。

実は悪循環はこれ以降も続く。分かりにくい分数を軽視する気持ちをもつ児童にとっては、よいことに、四年生からは常に小数が分数に先立って学習されるようになり、しばらく分数学習が影を潜めてしまう。そして小数の学習ではもはや分数に触れられることはない。これによって児童の「小数重視」と「分数軽視」がより一層助長されていくのである。

蛇足になるが、分数と小数が同じものを表していることを本格的に学習するのは五年生も中盤に入った頃である。「第10章　わり算と分数」の単元において、初めて「商分数」が取り上げられ、ここで2年ぶりに分数と小数は関係が非常に深いことが学習される。この単元の大きな目標の一つは分数と小数が同じ量を表すものであることを理解させることであるため、例えば「3 mのテープを5等分した1本分の長さは何mでしょうか」という問いに対して、「$3 \div 5 = \frac{3}{5}$ m」でも「$3 \div 5 = 0.6$ m」でもどちらの表し方も正しく、要するに「$\frac{3}{5}$と0.6は大きさの等しい数」であることが示される。

ただし、この単元の最初では「2ℓのジュースを3人で等分します。1人分

は何ℓになるでしょうか」や「4mの赤リボン、2mの青リボン、3mの白リボンがあります。赤、青のリボンの長さは、それぞれ白リボンの長さの何倍でしょうか」といった少し意地悪な問題が示されている。前者は「$2 \div 3 = 0.666\cdots$ℓ あるいは $\frac{2}{3}$ℓ」、後者は「赤リボン：$4 \div 3 = 1.333\cdots$倍あるいは $\frac{4}{3}$倍、青リボン：$2 \div 3 = 0.666\cdots$倍あるいは $\frac{2}{3}$倍」とわり切れず、小数で表す場合にきっちりとした数値にならないのである。これは教科書編集者に確かな意図があったかどうかは不明ではあるが、「分数であれば問題なく表せる」こと、別な言い方をすれば、「（児童から軽視されている）分数の方が、実は簡単に量を表せる」ことを暗に仄めかそうとしていたと筆者には感じられるのだが、これも考え過ぎであろうか。なお、教科書には「$\frac{3}{7}$や$\frac{5}{11}$のような分数は分子を分母でわってもわりきれません。このように、分数には、小数で正確に表せないものもあります」という注釈が入っている。

6.2 ベトナム:「分割分数」から「商分数」、「割合分数」へ

ベトナムにおいても分数学習は初等教育の早い段階から取り扱われている。同国の教科書を見ると、二年生で「分割分数」が登場し、図形やイラストを見ながら $\frac{1}{2}$、$\frac{1}{3}$、$\frac{1}{4}$、$\frac{1}{5}$ を順に学習するようになっている。ここで興味深いことは、これら分数が除法の導入と同時に登場してくることである。例えば $\frac{1}{2}$ は「○:2＝」(ベトナムは除法記号が我が国と異なることに注意)の単元で、$\frac{1}{3}$ は「○:3＝」の単元で、$\frac{1}{4}$ は「○:4＝」の単元で、$\frac{1}{5}$ は「○:5＝」の単元で登場してくるのである。ただ、この時点では「商分数」としての扱いはない。

❶ 下の図の中で、$\frac{1}{3}$ を表しているものはどれですか。

❷ 下の図の中で、色が塗られているのが $\frac{1}{3}$ なのはどれですか。

出典:ベトナム国『TOÁN 2』教育訓練省、2003年、p.114、筆者翻訳
図6-2 分数の導入学習(分割分数)

三年生になると、これまで単に図形を二分割、三分割していた段階からもう少し具体的な状況設定がされ、その中で分数が扱われる。例えば「12個のキャンディーのうち $\frac{1}{3}$ をあげるとすると、それは何個ですか」や「12cm、18 kg、10ℓ の $\frac{1}{2}$ はそれぞれいくらですか」といった内容である。一見これらは「量分数」のように見えるが、実は二年生で学習した図形を分割することと基本的には同じであるため、やはり「分割分数」の域を超えるものではなく、む

問題：12個のキャンディのうち$\frac{1}{3}$をあげるとすると、それは何個ですか。

12個のキャンディを三等分します。
各部分は全体の$\frac{1}{3}$です。

解答
キャンディをあげます。
12：3＝4（個）
答え：4個

出典：ベトナム国『TOÁN 3』教育訓練省、2003年、p.26、筆者翻訳
図6-3 「量分数」のように見える「分割分数」の学習

しろ「〇つに分ける」という言い方を「〇分の一にする」というように分数を使った表現に代えただけのものと言える。したがって、ここでも「12：3」や「12：2」、「18：2」、「10：2」といった除法が一緒に登場してくる。

　四年生になると、これまで触れるか否かという程度であった分数と除法の関係が正式に登場してくる。「$8：4 = \frac{8}{4}$」という、いわゆる「商分数」である。また、ここで登場する分数は「商分数」であると同時に、次頁に示す教科書の説明からも分かるように「単位分数」の意味も併せもっていることに注意したい。そして、この「単位分数」という考え方に基づいて同分母及び異分母分数同士の加減法が扱われる。ここでは通分という概念も登場してくる。

　また、同学年では分数の加減法に続いて異分母分数の乗除法も扱われる。そして、この時同国で初めて「量分数」が導入される。例えば「一辺がそれぞれ$\frac{4}{5}$mと$\frac{2}{3}$mの土地の面積を求めましょう」や「面積が$\frac{7}{15}$㎡の長方形の土地において、縦が$\frac{2}{3}$mの時、横の長さはいくらでしょう」といった問題である。小数圏に生きる私たち日本人から見ると、これらの問題は「量分数」ではあることに変わりはないが、分数の乗法や除法を学習させるために無理やり挿入したという印象が強く感じられる。しかし、分数圏に属する旧宗主国フランスの影響

a）8個のみかんを4人の子どもに等しく分けます。それぞれの子どもがもらえるみかんは：

$$8 : 4 = 2 \text{(個)}$$

b）3個のケーキがあり、4人の子どもに等しく分けます。どのようにケーキを分けますか。

解説：3を4でわりますが、3は4でわり切れないので次のようにすることができます。

①各ケーキをそれぞれ四等分して、それぞれのケーキから一つ分を子どもに与えます。一つ分は $\frac{1}{4}$ です。

②三つのケーキから、それぞれ分割された一つ分を与えられるので、$\frac{3}{4}$ のケーキを受け取ることになります（右図参照）。したがって、$3 : 4 = \frac{3}{4}$（ケーキ）と書きます。

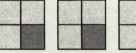

4人の子どもで分ける3個のケーキ

子どもはケーキの $\frac{3}{4}$ を受け取る

c）自然数を自然数でわる時、その答えは分数で書くことができます。分子はわられる数、分母はわる数になります。
例えば：

$$8 : 4 = \frac{8}{4} \quad ; \quad 3 : 4 = \frac{3}{4} \quad ; \quad 5 : 5 = \frac{5}{5}$$

出典：ベトナム国『TOÁN 4』教育訓練省、2003年、p.108、筆者翻訳

図6-4 「商分数」の学習

例題：一辺がそれぞれ $\frac{4}{5}$ m と $\frac{2}{3}$ m の土地の面積を求めましょう。

a）土地の面積を求めるには、かけ算を行うことが必要です：

$$\frac{4}{5} \times \frac{2}{3}$$

b）この面積は、辺の長さに基づいて計算します。右図を見ましょう。

①正方形の面積は 1 ㎡で、細かく分けた一つ分の面積は $\frac{1}{15}$ ㎡です。面積を求めたい土地（色付きの部分）はそれが八つ分ですから、$\frac{8}{15}$ ㎡ です。

c）かけ算は以下のように行います。

$$\frac{4}{5} \times \frac{2}{3} = \frac{4 \times 2}{5 \times 3} = \frac{8}{15}$$

二つの分数のかけ算は、分子同士、分母同士をかけ合わせます。

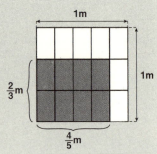

出典：ベトナム国『TOÁN 4』教育訓練省、2003年、p.132、筆者翻訳

図6-5 「量分数」の学習

第6章 分数

を強く受けていると考えられる同国（この点についての詳細は後述する）では普通のことなのかもしれない。ちなみに、上記の問題文が小数を使って「一辺がそれぞれ0.6mと0.8mの土地の面積を求めましょう」や「面積が0.6m²の長方形の土地において、縦が0.5mの時、横の長さはいくらでしょう」と書かれていれば、私たち日本人でもほとんど違和感をもつことはない。

さらに四年生では「割合分数」も導入される。ここでは二つの数の合計とその割合、あるいは二数の差とその割合からそれぞれの数を求めるという学習内容が扱われ、その中で「割合分数」が用いられる。例えば、下に示したように「ミン君とコイ君はノートを25冊もっています。ミン君がもっているノートの数はコイ君の$\frac{2}{3}$です。ミン君とコイ君はそれぞれ何冊のノートをもっていますか」といったような内容である。

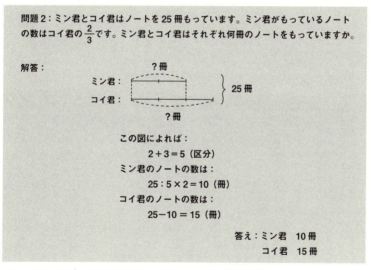

出典：ベトナム国『TOÁN 4』教育訓練省、2003年、p.148、筆者翻訳
図6-6 「割合分数」の学習

すでにお気付きの方もおられると思うが、この問題はかなり高度な思考能力を要するものである。というのも、ミン君とコイ君がもっているノートの数がどちらも分からないからである。我が国では、この種の問題は中学校で扱われ、ミン君のノートの数を「x」、コイ君のノートの数を「y」として連立一

次方程式を立てて解くように指導される水準の内容である。

　初等教育の最終学年である五年生では異分母分数の四則計算が主要な学習課題となり、帯分数もここで初めて登場してくる。したがって四則計算には帯分数の加減乗除も含まれることになる。

■「商分数」と「割合分数」を中心とした高度な内容！？

　これまで見てきたベトナムの分数の学習内容を時系列にまとめると以下の表のようになる。我が国の分数学習と同様に、同国でも二年生から分数の基本的概念の学習が始まるが、そこで扱われる分数の意味はかなり異なっている。

　同国では、我が国が重視している「量分数」の学習がほとんど見られない。反対に、我が国では初等教育後半でようやく登場する「商分数」及び「割合分数」が低学年や中学年の段階から導入される。特に、「割合分数」で取り扱われる内容は中学校レベルの水準である。これほど高度なレベルの分数学習が、本当に実践可能であり、児童が十分に理解できるのかという疑問が湧いてくるが、現地の小学校の教員から聞く声の中にはそのような心配はほとんどない。

表6-4　ベトナムにおける分数学習の順序

学年	時期	分数の学習内容
二年生	中旬	◇分割分数（商分数） 「第5章　かけ算とわり算」 図形を使って二等分、三等分、四等分、五等分を表す $\frac{1}{2}$、$\frac{1}{3}$、$\frac{1}{4}$、$\frac{1}{5}$ を学習、除法と同時に導入
三年生	初旬	◇分割分数（商分数） 「第2章　1000までの数のかけ算とわり算」 キャンディー12個の $\frac{1}{2}$、8kgの $\frac{1}{2}$、35 mの $\frac{1}{5}$ など、除法と同時に導入
四年生	中旬	◇商分数、量分数 「第4章　分数—分数の計算、時間の学習」 整数同士の除法、同分母・異分母分数同士の加減法、異分母分数の乗除法
	下旬	◇割合分数 「第5章　数値—数値に関する問題、地図の縮尺」 二つの数の合計と割合、あるいは差と割合からそれぞれの数値を求める
五年生	中旬	◇商分数、割合分数 「第1章　分数の復習、数値に関する問題、面積」 異分母分数の大小、異分母分数の四則計算、帯分数

出典：ベトナム国『TOÁN』教育訓練省、2003年を参考に筆者作成

彼らによれば、「ほとんどの児童は十分に教科書にある分数の計算を覚え込み、問題なく分数の計算ができますよ！」という意見が圧倒的多数なのである。

ただし、筆者が現地で数多くの小学校を訪問し、授業実践を見せていただいた限りにおいては決してそのように楽観してはいられない状況が潜んでいた。すなわち、与えられた分数の計算については問題なく行えるが、それが文章題になったり、分数の計算の意味について尋ねられたりすると、ほとんどの児童はたちまち困惑してしまうのである。言い換えると、分数計算のアルゴリズムは十分に理解しているが、分数自体の意味や分数の四則計算の意味についてはほとんど理解していないと言えるのである。

蛇足であるが、我が国でも1958（昭和33）年改訂の学習指導要領では二年生で「割合分数」が扱われていた。しかしながら、1961（昭和36）年に行われた文部省一斉学力テストにおいて、割合関係の問題の正答率は平均で30％にも満たなかったという恥ずかしい事実を受けて、これ以降「割合分数」の代わりに「分割分数」や「量分数」を導入する方針を打ち出したという歴史的経緯がある。やはり、「割合分数」は小学生の児童にはかなり難しいということなのであろう。

■ 分数先習

ベトナムにおける分数と小数の学習について見ると、我が国とは全く異なった教材配列がなされていることが分かる。

以下に示した同国の初等算数教育における分数と小数の学習についての時系列表によれば、分数の学習は二年生から開始され、最終学年の五年生まで継続

表6-5 ベトナムにおける分数と小数の学習内容の配列

学年	分数	小数
二年生	第5章　かけ算とわり算	なし
三年生	第2章　1000までの数のかけ算とわり算	なし
四年生	第4章　分数─分数の計算、時間の学習 第5章　数値─数値に関する問題、地図の縮尺	なし
五年生	第1章　分数の復習、数値に関する問題、面積	第2章　十進数、小数

出典：筆者作成

される。この4年間で分数の意味や使い方、四則計算など分数に関する基本的な学習がほぼ完了すると考えてよい。

　他方、小数の学習が始まるのは分数の学習がすべて終わった五年生になってからである。それまで小数は全く扱われない。これは本章の最初でも触れたように、古代エジプトやギリシャ、ローマの影響を受け継いだヨーロッパの算数教科書と同様である。この理由として考えられるのは、ベトナムが長らくフランスの植民地下に置かれ、政治や文化、教育面においてフランスの影響を強く受けたということである。この点から、ベトナムはヨーロッパと同様に、「分数圏」の国であり、日常生活の中でも分数の方が小数に比べて浸透しており、それが教育内容の配列にも如実に表れているのだと考えることができる。

　このような分数先習の教材配列であるからこそ、かなり高度な分数の学習内容を教科書に盛り込むことが可能となったとも考えられる。ただ、児童の理解という点においては先に述べた通りであるが…。また、このように分数と小数とを明確に区別して学習させることによって我が国のような分数と小数の混乱は避けることができるし、筆者が知る限りにおいては、ベトナムの小学校教員から分数と小数の混乱という話も出てきたことはない。

　以上がベトナムの初等算数教育における分数の学習であるが、こうした分数の学習一つだけとっても、我が国とこれだけ大きな違いがあることは、それぞれの国における文化や風土、教育的な思考に影響されていると考えることができ非常に興味深い。

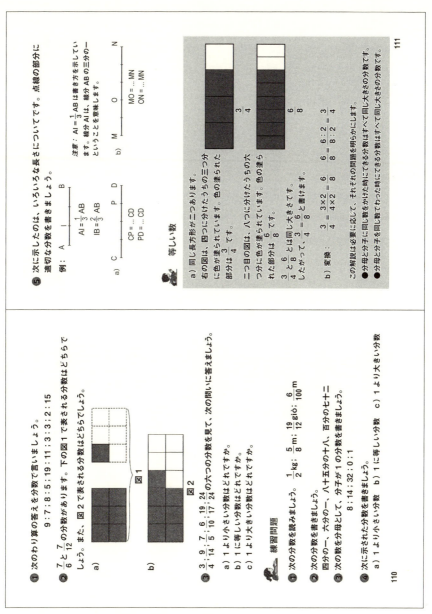

出典：ベトナム国『TOÁN 4』教育訓練省、2003年、p.110-111、筆者翻訳
図6-7 分数（数としての分数）の学習（ベトナム）

6.3　インドネシア：「数としての分数」を中心とした分数学習

　インドネシアでは分数の学習は三年生から開始される。我が国や他のアジア諸国に比べると一年程度遅い導入である。

　三年生で最初に学ぶ分数は「分割分数」であり、様々な図形を使って「幾つに分けたうちの幾つ分」という分数の基本的な概念を押さえるようになっている。ただし、我が国の分数の導入学習と大きく異なっている点は、この時点で「分母」や「分子」という語彙が登場し、例えば、「$\frac{1}{2}$」では「下の2が分母、上の1が分子」というように、分数の表記方法を学習させるところである。

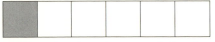

出典：インドネシア国『Pelajaran Matematika 3B』Erlangga 出版社、2006 年、（左）p.6、（右）p.9、筆者翻訳

図 6-8　分数の導入学習（その 1）

　また、この時点で異分母分数の大小比較を学習させる点も我が国とは大きく異なっている。「$\frac{1}{2}$ と $\frac{1}{4}$」や「$\frac{1}{3}$ と $\frac{1}{6}$」といった片一方をもう一方の分母に合わせればよい分数の大小比較はもちろん、「$\frac{1}{3}$ と $\frac{1}{4}$」や「$\frac{1}{4}$ と $\frac{1}{6}$」というように両者の分母を最小公倍数に合わせなければならない分数の大小比較も登場する。もちろん、この段階では図を用いながら視覚的に判断させるようにはなってはいるものの、「分割分数」を遥かに超えた内容であり、「単位分数」としての別の意味をもつ分数が導入されていると考えることもできる。これは、分数の概念を学んだばかりの児童にとってはかなり高いハードルであることには違

第6章 分 数

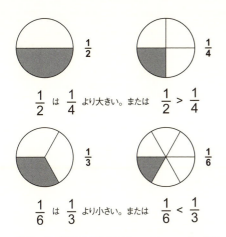

1. $\frac{12}{28}$ を最も簡単な分数に直します。

因数分解：
$12 = 2^2 \times 3$
$28 = 2^2 \times 7$

12と28の最大公約数は4です。故に

$$\frac{12}{28} = \frac{12:4}{28:4} = \frac{3}{7}$$

以上より、$\frac{12}{28}$ の最も簡単な分数は $\frac{3}{7}$ となります。

2. $\frac{15}{36}$ を最も簡単な分数に直します。

因数分解：
$15 = 3 \times 5$
$36 = 2^2 \times 3^2$

15と36の最大公約数は3です。故に

$$\frac{15}{36} = \frac{15:3}{36:3} = \frac{5}{12}$$

以上より、$\frac{15}{36}$ の最も簡単な分数は $\frac{5}{12}$ となります。

出典：インドネシア国『Pelajaran Matematika 3B』Erlangga 出版社、2006年、p.16-17、筆者翻訳
図6-9　分数の導入学習（その2）

出典：インドネシア国『Pelajaran Matematika 4A』Erlangga 出版社、2006年、p.92、筆者翻訳
図6-10　分数の導入学習（その3）

いない。

　四年生になると、教科書では二回、すなわち「第2章　倍数と因数」と「第6章　分数」で分数学習が行われる。前者では、まず「$\frac{12}{28}$」を「$\frac{3}{7}$」に変換したり、「$\frac{15}{36}$」を「$\frac{5}{12}$」に変換するなどの分数の約分が登場し、その後「$\frac{12}{15} + \frac{8}{20}$」や「$\frac{29}{42} + \frac{31}{49}$」などの通分が必要な分数の加減法が扱われる。ここでは通分の仕方という技術的手法のみに焦点が当てられており、因数分解や指数なども登場する反面、もとの分数と通分した分数の関係や加法や減法を行う分数の大きさや加減演算後の分数の大きさといった分数の基本的な内容には全く触れられない。

　他方、「第6章　分数」では「$1:2 = \frac{1}{2}$」（インドネシアでは除法記号が我が国と異なっていることに注意）や「$1:4 = \frac{1}{4}$」のように除法の結果を分数で書き表すことができること（「商分数」）、「$\frac{1}{4}$」と「$\frac{3}{4}$」の関係といった同分母分数の関係を数直線上で示すことなどが扱われる。ここで扱われる分数は、いわゆる「商分数」及び「単位分数」、「操作分数」であるが、一つ不思議なのは、こ

以下の数直線の上に示した分数について注意しましょう。

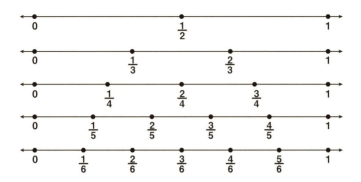

数直線の上に打ったドット(●)の位置で、分数同士の大きさの比較ができます。

出典：インドネシア国『Pelajaran Matematika 4B』Erlangga出版社、2006年、p.29、筆者翻訳
図6-11　分数の大きさ

こで初めて数直線が用いられて同分母分数の意味が扱われるということである。例えば「$\frac{3}{4}$」は「$\frac{1}{4}$」の3倍であるとか、「$\frac{1}{4}$」を4倍すると「1」になるとかといったことである。このことは、これまで二、三年生で分数を扱ってきたが、計算上の手続きだけに焦点が当てられてきたために、その操作が何を意味していたのかということについては全く関心が払われていなかったということでもある。ここにインドネシアの初等算数教育がもつ根深い問題がある。

　先にも触れたように、算数・数学という教科は思考力を養うものであるから、理解したことを覚えるという学び方が重要であり、理解できないことを覚えるという学び方は基本的に間違っている。しかし、同国の算数教育は理解できなくても操作手順だけを覚えればよいという教育観が今なお残っており、それが現在の教科書にも色濃く反映されている。

　さて話を教科書に戻そう。四年生の「第6章　分数」では同分母分数の加減法も扱われる。すでに同学年「第2章　倍数と因数」で異分母分数の加減法を行っているにもかかわらず、ここで同分母分数の加減法が出てくるのは、ここで扱われる分数の意味が異なるからである。どういうことかと言うと、「第2章」では「操作分数」であったが、「第6章」では「量分数」なのである。ただし、内容を詳細に見ていくと、「量分数」とは名目だけで単に文章題を挿入

したかったために、見かけ上「量分数」が偶然にも登場することになったという印象が強い。参考までにここで扱われている「量分数」を用いた文章題を紹介しておこう。「カラック（女の子）は赤いリボンを $\frac{1}{5}$ m、青いリボンを $\frac{3}{5}$ m 買ってプレゼントを包みます。カラックが買ったリボンは合計何mですか」、「母は、今、ケーキを作るために1kgの小麦粉を用意しています。ケーキを作るためには、まず $\frac{1}{4}$ kgの小麦粉、その後 $\frac{2}{4}$ kgの小麦粉が必要です。ケーキを完成させるには全部で何kgの小麦粉が必要ですか。また、ケーキを作った後には何kgの小麦粉が残りますか」といったものである。

さらに、五年生では分数と百分率（％）、小数が混じった四則計算が登場する。児童はすでに百分率も小数も学習しているので、ここではこれら既習学習の内容を使った少し難しい計算が学習内容の中心になっていると考えられる。しかしながら、実際上、分数と百分率や分数と小数が混じった計算が日常生活で必要となる場面はほとんどない。この点からも同学年で扱われる分数は現実とは乖離したものと言わざるを得ない。単に数学理論上での計算手法を学習しているとしか思えない。

最終学年である六年生では、学年の後半に分数の総まとめの意味を込めて

小数と分数の乗法

1. $3{,}5 \times \frac{5}{15} = \ldots$ 2. $3{,}02 \times \frac{2}{4} = \ldots$ 3. $1{,}5 \times \frac{5}{11} = \ldots$
4. $4{,}2 \times \frac{4}{10} = \ldots$ 5. $3{,}12 \times \frac{3}{4} = \ldots$ 6. $1{,}4 \times \frac{6}{8} = \ldots$

分数と百分率の乗法

1. $\frac{1}{3} \times 30\% = \ldots$ 2. $\frac{2}{10} \times 75\% = \ldots$ 3. $6\% \times \frac{4}{6} = \ldots$
4. $\frac{2}{8} \times 10\% = \ldots$ 5. $\frac{5}{8} \times 35\% = \ldots$ 6. $17\% \times \frac{3}{5} = \ldots$

分数と百分率の除去

1. $3\frac{1}{3} : 28\% = \ldots$ 2. $6\% : 3\frac{1}{3} = \ldots$
3. $4\frac{1}{2} : 36\% = \ldots$ 4. $12\% : 2\frac{2}{5} = \ldots$

注：インドネシアの小数表記では小数点がピリオド（.）ではなくコンマ（,）になっていることに注意。
出典：インドネシア国『Pelajaran Matematika 5B』Erlangga 出版社、2006年、p.31、p.32、p.41、筆者翻訳

図6-12　現実から乖離した演算練習

「第5章 分数」という単元において、異分母分数の大小比較、与えられた二つの分数の中間の値（分数）の計算、分数から小数及び小数から分数への変換、帯分数を含む分数及び小数が混じった加減乗法などが時間をかけて取り扱われる。ここでは分数の四則計算の意味と方法についての解説があるが、私たち日本人には何とも分かりにくい。例えば、「$3 \times 1\frac{3}{4}$」という計算においては、同国の乗法の決まりに従って、「$1\frac{3}{4}$」が三つあるので、「$3 \times 1\frac{3}{4}$」という乗法式が作られ、「$1\frac{3}{4}$」を仮分数に直すと「$\frac{7}{4}$」となり、「3」は「$\frac{3}{1}$」という分数に直せるので、「$\frac{3}{1} \times \frac{7}{4} = \frac{3 \times 7}{1 \times 4} = \frac{21}{4} = 5\frac{1}{4}$」となると説明されているのである。

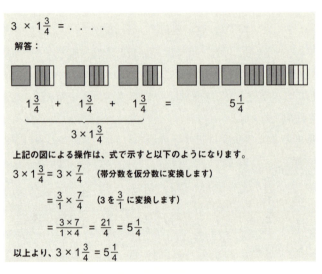

出典：インドネシア国『Pelajaran Matematika 6B』Erlangga出版社、2006年、p.57、筆者翻訳
図6-13　分数の乗法の意味とその計算手法

また、「$2 : 1\frac{2}{3}$」の解説では「この計算は『2の数の中に$1\frac{2}{3}$がいくつあるか』ということを意味する」と説明され、数直線でそのことが示されている。ここでの説明によれば、数直線上の「2」の位置から逆向きに「$1\frac{2}{3} = \frac{5}{3}$」だけ進む。そうすると、「$\frac{1}{5}$」分が残るので回答は「$1\frac{1}{5}$」と解説されている。実はこの解説を理解することは正直なかなか困難であり、小学生の児童がこれを本当に理解できるのかどうかについては大きな疑問が残る。

$2 : 1\frac{2}{3} = \ldots$

解答:
$2 : 1\frac{2}{3}$ は「2 の中に $1\frac{2}{3}$ がいくつあるか」ということを意味するので、それを図で表すと次のようになります。

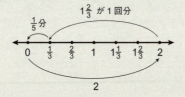

説明:
- $1\frac{2}{3}$ の 1 回分は $= 1\frac{2}{3} = \frac{5}{3}$ なので、2 のところから逆にその分だけ進む。
- 2 から $1\frac{2}{3}$ 1 回分だけ進むと、$\frac{1}{5}$ 分が残る。

したがって、$2 : 1\frac{2}{3} = 1\frac{1}{5}$

以上より、$2 : 1\frac{2}{3} = 1\frac{1}{5}$

出典:インドネシア国『Pelajaran Matematika 6B』Erlangga 出版社、2006 年、p.70、筆者翻訳
図 6-14 分数の除法の意味とその計算手法

■ 分数の意味の軽視

　ここまでインドネシアの初等算数教育における分数の学習について見てきた。そして、同国の分数の学習は我が国のそれとは大きく異なっていることも分かった。三年生から始まる分数学習において「分割分数」から扱われるものの、全体としては「数としての分数」に重きが置かれており、扱われる分数は「操作分数」及び「商分数」が中心となっている。我が国の分数学習で中心に扱われる「量分数」は同国ではほとんど見られない。

　このことは先に見たベトナムの分数教育とよく似ているとも言える。ベトナムもインドネシアも、どちらかと言えば、児童が算数の問題を解けるようになるという基本的な方針の下で学習内容が編成されているきらいがあり、どうしても計算や演算の技能や手法を教えることが第一義になっているという印象がある。したがって、多くの新しくかつ高度な課題を次々に児童に提示していくという学習内容になっている。残念ながら、ここには分数についての児童の深い理解や認識は二の次になってしまっているようである。

　以下に示した表は同国の分数学習を時系列にまとめたものである。これを見

ると、同国の分数学習の特徴がよく分かる。

表6-6 インドネシアにおける分数学習の順序

学年	時期	分数の学習内容
三年生	中旬	◇分割分数、操作分数（数としての分数） 「第3章 簡単な分数」 図形を使って二等分、三等分、四等分、五等分、六等分を学習 異分母分数の大小（$\frac{1}{3} > \frac{1}{4}$、$\frac{1}{3} < \frac{1}{2}$ など）
四年生	初旬	◇操作分数（数としての分数） 「第2章 倍数と因数」 「$\frac{12}{28}$」や「$\frac{15}{36}$」などの約分、「$\frac{14}{18} + \frac{16}{21}$」や「$\frac{12}{16} - \frac{10}{20}$」などの加減法
	中旬	◇商分数（量分数）（数としての分数） 「第6章 分数」 「$1:3 = \frac{1}{3}$」、数直線を用いて「$\frac{1}{3} < \frac{2}{3} < 1$」、通分、帯分数、同分母分数の加減法
五年生	中旬	◇数としての分数 「第4章 分数」 分数を百分率及び小数へ変換、分数と百分率と小数の加減法（帯分数を含む） 分数の乗除法、分数と百分率と小数の乗除法
六年生	中旬	◇数としての分数 「第5章 分数」 異分母分数の大小、二つの分数の間の数、通分、約分、分数と小数の変換、分数（帯分数を含む）の加減乗除法（小数も混在）

出典：インドネシア国『Pelajaran Matematika』Erlangga出版社、2006年を参考に筆者作成

■ 分数の特殊形としての小数の扱い

インドネシアの初等算数教育においては、分数の学習の中に時として小数が混在するという形で小数が扱われる。これは我が国のような分数と小数の並行学習とも違うし、またベトナムの分数先習とも違う。インドネシアでは初等算数教育の中では小数についてきっちりと学習する機会はなく、分数の特殊形として小数が登場してくるという具合なのである。もちろん、分数の導入初期である三年生及び四年生では混乱を避けるため分数だけしか扱われないが、五年生、六年生では分数学習の中に小数が散りばめられているのである。

以下の表は同国の分数と小数の学習内容の配列を時系列で示したものである。これを見ると、そのことがよりはっきりと分かる。教科書の中に「小数」

第6章　分　数

という単元は見られない。小数が本格的に登場するのは五年生の「第2章　測定」と「第4章　分数」、六年生の「第5章　分数」の三つの単元であり、五年生の単元「測定」を覗くと、小数は「分数」と題された単元の中で扱われるという特殊な教材配列となっているのである。

この教材配列は、敢えて言うとすれば「分数先習」（ベトナムの場合の意味とはかなり違うが…）、あるいは「分数重視」と考えられなくもない。この理由は、同国が歴史的にオランダの植民地下に置かれ、オランダ、もっと言えば、ヨーロッパの数学教育の影響を強く受けたのではないかということである。ヨーロッパは「分数圏」の地域であり、分数が古くから日常生活の中で使われてきた。そのため、分数を重視、強調する傾向が強いのである。インドネシアでも「分数」と題された単元の中で補足的に小数が扱われ、加えて「小数」と題された単元が設定されていないということは「分数重視」の考え方が強いということを表していると考えられるのである。

ただし、先にも述べたように、分数学習において分数と百分率（％）、さらに小数が混じった四則計算が扱われるという現状は、同国の算数教育が日常の生活場面から完全に逸脱してしまい、数学的操作手法だけを教えることが目的になってしまった悪い例であろう。

表6-7　インドネシアにおける分数と小数の学習内容の配列

学年	分数	小数
三年生	第3章　簡単な分数	なし
四年生	第2章　倍数と因数 第6章　分数	（第1章　数の計算*）
五年生	第4章　分数	第2章　測定** 第4章　分数** ―分数のたし算とひき算（分数の小数への変換） ―分数のかけ算とわり算（小数を含む）
六年生	第5章　分数	第5章　分数** ―分数のいろいろな計算（小数を含む）

注＊：貨幣単位ルピーの表示で「Rp.500,00」と突然小数表示が登場する。
注＊＊：小数を系統的に指導する単元はなく、これらの単元で小数が散発的に登場する。
出典：筆者作成

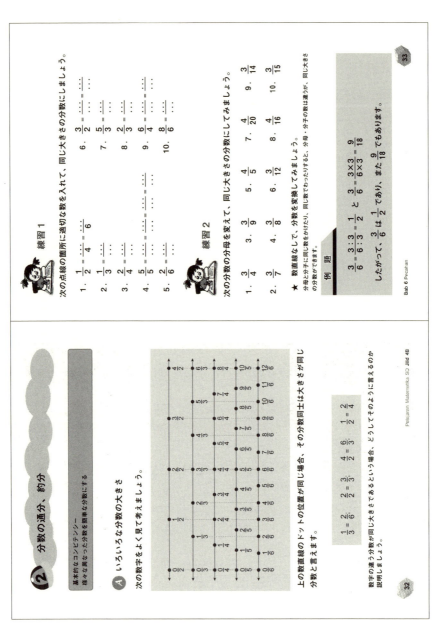

出典：インドネシア国『Pelajaran Matematika 4B』Erlangga 出版社、2006 年、p.32-33、筆者翻訳
図6-15　分数（数としての分数）の学習（インドネシア）

6.4 ミャンマー：計算技能を重視した分数学習

　ミャンマーでは、分数の学習は三年生から開始される。この導入段階では我が国や他のアジア諸国と同様、「分割分数」が取り扱われる。円や四角形などの図形を用いながら、二等分、三等分、四等分などを視覚的に捉えた上で「$\frac{1}{2}$」や「$\frac{1}{3}$」、「$\frac{1}{4}$」といった基本的な分数の学習が行われるのである。

　しかしながら、同国の分数学習は他国に比べ早く進行し、「分割分数」という分数の基本を学んだすぐ後に、同分母分数の大小比較、さらには「$\frac{1}{2}+\frac{1}{2}$」や「$\frac{2}{4}-\frac{1}{4}$」といった同分母分数の加減法、及び「$\frac{1}{2}+\frac{1}{4}$」や「$\frac{3}{4}-\frac{1}{2}$」など

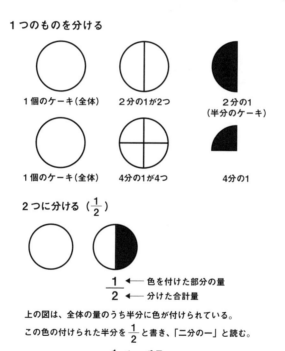

出典：ミャンマー国『Mathematics Grade 3』カリキュラム・シラバス・教科書委員会、2014年、p.80-81、筆者翻訳

図6-16　分数の導入学習（その1）

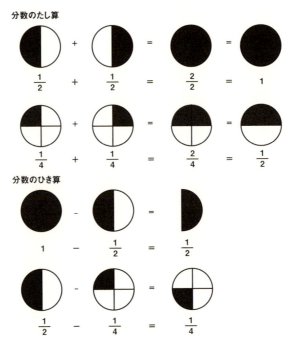

出典：ミャンマー国『Mathematics Grade 3』カリキュラム・シラバス・教科書委員会、2014年、p.87、筆者翻訳

図6-17　分数の導入学習（その2）

の異分母分数の加減法も扱われる。この内容は、分数の基本概念を学んだばかりで、まだ十分に消化し切れていない児童にとってはかなり高度な内容であると言える。

　四年生の分数学習ではその概念が拡大してくる。この段階で分数の意味が定義され、「単位分数」という考え方が正式に提示される。ここでも前学年と同様に、分数を視覚的に捉え理解しやすいように円や四角形などの図形が多用される。その後、通分、約分などの操作による分数の変形、異分母分数の大小比較が学習される。さらに帯分数も登場し、それを含む異分母分数同士の加減法が扱われる。

　さて、ここで一つ指摘しておかなければならないことがある。それは「全体の中の部分」という表題の下に少し変わった分数が取り扱われているという事

第6章　分　数

全体の中の部分
　グループ分割

(A)

みかんの数は、果物全体の $\frac{3}{5}$ と言います。

(B)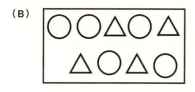

三角形の数は、図形全体の $\frac{4}{9}$ と言います。

(C)

日	月	火	水	木	金	土
		1	2	3	4	5
6	7	8	9	10	11	12
13	14	15	16	17	18	19
20	21	22	23	24	25	26
27	28	29	30	31		

7日 = 1週間
1日 = $\frac{1}{7}$ 週間
2日 = $\frac{2}{7}$ 週間
3日 = $\frac{3}{7}$ 週間
1日は1週間の $\frac{1}{7}$

出典：ミャンマー国『Mathematics Grade 4』カリキュラム・シラバス・教科書委員会、2014年、p.82-83、筆者翻訳

図 6-18　一風変わった「全体の中の部分」を表す分数

　実である。その一風変わった分数というのは、教科書の記載に従えば、果物が全部で5個（バナナ2本とミカン3個）あり、そのうちミカンは3個という場合、ミカンは $\frac{3}{5}$ と表すことができることや、図形が全部で9個（円5個、三角形4個）あり、そのうち三角形は4個という場合、三角形は $\frac{4}{9}$ と表すことができるといったものをはじめ、一週間は7日間なので、1日は $\frac{1}{7}$ 週間、2日は $\frac{2}{7}$ 週間、3日は $\frac{3}{7}$ 週間となること、さらには、10mm は1cmなので、1mm は $\frac{1}{10}$ cm、3mm は $\frac{3}{10}$ cm、7mm は $\frac{7}{10}$ cm と表せるといった内容である。
　これらの分数は、本章の最初で取り上げた七つのカテゴリーのどれにも属さない。少なくとも我が国ではこのような分数の使い方はしないし、もちろん学校教育では扱われない。一般のミャンマー人にも尋ねてみたが、こうした分数の使い方は日常生活ではしないということであった。ここでは全体に対するあるものの割合を表そうとしているのであるが、その場合、百分率（％）を使う

ことが普通である。折角、これまで分数の基本概念、すなわち「全体を1とした場合の幾つに分けたうちの幾つ分」という考え方を繰り返し学習し、定着させてきたにもかかわらず、突然、全体が「1」ではない分数という分数の基本概念に反する内容を挿入することは、児童を混乱させるだけでなく、今後の分数学習を難しくする原因にもなりかねないのではないだろうか。

さて、最終学年の五年生では分数同士の乗除法の計算が新しい内容として登場する。ここでは乗法として「$\frac{1}{2} \times \frac{1}{3}$」や「$\frac{2}{3} \times \frac{3}{4}$」、除法として「$\frac{3}{4} \div 3$」や「$4\frac{2}{3} \div 7$」などが扱われるが、計算の手法にのみ焦点が当てられており、これらの計算が本来意味する内容についてはほとんど触れられていない。さらに悪いことに、分数の乗法において大きな混乱が生じている。というのは、別の章で触れたように、ミャンマーの乗法は「〈いくつ〉×〈何回〉」というように解説されていたことを思い出していただきたい。児童は乗法を行う場合、この「いくつ」が「何回」あるかということで乗法式を立て計算を行ってきた。しかしながら、ここでの分数の乗法では、その説明が「〈何回〉×〈いくつ〉」のようにこれまでとは全く逆になっているのである。具体的に言うと、教科書には「$\frac{1}{2} \times \frac{1}{3}$」の説明として「長方形の紙を三等分します。次に、それをさらに二等分します。図では$\frac{1}{6}$に当たる部分が縦の網掛けになっています。すなわち、$\frac{1}{3}$の$\frac{1}{2}$は$\frac{1}{6}$なので、$\frac{1}{2} \times \frac{1}{3} = \frac{1}{6}$となります」と説明されているのである。同国の乗法の考え方

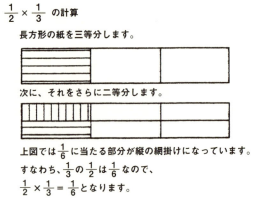

出典：ミャンマー国『Mathematics Grade 5』カリキュラム・シラバス・教科書委員会、2014年、p.86、筆者翻訳

図6-19　分数の乗法における混乱

である「〈いくつ〉×〈何回〉」を基本にすると、「$\frac{1}{2}×\frac{1}{3}$」はまず「$\frac{1}{2}$」にした長方形の紙があって、それをさらに三等分するという手順にならなければいけない。こうした基本が間違って指導されると、児童は混乱してしまい、その後の学習に大きな悪影響を与えてしまう可能性が高い。

■「数としての分数」中心

これまでミャンマーの初等算数教育における分数学習について見てきた。ここで分かったことは同国の教科書では一見、挿絵などがたくさん挿入されて分数の概念が分かりやすく解説されているように見えるが、残念ながらそれらの解説は児童が分数というものを深く理解するのに役立つものにはなっていない。というのも、これらの説明の多くは分数の変換や四則計算の計算手順を示したものだからである。

下の表は同国での分数学習で扱われる内容を時系列で示したものであるが、ここから同国の初等教育での分数学習は「操作分数」や「単位分数」が学習内容の中心であり、我が国のような「分割分数」や「量分数」、それに「商分数」や「割合分数」といった様々な分数は扱われていないことが分かる。すなわち、同国では分数の意味や概念についての理解はあまり重視されておらず、逆

表6-8 ミャンマーにおける分数学習の順序

学年	時期	分数の学習内容
三年生	中旬	◇分割分数、操作分数、単位分数 「第8章 分数」 図形を使って二等分、三等分、四等分、五等分、六等分などを学習 図形を使って同分母分数の加減（$\frac{1}{4}+\frac{1}{4}$、$\frac{3}{4}-\frac{1}{4}$など）、異分母分数の加減（$\frac{1}{2}+\frac{1}{4}$、$\frac{1}{2}-\frac{1}{4}$など）
四年生	中旬	◇単位分数、操作分数、あるものの数／全体の数、数としての分数 「第9章 分数」 単位分数の意味、あるものの数／全体の数（月日、時間など）、分数の変形（$\frac{1}{2}=\frac{2}{4}=\frac{4}{8}=\frac{8}{16}$など）、帯分数、異分母分数同士の加減
五年生	中旬	◇操作分数、数としての分数 「第7章 分数と小数」 分数の大小比較、異分母分数同士の加減（帯分数を含む）、分数の乗除

出典：ミャンマー国『Mathematics』カリキュラム・シラバス・教科書委員会、2014年を参考に筆者作成

に約分や通分などの分数の変換、さらに分数の四則計算が迅速で正確にできることが最も重視されていると考えられるのである。

このことは早い段階から同分母及び異分母の分数の加減法が取り扱われ、それ以降も基本的にそうした分数の加減乗除が学習内容の中心となっていることからも明らかである。

言い換えると、同国は「量として分数」よりも「数としての分数」に重きを置いていると言え、その方針は我が国のものとは全く異なっており、敢えて言えばベトナムやインドネシアのそれに近いと言えるかもしれない。ただし、詳細な学習内容についてはこれらの国々ともかなり違っている。

■ 分数先習、分数の特殊形としての小数

ミャンマーの初等算数教育における分数と小数の学習順序は完全な分数先習型であり、先に見たベトナムの配列と非常によく似ていると言える。

下の表に示したように、同国では三年生から分数が取り扱われ、四年生、五年生と継続されるが、小数は五年生になってからようやく導入される。五年生の教科書には「第7章　分数と小数」という単元が設けられ、「$\frac{\bigcirc}{10}$」や「$\frac{\bigcirc}{100}$」といった分母が「10」の累乗になった分数に対応する数として小数が学習される。

これは先にも触れたように、「分数圏」の国々によく見られる教材の配列方法であり、ヨーロッパ諸国ではこれが普通となっている。ミャンマーは長らくイギリスの植民地下に置かれた歴史をもっており、それ故イギリスの影響が深く教育内容にも反映されているのであろう。

表 6-9　ミャンマーにおける分数と小数の学習内容の配列

学年	分数	小数
三年生	第8章　分数	なし
四年生	第9章　分数	なし
五年生	第7章　分数と小数	第7章　分数と小数 第9章　重さとかさ* 第10章　ミャンマーのお金* 第11章　長さ*

注*：これらの単元の中で小数が使われている。
出典：筆者作成

第 6 章　分　数

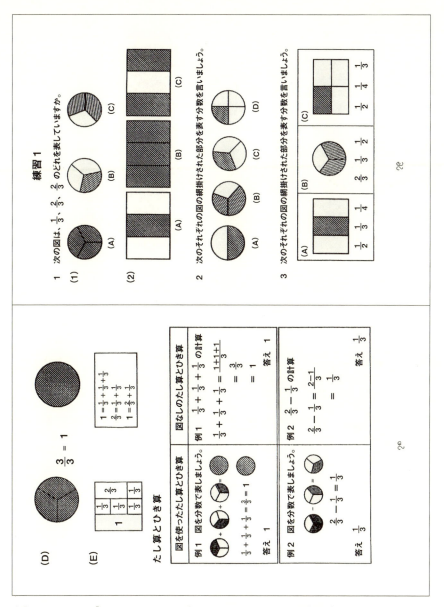

出典：ミャンマー国『Mathematics Grade 4』カリキュラム・シラバス・教科書委員会、2014 年、p.78-79、筆者翻訳

図 6-20　分数（数としての分数）の学習（ミャンマー）

6.5　ネパール：意味よりも計算技能の重視

ネパールでは分数は一年生から扱われる。すでに見てきたように、同国の一年生では「1」から「100」までの数字の学習やそれらの数字を使った加減法、また一位数同士の乗法、二位数と一位数の除法などの四則計算が導入されるだけでなく、分数も扱われるなど、一年生の学習内容としては非常に過密である。

さて、同国の一年生の分数は基本中の基本である「分割分数」のみの扱いで、リンゴのイラストを用いてこの段階の児童でも分数の基本概念が理解できるように説明されている。「リンゴが 1 個あります。このリンゴを半分に切った場合、〈半分のリンゴ〉というのを〈$\frac{1}{2}$〉と書くことができます」といった具合である。さらに、「その半分のリンゴをさらに半分にした場合、〈$\frac{1}{4}$〉と表せます」という解説もある。その後、円や四角形、三角形の図を用いて、それを二等分、四等分したり、「$\frac{1}{2}$」や「$\frac{1}{4}$」に当たる部分に色を塗るなどの練習も行われる。

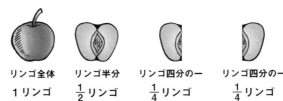

出典：ネパール国『My Mathematics Class 1』カリキュラム開発センター、2010 年、p.75、筆者翻訳
図 6-21　分数の導入学習

本格的に分数の学習が開始されるのは二年生からである。ここでは分数の概念について丁寧に説明が行われると同時に、二等分や四等分した「$\frac{1}{2}$」や「$\frac{1}{4}$」、「$\frac{3}{4}$」だけでなく、三等分や十等分した「$\frac{1}{3}$」や「$\frac{2}{3}$」、「$\frac{1}{10}$」、「$\frac{7}{10}$」といった分数も登場してくる。ただし、ここで注目したいことは、分母が「2」や「4」の分数を先に扱い、分母が「3」の分数については、節を改めて登場させている点である。というのも、二等分や四等分に比べて、三等分というのはこの段階の児童にとってはなかなか難しい課題だからである。この点は、ベトナムや

インドネシアの初等算数教育には見られない細かい配慮であると言える。

　もう一つ指摘しておきたい点がある。それは「（あるものの数）／（全体の数）」という分数の導入である。教科書では、4個のリンゴがあり、お母さんが二人の娘に「公平に分けて食べていいよ」と言ったので、娘たちはリンゴを2個ずつに分けると言う問題が提示されている。そして、その分割を分数で表すと4個のリンゴを半分ずつの2個に分けたので「$\frac{1}{2}$」となると言うのである。

　実は、こういう分数が存在しないとは言い切れないものの、通常このような分数の使い方はしない。先に見たミャンマーでも一風変わった分数が扱われていたが、この分数も、これまで注意深く児童に理解させてきた「1つのものを何等分かしたうちの幾つ分」という分数の基本概念を崩壊させてしまうことになりはしないだろうかと心配である。

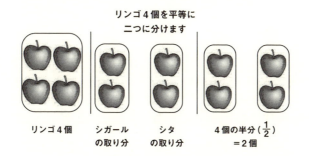

お母さんは「公平に分けて食べていいよ」とシガールとシタに言いました。
シガールとシタはいくつのリンゴが食べられますか。
リンゴ4個を二人で公平に分ける時、分数でどのように書けますか。

出典：ネパール国『My Mathematics Class 2』カリキュラム開発センター、2010年、p.69、筆者翻訳

図6-22　風変わりな分数

　三年生になると、分数の大小比較（同分母分数）や同分母分数の加減法が取り扱われるようになり、これまで量に焦点を当てた分数（ただし、「量分数」ではない）から「数としての分数」に移行しつつあることが分かる。イラストなどを使いながら視覚的に量として把握していた内容を数として扱わなければならないことは、この段階の児童にとってはかなり大きな挑戦である。したがって、教科書ではできる限り四角形の等分などのイラストを使うなど、「数としての分数」への移行を円滑に行えるように工夫されている。

四年生では本格的に「数としての分数」が扱われ、通分や約分などの操作によって分数を変換したり、その操作を使って異分母分数の大小比較を行ったり、さらには帯分数、仮分数も登場してくる。そして、異分母分数の加減法も導入される。ただし、三年生における同分母分数の加減法の導入時と同様、この学年での異分母分数の加減法も操作手順の説明に終始しているところがあり、どういう場面や文脈でこのような加減法が使われるのかという解説は全く行われていない。あくまでも、分数の演算を正確に行えればよいという考え方が教科書編集者にあるのかもしれない。

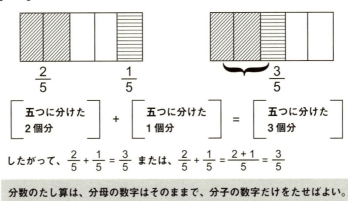

出典：ネパール国『My Mathematics Class 3』カリキュラム開発センター、2010年、p.94、筆者翻訳
図6-23　分数の加法

　最終学年である五年生では初めて分数の乗法が扱われる。まず整数と分数の乗法、その後分数同士の乗法が出てくる。しかし、残念なことに、分数の乗法が使われる場面や文脈の説明は全くなく、単に整数と分数及び分数同士の乗法の計算方法が記載されているだけである。
　ここで教科書の「$\frac{1}{2} \times \frac{1}{3}$」についての解説を見てみよう。教科書によれば、「$\frac{1}{2} \times \frac{1}{3}$」とは、「$\frac{1}{3}$」を半分にすることであり、「$\frac{1}{3}$」を二等分すると「$\frac{1}{6}$」になると説明されている。また、別の考え方では「$\frac{1}{2}$」を三等分した一つ分とも言えると解説されている。したがって、答えは「$\frac{1}{6}$」となると言うのであ

第6章　分　数

$\frac{1}{2} \times \frac{1}{3}$ の計算は、$\frac{1}{3}$ が $\frac{1}{2}$ 回を意味します。

すなわち、$\frac{1}{3}$ を半分にするということです。

図のように、$\frac{1}{3}$ の部分を二等分すると $\frac{1}{6}$ になります。

それぞれの部分を $\frac{1}{2}$ にします。

網掛けの部分
$= \frac{1}{3}$ の $\frac{1}{2} = \frac{1}{6}$

また、別の考え方では、$\frac{1}{2}$ を三等分した一つ分とも言えます。

それぞれの部分を
三分の一に分けます。

網掛けの部分
$= \frac{1}{2} \times \frac{1}{3} = \frac{1}{6}$

以上から、次のように考えることができます。

$$\frac{1}{2} \times \frac{1}{3} = \frac{1 \times 1}{2 \times 3} = \frac{1}{6}$$

出典：ネパール国『My Mathematics Class 5』カリキュラム開発センター、2010年、p.85-86、筆者翻訳

図6-24　分数の乗法についての解説

る。ここで思い出してほしいことがある。先に同国では乗法を「〈いくつ〉 × 〈何回〉」という累加と同じ意味として一年生で学習させていた。この乗法の意味に従えば、「$\frac{1}{2} \times \frac{1}{3}$」は「$\frac{1}{2}$」が「$\frac{1}{3}$」回という意味となり、これを言い直すと、「$\frac{1}{2}$」を三等分した一つ分という解釈になる。しかしながら、教科書の解説は「$\frac{1}{3}$」を半分にすることと説明されており、児童にとって学習済みの乗法の意味を壊してしまうような解説になっているところが気になる。もちろん、乗法では交換法則が成り立つので上記の教科書の説明が完全に誤っているとは言えない。しかし、児童が四則計算を習得していく上で乗法を行うということがどのような意味をもっているのかをしっかりと理解した上で、乗法操作をあらゆる場面で活用できるようにしていくことが必要であるという我が国の算数教育の考え方の下では、こうした説明や解説は到底受け入れられるものではない。

　ところで、すでにお気付きの方もおられるとは思うが、ネパールの初等算数教育では分数の除法は扱われない。同国の初等算数教育は、我が国や他のアジ

ア諸国と比べて相対的に学習内容が過密であり、一つひとつの内容が早期に導入される傾向があった。にもかかわらず、他国では普通に初等教育で取り扱われている分数の除法が同国では扱われないというのは少し驚きである。

■「数としての分数」の学習中心

ネパールの初等算数教育における分数学習は一年生という早い時期から導入され、そこでは具体物を分割するという「分割分数」から開始されるものの、二年生では「単位分数」の概念が登場し、三年生からは「数としての分数」に移行して、分数の大小比較や加減法、さらには乗法が扱われる。同国では我が国の分数学習で中心的な位置を占める「量分数」、さらに「商分数」や「割合分数」は扱われない。

下の表は同国の分数学習の内容を時系列で示したものである。同国のこの分

表6-10 ネパールにおける分数学習の順序

学年	時期	分数の学習内容
一年生	下旬	◇分割分数 「第37章 分数」 具体物や図形を使って二等分と四等分をそれぞれ$\frac{1}{2}$及び$\frac{1}{4}$と表すことを学習
二年生	下旬	分割分数、操作分数、単位分数、あるものの数/全体の数 「第18章 分数」 図を使って、$\frac{1}{2}$, $\frac{1}{3}$, $\frac{2}{3}$, $\frac{1}{4}$, $\frac{2}{4}$, $\frac{3}{4}$などを学習 また、$\frac{1}{10}$, $\frac{3}{10}$, $\frac{7}{10}$なども学習 異分母分数の大きさ比較（数直線使用）
三年生	下旬	数としての分数 「第22章 分数」 分数の概念、同分母分数の大小 同分母分数の加減法
四年生	中旬	◇単位分数、操作分数、あるものの数/全体の数、数としての分数 「第4章 分数、小数、百分率、帰一法」 分数の変換（通分、約分）、異分母分数の大小、帯分数、仮分数、異分母分数の加減法（帯分数を含む）
五年生	中旬	◇数としての分数 「第12章 分数と小数」 分数と整数の乗法、分数同士の乗法

出典：ネパール国『My Mathematics』カリキュラム開発センター、2010年を参考に筆者作成

数学習の特徴は、先に見たミャンマーのそれと非常に類似していると言える。ミャンマーでも「数としての分数」が中心的な内容となっており、逆に「量分数」はほとんど扱われていなかった。加えて、「商分数」や「割合分数」の取り扱いもなく、ただひたすら分数の四則計算の説明が延々と続くという内容構成であった。

こうしたことから、ネパールでも分数の意味の理解ということよりも、むしろ分数の計算が迅速かつ正確にできるようになることが、分数学習の一番のねらいになっていると考えられる。

■ **分数先習、分数の特殊形としての小数の扱い**

ネパールはこれまで見てきたベトナムやミャンマーと同様に、分数先習・小数後習の教材配列を採っている。分数は一年生から三年生まででその基本が一通り学習されるようになっており、四年生及五年生では帯分数の登場、異分母分数の加減法、分数の乗法などやや高度な内容が学習される。

他方、小数については一年生、二年生では扱われず、三年生になって初めて導入される。その導入では分母が「10」や「100」といった分数から導かれる数というように、分数の特殊な形として小数が位置付けられている。その後、四年生、五年生で本格的に小数の四則計算が扱われるという教材配列になっている。

すでに触れたように、このような分数先習・小数後習の教材配列はヨーロッパなどでは普通に見られるもので、「分数圏」に属する国々の共通の特徴でも

表6-11　ネパールにおける分数と小数の学習内容の配列

学年	分数	小数
一年生	第37章　分数	なし
二年生	第18章　分数	なし
三年生	第22章　分数	第23章　小数
四年生	第4章　分数、小数、百分率、帰一法	第4章　分数、小数、百分率、帰一法
五年生	第12章　分数と小数	第12章　分数と小数

出典：筆者作成

ある。同国は長らくイギリスの植民地下に置かれ、イギリス文化があらゆる面に影響を与えたこともあって、イギリスの算数教育に見られる教材配列になったと考えることができる。実際、ネパールでも日常生活では小数よりも分数がよく使われるということである。

最後に蛇足ではあるが、同国では四年生及び五年生においてそれぞれ「第4章　分数、小数、百分率、帰一法」(四年生)、「第12章　分数と小数」(五年生)という単元で分数と小数が扱われる。ただし、内容的には、分数と小数は完全に区別されており、インドネシアのように分数と小数が混在した四則計算を行うということはない。

ただ、我が国では絶対に見られない表現が同国の教科書には見られる。それは下に示したように分数に「％」の記号を付けたものである。これぞまさしく「分数圏」の国ならではの使い方であろう。「小数圏」に属する我が国では小数に％を付けることはあっても、分数に％を付けることはほとんどない。

$$12\frac{1}{2}\% \qquad 30km の 6\frac{2}{3}\%$$

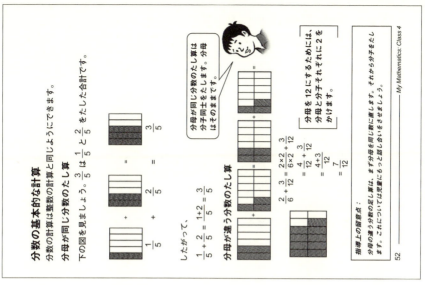

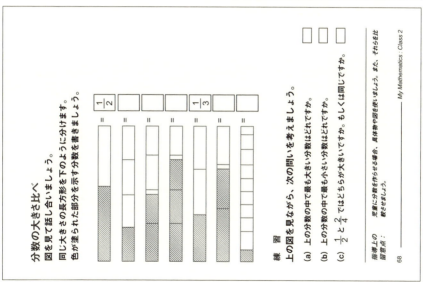

注：左頁の「分母が違う分数のたし算」におけるたし算の結果の図に誤りがあることに注意（$\frac{7}{12}$となるべきところが$\frac{9}{12}$分色が塗られている）。
出典：ネパール国『My Mathematics Class 2』、『同 Grade 4』カリキュラム開発センター、2010 年、p.68、p.52、筆者翻訳

図 6-25　分数の学習（ネパール）

コラム：分数と小数の本質的差異

本章において、我が国では「端数部分の大きさを表す」ものとして分数と小数が類似したものと考えられているということを述べた。実は、分数と小数が類似したものであるという考え方は正しい理解とは言えない。そこで、以下において、分数と小数が本質的に異なっているということについて銀林氏の理論[*8]を参照しながら考えていきたい。

今ここにある量があり、その長さがxでm（メートル）を単位として測ると、1mが二つ分あって半端yが出るとする。この半端部分であるyをどのようにして計測するかということについては、実は二つの方法が存在する。小数による計測と分数による計測である。以下、それぞれの計測方法について詳細に見ていこう。

①小数による計測

まず小数による計測では、単位のm（メートル）を十等分して0.1mという新たな単位を作り、それでyを測るという方法をとる。この方法で測った際、仮に四つ分あったとすると、初めの長さxは、

$$x = 2.4\,m$$

となる。しかし、ここでさらに半端zが出たとすると、先の小単位である0.1mをまた10等分して0.01mというさらなる新たな小単位を作って、それでzを計測する。それが仮に五つ分あったとすると、

$$x = 2.45\,m$$

となる。こうして生まれたのが小数という訳である。
すなわち、小数というのは単位を次々に等分して新しい小単位を作り出して

[*8] 銀林浩『子どもはどこでつまずくか―数学教育を考えなおす』（現代教育101選53）、国土社、1994年、p.55-58を参照。

測っていく方法であり、その際、単位を等分していく個数は測られる対象には依存せず、前もって定められていることが大きな特徴なのである。

②分数による計測

ではもう一つの方法である分数による計測はどうであろうか。分数による計測では、最初に半端 y が出たところで逆に y で単位 1 m を測るのである。これで y が二つ分で 1 m になったとすると y は $\frac{1}{2}$ m なので、

$$x = 2\frac{1}{2} m$$

となる。この時さらに半端 z が出てきたら、z で前の半端 y を測るのである。仮に z が二つ分で y になったとすると、

$$y = 2z$$

故に、

$$1 m = 2 y + z = 2(2z) + z = 5z$$
$$x = 2 m (メートル) + y = 10 z + 2 z = 12 z$$

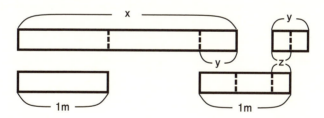

つまり、最後の半端 z は $\frac{1}{5}$ m であるが、これは単位 1 m と対象 x とを同時に測りきる量でもあるという訳である。このように二つの量を同時に測りきる量のことを公約量または共通尺度と呼んでいる。そして、上記の手続きは余りを互いにわっていくので互除法と呼ばれている。これは最大公約量を見つけるアルゴリズムでもある。

さて、上記の測定においてさらなる半端が出てもこの理屈は変わらない。この場合 z = $\frac{1}{5}$ m が共通尺度でこれで測った対象 x は 12 個分であるから、

$$x = 2\frac{2}{5}\text{m} = \frac{12}{5}\text{m}$$

となる。このように互除法によって分数が生まれたのである。

以上のことから、分数とは与えられた対象xと単位との間の共通尺度で測る方法であるとも言うことができる。分数の分母はその共通尺度が単位を何等分したものであるかを示し、分子はそれで測って対象xがいくつ分に相当するかを示している。したがって、分数の場合には単位を等分する個数は対象xに依存して決まると言え、単位の等分は一回で済んでしまうのである。これが小数との大きな違いなのである。

以上のように、一見、分数は小数と同じように単位を細分するように見えるが、その分割は小数の場合とは全く異なった原理で行われているという訳である。分数には位取りの原理はなく、その代わりに共通尺度を見つけるという新たな原理が登場してくるのである。

第 7 章

小　数

　小数は整数と同様に十進位取り記数法に基づいているので、前章で見た分数よりは理解しやすいと考える人は少なくない。なるほど、この考えは「小数圏」に属する我が国においてはある程度妥当性をもっているかもしれない。しかしながら、学校現場の実情を見ると、決してそのように楽観できないことがすぐに分かる。小数で躓く児童は結構多いのである。

　では、なぜ小数で躓いてしまうのだろうか。実は小数で表される数は「1」より小さく、「0.1」や「0.02」などのように「0」が多く付くということが最大の理由である。この「0」がたくさん付くことが児童に小数を複雑で理解しがたいものと思わせてしまっているのである。

　我が国の小数学習については後程詳細に見ていくが、一般的に小数は分数とは違って十進位取り記数法に基づいているため、整数とよく似ているという思い込みが強く、その意味について考えることよりも、むしろ計算手法に重きを置いた学習が行われているのが現状である。そのため、様々な学習調査などから、小数の四則計算については多くの児童が理解できているが、計算の意味理解については十分とは言えないことが多々報告されている[*1]。

　例えば、杉能（2014）は全国学力・学習状況調査の結果を用いて、以下のよ

[*1] 児童の小数についての理解度について調査したものに、岡山市立芳泉小学校の小川佳子教諭によるもの（小川佳子「小数の意味についての理解を深めさせるための指導方法の工夫—第4学年『小数』指導を通して—」岡山県教育センター『平成13年度長期研修員成果』p.15-20）、ノートルダム清心女子大学の杉能道明教授によるもの（杉能道明「小数の乗法の意味指導についての一考察」、岡山大学算数・数学教育学会誌『パピルス』第21号、2014年、p.75-83）、上越教育大学大学院の白石信子氏によるもの（白石信子「小数のわり算における子どもの学習過程に関する研究—数直線への比例的な見方の操作に基づく授業を通して—」、『上越数学教育研究』第21号、上越教育大学数学教室、2006年、p.69-80）などがある。

うに述べている*2。

小数の乗法の計算力の実態

問題番号	問題	正答率
平成 19 年 A1（2）	27 × 3.4	85.6%
平成 19 年 A1（3）	9.3 × 0.8	84.8%
平成 22 年 A1（2）	27 × 3.4	84.4%
平成 24 年 A1（4）	90 × 0.7	90.8%
平成 25 年 A1（3）	9.3 × 0.8	83.8%

いずれの年度も正答率は80％を超えており、計算技能についてはおおむね習得できていると考えられる。
一方、計算の意味理解についての結果は次の通りである。

問題番号	問題の概要	正答率
平成 19 年 A4	210 × 0.6 の式で答えが求められる問題を選ぶ	54.3%
平成 24 年 A3（1）	120㎝の赤いテープの長さが白いテープの長さの0.6倍に当たるとき、二つのテープの長さの関係を表している図を選ぶ	34.3%
平成 24 年 A3（2）	120㎝の赤いテープの長さが白いテープの長さの0.6倍に当たるとき、白いテープの長さを求める式を書く	41.3%
平成 26 年 A2（2）	示された図を基に、青いテープの長さが白いテープの長さ（80㎝）の0.4倍に当たるときの青いテープの長さを求める式を選ぶ	54.3%

いずれも正答率は60％に届いておらず、計算の意味理解に課題があると考えられる。

このように、意味についての理解が十分でないという実態がある中で、我が国の現行『小学校学習指導要領解説　算数編』（文部科学省、平成20〈2008〉年）では、小数の学習についてどのように考えているのであろうか。小学三年生の

---

*2 杉能（前掲書）、p.75-76 より転載。

小数の導入学習について以下のように説明されている（p.113）。

　　小数が必要とされるのは、測定と関連している場合が多いので、端数部分の量の表現に関連して導入することが考えられる。
　　小数は、これまでの整数の十進位取り記数法の考えを1より小さい数に拡張して用いるところに特徴がある。整数の場合は、ある単位の大きさが10集まると次の単位となって表される仕組みであったが、小数の場合は、逆に、ある単位（1）の大きさを10等分して新たな単位（0.1）をつくり、その単位の幾つ分かで大きさを表している。ここで、「$\frac{1}{10}$の位」という用語と意味について指導する。$\frac{1}{10}$の位の代わりに、小数第1位と呼ぶことがある。
　　小数を数直線の上に表して、整数と同じ数直線の中に位置付けることは、小数の理解を深める上で大切なことである。例えば、3.6は整数の3と4の間にあること、さらに、3と4の間を10等分した目盛りの6番目にあることなど、整数の数直線と関係付けて指導する。

上記の説明を見る限りにおいては、小数の意味についての指導を丁寧に行うことが求められている。実際、現行の学習指導要領では数と計算領域の指導については、①計算の意味についての理解、②計算の仕方についての思考、③計算の習熟と活用、といった三つをバランスよく行うことが強調されており、決して意味理解の学習を軽視している訳ではないが、児童の実態に言及すれば、小数の意味についての理解がなかなか期待通りには進んでいないというのが現実なのであろう。
　では、これから我が国をはじめ、ベトナム、インドネシア、ミャンマー、ネパールの初等算数教育における小数の学習について詳しく見ていこう。

7.1 日本：意味理解と計算方法の習得のバランス重視

　我が国では、小数の学習は三年生の後半から開始される。ちょうど分数の本格的な学習もこの時期に行われ、順序としては分数（量分数）を学習した後に小数の学習となる。小数も分数と同様に端数の部分の量を表す場合に使われる数であるため、その関係性を理解させるためにも分数の学習に続いて小数の学習を行うというのが、現行の我が国の小数学習の基本的な考え方である[*3]。

　三年生の導入段階では、水槽に入っている水のかさを測るために目盛りが１ℓ（リットル）単位では大き過ぎるので、それを五等分した目盛りを使うが、それでも測れない。そこで、今度は十等分した目盛りを使い、ようやく測れるという話が挿絵とともに紹介される。そして、「１ℓを十等分した３個分で $\frac{3}{10}$ ℓ」というように既習の分数でまず表され、その後、「１ℓの $\frac{1}{10}$ を0.1ℓと書き、零点一リットルと読みます」、

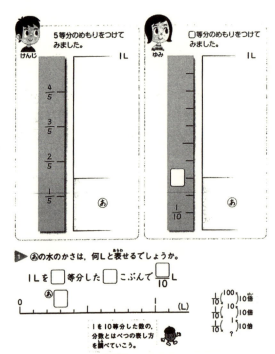

出典：『小学 算数３下』教育出版、2011 年、p.42
図 7-1　小数の導入学習（その１）

---

*3　前章で述べたように、小数と分数の並行学習は我が国の初等算数教育に見られる大きな特徴であるが、これによって本来ある両者の間の本質的な差異を不透明にしてしまうだけでなく、なぜ、同じ量が二通りに表示されるのかという疑問まで生んでしまうという理由から、このような小数と分数の並行学習に対して反対する意見も決して少なくはない。

さらに「0.1ℓの3個分は0.3ℓです」と小数の書き方と読み方、そして水槽の水のかさという答えが一つひとつ順番に丁寧に説明される。その後、このような数を「小数」と呼び、これまで学んだ0、1、2、3や10のような「整数」とは異なることが明確に言及されると同時に、小数の記載方法が位取り及び小数点の位置などを含めて示される。

　小数の意味が理解できたところで、いろいろな大きさの小数（0.1、0.5、1.7、2.4など）について数直線を使って調べたり、それらを分数と対応させたりしながら、小数という新しい数概念に親しんでいく学習が行われる。さらに同学年では小数の加減法が取り扱われ、その際筆算を用いて行うこと、小数点を揃えて書くことなどが指導される。特に後者の小数点を揃えて書くという点については多くの児童が誤りやすい箇所であるため、そうした誤りを防ぐための工夫が教科書に見られる。例えば「35 + 4.8」といった一方の数が整数、他方が小数という異なった二数の加法について三人の子どもの回答例を挙げて「3人の計算の仕方で、正しいものはどれでしょうか」と児童に判断させるといった具合である。

出典：『小学 算数3下』教育出版、2011年、p.49
図7-2　小数の加法

　四年生になると、「0.1」よりも小さな小数（$\frac{1}{100}$の位や$\frac{1}{1000}$の位をもった数）が扱われ、それらの数の関係はもちろんのこと、こうした数を用いた加減法も登場してくる。加えて、同学年では小数の乗除法の学習も始まる。ただし、この段階ではまだ「小数×整数」及び「小数÷整数」に留まっているが、除法の学習では、例えば「13÷4」をわり切れるまで計算するなどのわり進むわり算

や「8÷3」の商「2.66…」を四捨五入して小数点以下第一位までの概数にして答えるなどの内容も扱われる。

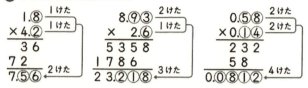

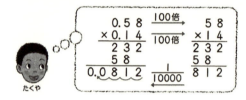

出典：『小学 算数5』教育出版、2015年、p.38　イラスト：末崎茂樹
図7-3　小数同士の乗除法のアルゴリズム

　五年生は初等算数教育における小数学習の仕上げの段階と位置付けられており、「1.35」といった小数を10倍したり、100倍したりしながら整数と小数の関係を学習する内容や、$\frac{1}{100}$の位までの小数を使った小数同士の乗除法の学習が取り扱われる。特に、被乗数及び乗数、被除数及び除数の両方が小数である乗除法では計算結果の小数点の位置が児童にとってはかなり難しい。したがって、こうした児童の学習実態を踏まえ、答えの数字に小数点を正しく打てるように丁寧な解説と練習問題が用意されている。

■ 意味理解の促進のための工夫―「単位小数」と数直線の活用
　これまで我が国の初等算数教育における小数の学習について学年毎に概観してきた。そして、小数学習において一番の課題は小数の意味理解、及び小数を使った演算の意味理解であることも本章の最初で指摘した。そこで、我が国の算数教科書ではそうした課題を踏まえて、その解決に向けた様々な工夫が見ら

第7章 小 数

れる。ここではその工夫について少し触れておきたい。

小数及び小数の演算の意味理解で最も大きな課題として指摘されているのが乗除法である。四年生で「小数×整数」が初めて取り扱われるが、例えば「0.2×6」といった乗法で「0.12」と回答する児童が少なからず見られる。そこでこういった誤りを防ぐ工夫として「単位小数」という考え方を持ち出して、「単位小数」の幾つ分と考えるように指導することが示されている。「0.2」であれば、「単位小数」の「0.1」が二個分である。したがって、「0.2×6」は「単位小数」が12個（2×6）と考えることができるという訳である。こうした操作の中で「2（0.2の10倍）×6」や「20（0.2の100倍）×6」といったことにも触れながら、小数の乗法も「九九」が使え、整数と同様に行えることを認識させるように学習が進められるのである。

五年生になると状況はさらに複雑になってくる。乗法では「整数×小数」や「小数×小数」といった乗数が小数であるもの、除法では「整数÷小数」や「小数÷小数」といった除数が小数であるものが登場してくるからである。ここで扱われる演算は、実は二つの乗法の意味が混在しており、児童にとっては非常に難しい学習である。乗法の二つの意味とは、一つ目が「1mの値段が60円のテープを3.6m買います。代金はいくらになるでしょうか」といった「倍にあたる大きさを求める」ものであり、二つ目が「リボンを2.4m買ったら代金は360円でした。このリボン1mの値段はいくらでしょう」といった「割合（乗数）にあたる大きさを求める」ものである。

ここで思い出していただきたい。我が国の初等算数教育においては二年生から乗法が取り扱われ、その中で乗法式は「〈1当たりの量（ずつの数）〉×〈いくつ分〉」という構造を採ることが指導されてきた。しかし、上記の一つ目の例「60×3.6」は、これまで学んだ乗法構造が適用できない。なぜなら、「60円が3.6個分」とは言えないからである。ここに新たな意味付けの必要性が出てくる。すなわち、量を抽象化して割合の考えで捉え直す必要があるということである。別の言い方をすれば、「1当たりの大きさは何か」及び「比例する数量の関係は何か」ということを考えることとも言える。

さらに、上記の二つ目の例「360÷2.4」は既習の除法の種類で言えば「等分除」に相当するものであるが、これはもはや「量を均等に分ける」という

「等分除」の意味には適合しない。すなわち、これまでの「等分除」の定義であった量を等分するという具体的操作を捨象して、その代わりに「1にあたる大きさを求めること」と抽象化する必要が出てくるのである。なお、「包含除」は「割合を求めること」と抽象化しなければならない。

　以上のように、小数の乗除法においてはこれまでの乗法及び除法で学習した基本的な定義が成り立たず、その定義を拡張していくことが求められるのである。しかしながら、この定義の拡張は児童にとって決して易しいものではなく、これが原因で小数の学習で躓く児童が数多く見られるのである。この解決策として採られる方法が数直線の使用である。下の数直線は上記の二つの問題の解法の手がかりとして示されたものである。この数直線によって、どの数に対してどういった計算をどの順序ですればよいのかが分かりやすくなると同時に、何を求めようとしているのかも非常に明確になるという利点がある。

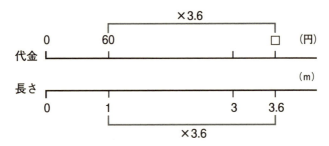

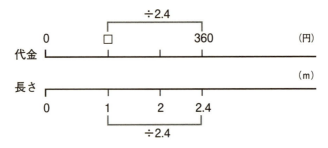

図7-4　「倍にあたる大きさを求める」場合と「割合にあたる大きさを求める」場合

第 7 章　小　数

■ 明確なアルゴリズムの説明

　先にも見たように、小数の四則計算（筆算）では小数点を打つ位置が最も難しい課題として指摘されている。そこで、我が国の教科書にはどこに小数点を打てばよいかということも含めた計算上のアルゴリズムが丁寧に示されている。

　さらに、乗除法については扱われる数が「1」より小さな数を含んでいるとはいうものの、整数の乗除法と基本的に同様に計算できることを理解させるための補足的な解説も図示されており、できる限り小数の乗除法の筆算で間違いを犯さず、正しく計算できるように工夫されている。

　このような工夫によって、小数の四則計算、特に児童にとっては難しい乗除法の筆算が迅速かつ正確に操作できることが期待されているが、なかなか現実はそのようには進んでいないことも事実ではある。

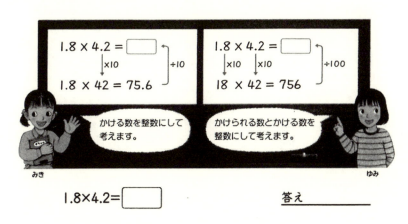

出典：『小学 算数 5』教育出版、2015 年、p.36　イラスト：末崎茂樹
図 7-5　小数の乗除筆算アルゴリズムの補足的説明

7.2　ベトナム：集中的・集約的な小数学習

ベトナムでは小数の学習は初等教育の最終学年である五年生になって初めて扱われる。

小数の導入は、既習の「メートル（m）」、「デシメートル（dm）」、「センチメートル（cm）」、「ミリメートル（mm）」といった長さや「トン（t）」、「キログラム（kg）」、「グラム（g）」といった重さの単位変換を使って行われる。例えば、「1dm」は「0.1m」、「1cm」は「0.01m」、「1mm」は「0.001m」といった具合である。この際、既習の分数に直してから小数に変換するという手順が踏まれるため、小数は分母が「10」や「100」、「1000」といった「10」の累乗になった特殊な数というように紹介される。

その後、小数をよりよく理解するために、帯分数や仮分数を小数に変換したり、その逆の操作などの学習が準備されている。その次に登場するのが、小数の大小比較である。例えば、「2001.2」と「1999.7」のどちらが大きいか不等号を使って表す学習である。

m	dm	cm	mm
0	1		
0	0	1	
0	0	0	1

- 1dm は $\frac{1}{10}$ m であり、小数では 0,1m となる。
- 1cm は $\frac{1}{100}$ m であり、小数では 0,01m となる。
- 1mm は $\frac{1}{1000}$ m であり、小数では 0,001m となる。

したがって、$\frac{1}{10}$、$\frac{1}{100}$、$\frac{1}{1000}$ は小数で表すと、それぞれ 0,1、0,01、0,001 となる。

注：ベトナムの小数点はコンマ（,）を使って表示されることに注意。
出典：ベトナム国『TOÁN 5』教育訓練省、2003年、p.33、筆者翻訳

図 7-6　小数の導入学習（その1）

第7章 小数

❶ 数直線上に示された分数と小数を読み取りましょう。

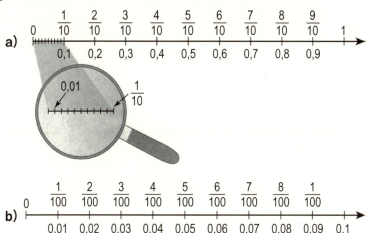

出典：ベトナム国『TOÁN 5』教育訓練省、2003年、p.34-35、筆者翻訳
図7-7　小数の導入学習（その2）

続いて$\frac{1}{100}$の位までの小数の加減乗除法が学習される。加減乗除法は筆算で行われるが、小数の場合その計算結果における小数点の位置がなかなか難しい。それぞれにおける教科書の解説を見ると、一応、小数点の位置をどうするかについて書かれてはいるが、これだけでは児童が理解するためには十分な記述とは言えない。特に「小数×小数」、「小数：小数」（同国の除法記号には注意）における答えの小数点の位置は大人でも注意深く計算を行わないと間違ってしまうので、児童に対してはより丁寧に指導して十分に理解させる必要がある。しかしながら、教科書の解説はそこまで詳細かつ丁寧なものとはなっていない。

　　例題：　　15,9+8,75= ？
　　次のように計算します。

```
  15,9
+  8,75
───────
  24,65
```

● 自然数と小数点以下の数字を並べて書きます。
● 互いに数の小数点を一直線に並べて書きます。

出典：ベトナム国『TOÁN 5』教育訓練省、2003年、p.49、筆者翻訳
図7-8　小数の四則計算の説明（加法）

例題： 4,75×1,3＝?

次のように計算します。

```
    4,75
  ×  1,3
  ─────
    1425
    475
  ─────
    6,175
```

・二つの数を自然数として計算します。
・二つの数は、それぞれ小数点以下二桁、小数点以下一桁なので、合わせると小数点以下三桁となり、答えに対して右から三桁目に小数点を打ちます。

十進数の乗法においては、次のようにして小数点を打ちます。
── 自然数として計算します。
── 使用する数の小数点以下の桁数を数え、その合計した小数点以下の桁数分だけ、答えの数字を右から数えて、そこに小数点を打ちます。

例題： 82,55：1,27＝?

次のように計算します。

```
82,55 | 1,27
 635  | 65
   0
```

・82,55 及び 1,27 の二つの数はどちらも小数点以下二桁なので、二つの数字から小数点を取り除き、8255 及び 127 とします。
・8255：127 を計算します。

十進数を十進数でわる場合、次のようにします。
── 二つの数の小数点以下の桁数を数え、その桁数の多い方が自然数になるように、両方の数に 10 の累乗数をかけます。
── 両方の数が自然数になったら、わり算の計算をします。

出典：ベトナム国『TOÁN 5』教育訓練省、2003 年、（上）p.59、（下）p.71、筆者翻訳
図 7-9　小数の四則計算の説明（乗法・除法）

　小数の四則計算の学習が終わると、最後に百分率と小数との関係が扱われ、同国における初等教育での小数の学習は完了することになる。
　以上のように、同国の小数の学習を見ると集中的にかつ過密な内容で行われることが分かる。教科書の同単元に割かれた頁数は53頁で、これは五年生の算数教科書の約四分の一に当たる。すなわち、五年生では一年間の約四分の一を小数の学習に充てているのである。

第7章 小数

■ 意味理解より計算力の重視

　これまでベトナムの初等算数教育における小数の学習について見てきた。ここで分かったことは小学校の最終学年である五年生のみで小数が扱われており、小数の導入から四則計算までを集中的、集約的に行っているということである。また小数の意味として、分母が「10」の累乗になっている分数の特別な形として位置付けられていることである。

　このような小数の取り扱い方は、「分数圏」では一般的なのかも知れないが、私たち日本人のように「小数圏」に属する者から見れば、極めて簡潔であると言わざるを得ない。すなわち、小数の意味というか、小数という数が存在する理由がほとんど説明されておらず、小数を使う必然性が感じられないからである。もちろん、同国では分数の特殊な形として小数を導入し、具体的には長さや重さの単位換算において小数の使い方を示していたことを否定するつもりはないが、我が国のように、水槽に入った水の量を測るにあたって、1リットル（ℓ）単位では目盛りが大き過ぎて測れないので、0.1リットル（ℓ）などのより小さい目盛りが必要になるという小数を使う絶対的な必然性が同国には欠けているように思えてならない。実はこのことは小数を扱う単元全体を通して言えることでもある。

　小数を扱う「第2章　十進数、小数」はかなり大きな単元であるが、そこに記載された内容を見ると、小数の意味理解ということはあまり重要視されていないことが感じられる。その代わりに重視されているのは小数を使った四則計算を迅速かつ正確に行うこと、すなわち、小数の計算力の習得である。実はこの第2章の紙幅のほとんどが小数の四則計算の仕方と練習問題に当てられており、加えてそれらは数字同士の単純操作として掲載されているために、かなり機械的な学習に陥ってしまう内容となっている。逆に言えば、文章題のような小数を実際に使う文脈をもった課題や練習問題はほとんど見られないのである。

■ 小数点としての「コンマ（,）」の使用

　同国の小数学習についてもう一つ指摘しておかなければならないことがある。すでにお気付きの方もおられると思うが、同国の小数点の記載方法は我が国のものと異なっている。我が国では、ピリオド（.）を小数点として使ってい

るが、ベトナムではコンマ (,) が使われているのである。したがって、「8,56」や「90,638」といった表記になっている。特に後者は私たち日本人からすると、小数ではなく「九万六百三十八」のように見えてしまうので注意が必要である。

世界の小数点の表記

小数点の表記の仕方は国や地域によって大きく異なっている。イギリスやアメリカをはじめとする英語圏の国々は一般にピリオド (.) あるいはミドル・ドット (〈・〉で表され、例えば、3.14などは3・14となる) を使っているが、ドイツ、フランス、イタリア、スペインなどの非英語圏の国々はコンマ (,) を使っている。

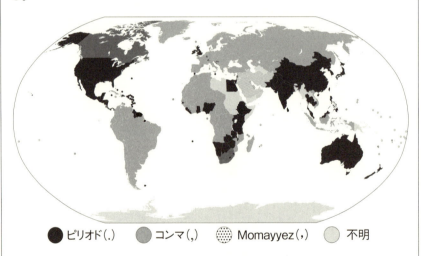

● ピリオド(.)　　● コンマ(,)　　● Momayyez(٫)　　○ 不明

出典：ウィキペディア「小数点」 (https://ja.wikipedia.org/wiki/%E5%B0%8F%E6%95%B0%E7%82%B9)

小数点記号の分布

ただし、これだけであればそれほど大きな問題にはならなかったであろうが、英語圏の国々では3桁毎の位取りにコンマ、非英語圏の国々ではピリオドを使ってきたために、そのような二種類の表記法が存在すると、上記のような「90,638」という数字を小数と認識するのか、それとも5桁の整数として認識す

るのか混乱が生じてしまう。そこで、国際度量衡総会[*4]では、「数値において、コンマ（フランス式）またはピリオド（イギリス式）は数値の整数部分と小数部分とを分けるためだけに用いられる」ことと同時に「数値は読み取りを容易にするために三桁ずつに区切ってもよい。ただし、その区切りの空白に決してピリオドもコンマも挿入してはならない」と定めている。しかし、英語圏の国々は、英語が事実上の世界標準言語であることから、英語表記の小数点表記はピリオドに統一することを国際機関に働きかけているという現状である。

[*4] メートル条約に基づき、世界で通用する単位系（国際単位系）を維持するために、加盟国参加によって開催される総会議のこと。開催は四年に一度フランスのパリで行われ、フランス語の「Conférence générale des poids et mesures」に従い、英語圏においても CGPM を頭字語としている。

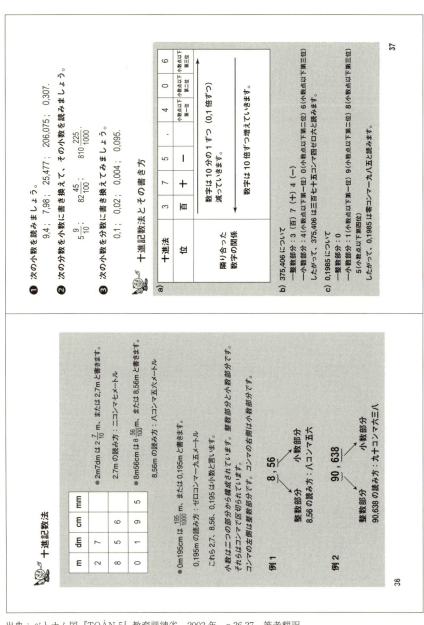

出典：ベトナム国『TOÁN 5』教育訓練省、2003 年、p.36-37、筆者翻訳
図 7-10　小数の学習（ベトナム）

7.3 インドネシア：系統的な学習なし

インドネシアの小数の学習については、教科書を見る限りにおいては正直よく分からない。というのも、同国の初等算数教科書には正式に「小数」という単元もなければ、それについて説明した箇所もないからである。しかしながら、同国教科書の中には散発的に小数が登場する。

■ 小数の散発的登場

同国の初等算数教科書に最初に小数が登場するのは四年生の初めである。「ナニさんは39900ルピアするカバンが欲しかったので、毎日自分の小遣いから500ルピアを貯金することにしました。そして、100日間それを続けました。その貯金で欲しかったカバンを買うと残りはいくらですか？」という問題文の中に「Rp39.900,00」（我が国の一般的な表記では「39,900.00ルピア」となり、インドネシアの小数点の表記が我が国と異なることに注意）という小数が出てくるのである。この段階ではまだ児童は小数については何も学習していない。その後、新しい節に入って「金額を示す場合には、金額の後ろに ,00（コンマ零零と読む）を付ける」という説明が付されている。

五年生になっても小数についての系統的な説明は全くなく、「16,2 と 237,6 を四捨五入すると、それぞれ16、238となります」といった概数を求める説明や「1m = 0,1dam = 0,01hm = 0,001km」のように距離の単位変換の中で小数が突如として登場してくる。

さらに、同学年では「$\frac{3}{4}$」を百分率に変換する操作も扱われ、その中でも小数が突然登場してくる。ここでは二つの方法が示されている。一つ目は「$\frac{3}{4}$」を「$\frac{75}{100}$」に直して「75％」と導く方法であり、二つ目は「3」を「4」でわって「0,75」にしてから「75％」にするという方法である。後者において「0,75」という小数が登場してくるのである。ただし、この段階において児童はまだ商が小数になる除法筆算は学習していない。何とも不思議な教材配列と言わざるを得ない。

六年生では「第5章　分数」という単元において分数と小数の混じった四則

$$\frac{3}{4} = \ldots \%$$

解答：

方法 I

$$\frac{3}{4} = \frac{3 \times 25}{4 \times 25}$$
$$= \frac{75}{100}$$
$$= 75\%$$

したがって、$\frac{3}{4}$を百分率で表すと75%となります。

方法 II

$$\frac{3}{4} = 4\overline{)3}$$
$$= 0,75$$
$$= 0,75 \times 100\%$$
$$= 75\%$$

（小数点は数字二つ分だけ右に移動します）

したがって、$\frac{3}{4} = 75\%$ となります。

出典：インドネシア国『Pelajaran Matematika 5』Erlangga 出版社、2006 年、p.2、筆者翻訳

図 7-11　分数を百分率に変換する際に登場する小数

計算が取り扱われるとともに、小数同士の四則計算も学習される。ここでの学習内容には同国ならではの大きな特徴が二点ほど見られる。一つ目は小数同士の乗法はそのまま二つの小数を筆算形式で計算するようになっているが、小数同士のわり算は一旦分数に直して計算し、それから再び解答を小数に直すという手順で進められるということである。

$$0,5 : 0,2 = \ldots$$

解答：

$$0,5 : 0,2 = \frac{5}{10} : \frac{2}{10}$$
$$= \frac{5}{10} \times \frac{10}{2}$$
$$= \frac{50}{20} = \frac{25}{10} = 2,5$$

出典：インドネシア国『Pelajaran Matematika 6B』Erlangga 出版社、2006 年、p.76、筆者翻訳

図 7-12　小数同士の除法の仕方

二つ目は小数同士の乗法操作において、児童が最も間違いを犯しやすい小数

第7章　小　数

点の位置についての解説が非常に不明瞭であるということである。例えば、下に示した「1.25 × 2.3」の問題の解説では、「かけ算の答えは2875ですが、元の数には小数点の後ろに三つの数字があります」と説明されているだけなのである。

　　　1,25 × 2,3 = ...

　　解答：
```
        1 2 5
          2 3 ×
      ─────────
        3 7 5
      2 5 0
      ─────────
      2 8 7 5 +
```

かけ算の答えは 2875 ですが、元の数には小数点の後ろに三つの数字があります。
したがって、1,25 × 2,3 = 2,875 となります。

出典：インドネシア国『Pelajaran Matematika 6B』Erlangga 出版社、2006 年、p.64、筆者翻訳
図 7-13　小数同士の乗法の仕方

　以上のように、インドネシアの初等算数教育では小数が登場してくるものの、それについて系統的、理論的に説明をした箇所はなく、小数についてきっちりとした学習をさせるような内容になっていないと言える。

■ 小数点としての「コンマ (,)」の使用
　インドネシアにおける小数の表記も、先に見たベトナムと同様で、小数点にはコンマ (,) が用いられ、ピリオド (.) は3桁毎の位取りに用いられる。この理由は、やはりベトナムがフランスの植民地下に置かれていたのと同様で、同国は歴史的にオランダの植民地となっていた期間が長く、その際に非英語圏式（ヨーロッパ式）の小数記数法が定着したのではないかと考えられる。

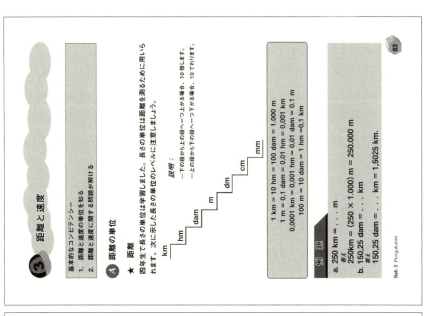

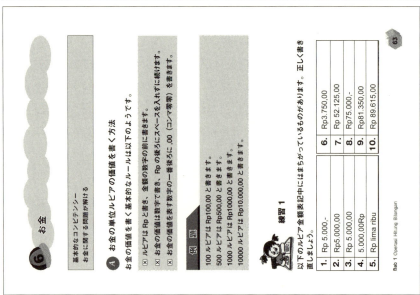

出典：インドネシア国『Pelajaran Matematika 4A』、p.63、『同5A』、p.83、Erlangga出版社、2006年、筆者翻訳

図7-14　教科書に散見される小数の記載（インドネシア）

7.4 ミャンマー:「分数圏」独特の小数学習

　ミャンマーでの小数の学習は初等教育の最終学年である五年生になって初めて開始される。小数は分数に関連付けて行われ、その単元も「第7章　分数と小数」というように、既習の分数を使って小数が導入されるという学習構造になっている。

　すでに見たように、同国では分数は三年生から取り扱われており、四年生が終わった時点で児童は分数の概念はもちろん、分数の加減法も学習済みである。そして、五年生になると分数の乗除法を学び、これによって分数の学習を一通り完了したことになる。小数が取り扱われるのはこの後、すなわち、分数の学習が完了してからである。

　小数の導入ではまずいろいろな分数を分母が「10」や「100」の分数に変換して「10分の○」や「100分の○」という分数に直すという学習が行われる。そして、「$\frac{1}{10}$」を「0.1」、「$\frac{1}{100}$」を「0.01」とも表すことができ、このような数を「小数」と呼ぶと説明されている。その際、児童にとって理解が難しいと考えられている位取りをきっちりと把握させるために、「一の位」、それよりも小さな「小数点以下第一位」、「小数点以下第二位」などの位が図を用いて丁寧に説明される。

　実はこのような小数の導入はヨーロッパにおける小数の発見の過程を辿った学習手順であると言える。すなわち、分数の分母を「10」の累乗に固定した際に計算が非常にやりやすくなるということから小数を発見したシモン・ステヴィン（Simon Stevin、1548-1620）の考えをそのまま生かした学習手順なのである（詳細は、本章末の「コラム：小数の起源」を参照いただきたい）。

　小数の概念についての学習に続いて、様々な小数の大小比較に入っていく。「0.3」と「0.5」の比較や「0.63」と「0.66」の比較などである。ここでは数直線が用いられ、その数直線上に与えられた小数を記すことによって、それぞれの小数の大小関係を学べるように工夫されている。

　その後、小数の加減法（小数点以下第二位まで）及び小数と整数の乗除法が扱われる。加減法は筆算を用いて行われるが、その際、小数点の位置を合わせて

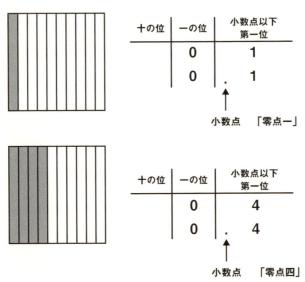

出典：ミャンマー国『Mathematics Grade 5』カリキュラム・シラバス・教科書委員会、2014 年、p.110、筆者翻訳
図 7-15　小数の意味と表記

小数の配列

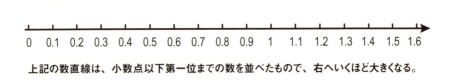

上記の数直線は、小数点以下第一位までの数を並べたもので、右へいくほど大きくなる。

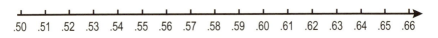

上記の数直線は、小数点以下第二位までの数を並べたもので、右へいくほど大きくなる。

出典：ミャンマー国『Mathematics Grade 5』カリキュラム・シラバス・教科書委員会、2014 年、p.116、筆者翻訳
図 7-16　数直線を用いた小数の大小比較

書くことが非常に重要となる。このことは教科書にも注意するように書かれてはいる。しかしながら、文章による記載だけなので、児童がこの点に十分に注意を払って小数の加減法の筆算を行うかどうかについては疑問が残るところである。

第7章 小数

　小数のたし算とひき算は、これまでに学習した整数のたし算とひき算と基本的には同じです。ただし、最も大切なことは、たし算やひき算で使われる小数を書く時、それぞれの小数点をそろえて書くことと小数点以下第一位や第二位の数字をそろえて書くことです。もし、必要であれば、小数点の右側に「0」を付け加えてもかまいません。

例1　0.3＋0.5を計算しましょう。　　　例2　2.16＋1.6を計算しましょう。

```
    0.3              2.16
  + 0.5            + 1.60
    ───              ────
    0.8              3.76
        答え＝0.8          答え＝3.76
```

出典：ミャンマー国『Mathematics Grade 5』カリキュラム・シラバス・教科書委員会、2014年、p.118、筆者翻訳
図7-17　小数の加法筆算のアルゴリズム

　乗除法については「小数×整数」及び「小数÷整数」という比較的簡単なものが扱われているということもあるかもしれないが（同国の初等算数教育では小数同士の乗除法は扱われない）、それほど詳細に小数点の位置については解説されておらず、単に「二つの数字のうち一つに小数点がある場合、計算結果も元の数字の小数点の位置に従う」としか書かれていない。この説明だけでは計算結果の小数点の位置について児童が十分に理解できるかどうかは大きな疑問が残る。

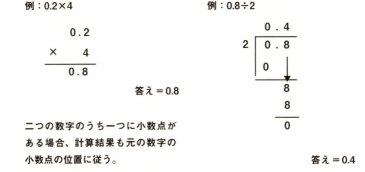

出典：ミャンマー国『Mathematics Grade 5』カリキュラム・シラバス・教科書委員会、2014年、（左）p.123、（右）p.126、筆者翻訳
図7-18　小数の乗除筆算のアルゴリズム

「第7章 分数と小数」の単元の学習が終わると、重さや長さの単位、通貨の単位が登場し、異なった単位への変換において小数が登場してくる。ただ、ここでは10倍、100倍、1000倍、あるいは10分の1、100分の1、1000分の1といった単位変換において小数が使われるだけなので小数の学習自体には新しい内容はない。

■ 不十分な小数の意味理解

これまでミャンマーの初等算数教育における小数の学習について見てきた。「分数圏」の国だけあって小数は分数の学習を終えた後に集中的かつ集約的に行われていた。

同国の小数の学習では、小数点以下の位取りや数直線を用いた様々な小数の大小比較など、基本的な内容はある程度きっちりと説明されていた。また、児童が最も間違いやすい四則計算の結果における小数点の位置なども十分とは言えないまでも、加減乗除の筆算アルゴリズムとともに説明は付されていた。したがって、同国の小数学習においては技術的な説明や解説はこれまで見てきた他のアジア諸国と比べて相対的によくなされていると言うことができる。

しかしながら、小数をどのような文脈で、どのように使うのかという意味理解の面では、他のアジア諸国と同様に非常に弱い。小数が取り扱われる五年生の教科書の「第7章 分数と小数」の中でも、小数という数を用いた演算については例題や練習問題が豊富に掲載されているにもかかわらず、文章題はほんのわずかしかない。加えて、折角掲載されている貴重な文章題が、よく見ると、かなり不適切なものとなっているのである。

その一つはリレー走者のタイムを小数で表し、そのタイムの合計を出すというものである。問題文には「4.25分」や「3.98分」などが平然と書かれているが、時間は六十進法を使っているので、十進法の小数で表すのはあまり適切とは言えない。特に小数を学習したばかりの児童に十進法の小数で六十進法の時間を表示するのはかなりの無理があると思われる。

二つ目は小数で表された印刷機の部品のそれぞれの長さを合計し、その周囲の長さを求めるというものである。以下に示したように、問題文には折角図が描かれているにもかかわらず、そこには単位が記載されていない。部品の大き

第 7 章 小 数

例題6 それぞれのリレー走者が走った時間は表の通りです。

走者	時間
第一走者	4.25 分
第二走者	5.16 分
第三走者	3.98 分
第四走者	4.42 分

A）最も時間が短かった走者と長かった走者は誰ですか。
B）走った時間の短かった走者から順に並び替えましょう。
C）チーム全体が走るのにかかった合計時間を求めましょう。

出典：ミャンマー国『Mathematics Grade 5』カリキュラム・シラバス・教科書委員会、2014 年、p.119-120、筆者翻訳
図 7-19　不適切な小数の文章題（その１）

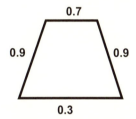

古くなった印刷機の部品を測ったら左の図のようでした。この部品の周囲の長さはいくらでしょう。

出典：ミャンマー国『Mathematics Grade 5』カリキュラム・シラバス・教科書委員会、2014 年、p.121、筆者翻訳
図 7-20　不適切な小数の文章題（その２）

さなのでセンチメートル（cm）あるいはメートル（m）と思われるが、単位が示されていない文章題では全く意味がない。さらに、下底の方が上底より長いことは一目瞭然であるが、下底が「0.3」、上底が「0.7」と示されており、児童に不必要な混乱を与えてしまっている。

　以上のことから、ミャンマーの小数学習では、先に見たベトナムと同様に、計算力の習得に重きが置かれている印象があり、小数の技術的な説明はある程度されてはいたと言えるが、意味理解となると、たちまち上記のように不適切な例が用いられるなど教科書内容としての錯誤が見られる。これは教科書編集者の頭の中に小数の意味理解についてきっちりと指導しなければならないという認識が極めて薄いためであろうと推測できる。

■ 小数点としての「ピリオド（.）」の使用

　最後にミャンマーの小数点表記について触れておこう。同国の小数点表記は我が国と同様にピリオド（.）を用いており、これまで見てきたベトナムやインドネシアとは異なっている。これは同国が歴史的にイギリスの植民地下に置かれ、その際に英米式の表記法が普及したためであると考えられる。

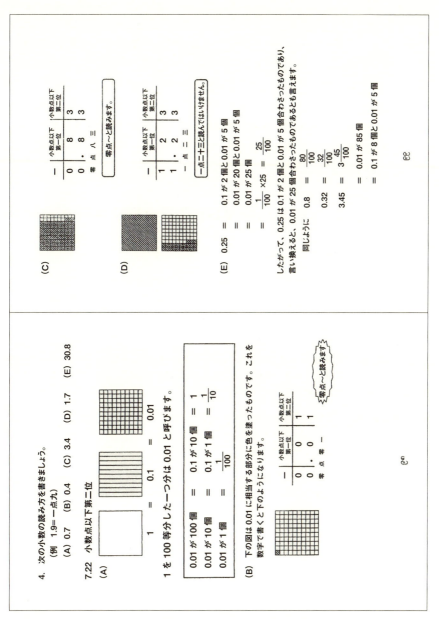

図 7-21　小数の学習（ミャンマー）

7.5 ネパール：「分数圏」における典型的な小数学習

ネパールでは小数の学習は三年生より開始される。同国の小数の学習も分数に関連付けて行われ、この点ではこれまで見てきたベトナム、インドネシア、ミャンマーなどの他のアジア諸国と類似している。

三年生の小数の学習は分母が「10」や「100」の分数に対応する数を表す数字として登場してくる。すなわち、「$\frac{1}{10}$」、「$\frac{2}{10}$」、「$\frac{3}{10}$」といった分数が「0.1」、「0.2」、「0.3」と書き表すことができ、また、「$\frac{1}{100}$」、「$\frac{2}{100}$」、「$\frac{3}{100}$」が「0.01」、「0.02」、「0.03」という風に書き換えることができるという内容が学習されるのである。これは、ミャンマーにおける小数の学習の節でも触れたように、ヨーロッパにおける小数の発見の過程を辿った学習手順であり、ミャンマーの小数の導入学習と同様である。

右の図は、十等分されたうちの一つに色が塗られています。これは分数では $\frac{1}{10}$ と書き、「10 分の 1」と読みます。また、0.1 とも書くことができます。これは「零点一」と読みます。

もし、右図の二つの部分に色が塗られていたら、分数ではどのように書けますか。$\frac{2}{10}$ と書くことができます。また、これは小数では 0.2 とも書くことができ、「零点二」と読みます。

このように色が塗られた部分が、三つ、四つ、五つ、六つ、七つ、八つ、九つ、そして 10 個全部と増えていった場合のそれぞれを分数と小数で書きましょう。0 と 1 の間の数直線上では以下のように表されます。

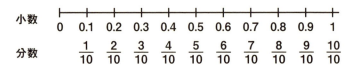

出典：ネパール国『My Mathematics Class 3』カリキュラム開発センター、2010 年、p.96、筆者翻訳
図 7-22　小数の概念についての説明

四年生になると小数の加法と減法が取り扱われる。小数も小数点以下第二位までの数が扱われ、この段階の児童にとってはかなり難しい学習内容になってくる。小数の加法及び減法は筆算で行われるが、この筆算においては、小数点

を揃えて書くということを徹底しておかないと正確な計算はできない。しかしながら、教科書には同じ桁を計算することは書かれてはいるが、小数点を揃えて書くという大事な点には特に触れられていない。

五年生では乗法が登場する。まずは小数と整数の乗法から始め、最終的には小数同士の乗法に移っていく。乗法でも、加減法と同様、計算結果における小数点の位置が非常に難しく、児童がよく躓く箇所でもある。同国の教科書では「小数×整数」についてはそのアルゴリズムがごく簡単ではあるが説明されている。しかし、「小数×小数」のアルゴリズムについての説明は一切見当たらない。普通に考えても「小数×小数」の方が「小数×整数」よりもずっと高度な内容であり、後者をすでに学んだからと言って、前者も同じようにできるようになると考えるのは早計である。その意味では、「小数×小数」においてもより丁寧な解説が欲しいところである。

例題：たし算

$$\begin{array}{r} 0.48 \\ +\ \ 0.29 \\ \hline \end{array}$$

$0.48 \longrightarrow 4\ (\frac{1}{10}$ の位$)\ 8\ (\frac{1}{100}$ の位$)$

$+\ \ 0.29 \longrightarrow 2\ (\frac{1}{10}$ の位$)\ 9\ (\frac{1}{100}$ の位$)$

$0.77 \longrightarrow 7\ (\frac{1}{10}$ の位$)\ 7\ (\frac{1}{100}$ の位$)$

$17\ (\frac{1}{100}$ の位$) = 1\ (\frac{1}{10}$ の位$)$ と $7\ (\frac{1}{100}$ の位$)$

例題：ひき算

$$\begin{array}{r} 0.64 \\ -\ \ 0.28 \\ \hline \end{array}$$

$0.64 \longrightarrow 6\ (\frac{1}{10}$ の位$)\ 4\ (\frac{1}{100}$ の位$) \longrightarrow 5\ (\frac{1}{10}$ の位$)\ 14\ (\frac{1}{100}$ の位$)$

$-\ \ 0.28 \longrightarrow 2\ (\frac{1}{10}$ の位$)\ 8\ (\frac{1}{100}$ の位$) \longrightarrow 2\ (\frac{1}{10}$ の位$)\ 8\ (\frac{1}{100}$ の位$)$

$0.36 \longrightarrow 3\ (\frac{1}{10}$ の位$)\ 6\ (\frac{1}{100}$ の位$)$

出典：ネパール国『My Mathematics Class 4』カリキュラム開発センター、2010年、（上）p.61、（下）p.63、筆者翻訳

図7-23　小数の加減法筆算のアルゴリズム

かけ算

0.03 × 5

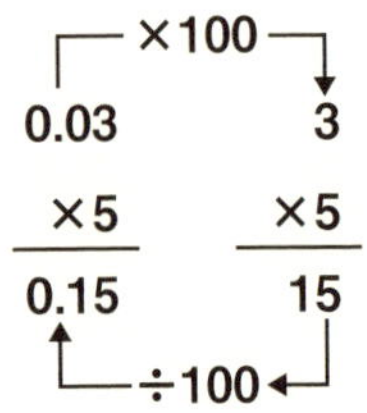

```
    ┌─ ×100 ─┐
 0.03        3
  ×5        ×5
 ─────     ─────
 0.15        15
  └──── ÷100 ────┘
```

0.03×100=3 であり、この3に5をかけると、元の 0.03 に 5 をかけた時より 100 倍大きい。
したがって、0.03×5 は 3×5 を行い、その答え 15 を 100 でわればよい。

別の方法

$0.03 \times 5 = \dfrac{3}{10} \times 5$

$= \dfrac{15}{100} = 0.15$

出典：ネパール国『My Mathematics Class 5』カリキュラム開発センター、2010年、p.92、筆者翻訳

図 7-24　小数の乗法筆算のアルゴリズム

ネパールの初等算数教育では、分数の場合もそうであったように、小数の除法は扱われない。算数教育全体を見ると、同国の内容は非常に高度であり、その高度な内容を他のアジアのどの国よりもいち早く導入して学習させていることから考えると、分数及び小数において除法を扱わないというのは不思議に思われる。

■ 不十分な四則計算の筆算アルゴリズムの説明

これまでネパールの初等算数教育における小数の学習について見てきた。他の章でも触れたように、同国の算数教育は計算力の習得が重視されており、そのために早くから四則計算が導入されていた。加えて計算を迅速に正確に行えるように数多くの練習問題が課されていた。

小数についてもほぼ同じ傾向が見られる。計算力が重視され、たくさんの練習問題が教科書に掲載されている。他方、小数そのものの意味や小数の四則計算の意味という点についてはほとんど触れられていない。

加えて、同国の小数の学習については大きな問題がある。というのは、計算力の習得が重視されているにもかかわらず、加減法及び乗法の筆算についてのアルゴリズムの説明が十分に行われていないのである。これでは小数の筆算を児童に正確に行わせることは難しい。先にも触れたように、小数の筆算では操作する数字の小数点を揃えて書くことが非常に重要であるにもかかわらず、児童はそれがなかなかできない。また、小数の乗法における計算結果における小

数点の位置も児童にとっては非常に難しい課題である。したがって、計算力の確実な習得を目指すのであれば、児童がよく誤りを犯すそうした点に焦点を当て、筆算のアルゴリズムについての説明を明確に記載することが必要になってくる。

■ **小数点としての「ピリオド (.)」の使用**
　ネパールにおける小数点の表記はピリオド (.) であり、これは英米式記数法によるものである。同国もイギリス東インド会社との闘いで敗北し、その領土がイギリスによって占領された歴史をもつことから、その時代に英米式の方法が普及し、現在に至っているものと考えられる。

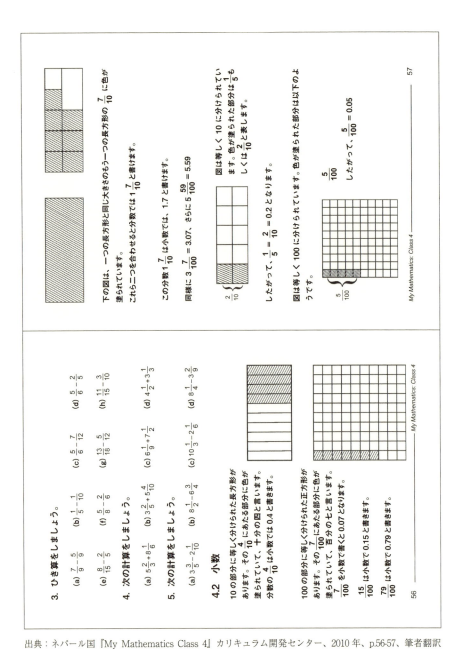

出典:ネパール国『My Mathematics Class 4』カリキュラム開発センター、2010 年、p.56-57、筆者翻訳
図 7-25 小数の学習(ネパール)

第7章 小数

> コラム：小数の起源

　古代バビロニア数学では六十進法の位取り記数法を用いて数字を記述していた。十進法以外を含めるなら、バビロニア数学での数字表記が最古の小数であるとされている。ただし、現在の小数点に相当するものが存在しないため、記述された数字の実際の数値については前後の文脈から判断しなければいけないという問題点があった。

　現代の小数と同じ十進法における小数は、記録に残っているところでは古代中国が最古であるとされている。劉徽（りゅうき、生没年不詳）は263年に『九章算術』という数学書の注釈本を著しているが、そこに小数の表記が見られるのである。現代のアラビア数字表記での「8.660254」を「八寸六分六釐二秒五忽、五分忽之二」と書いている。なお、この当時、小数点以下第六位を表す単位がなかったため、分数との併記になっていることに注意する必要がある。

出典：ウィキペディア「九章算術」
『九章算術』

　現代数学の系譜であるヨーロッパの数学においては、小数の導入はかなり遅れたと考えられている。これはエジプト式分数表記が普及していたためである。ヨーロッパで初めて小数を提唱したのは、オランダのシモン・ステヴィン（Simon Stevin、1548-1620）である。1585年に出版した『十進法（蘭：De Thiende）』の中で、初めて小数を発表した。その名が示す通り、分数の分母を「10」の累乗に固定した場合に、計算が非常にやりやすくなることを発見し、それが小数の発明となったのである。なお、ステヴィンの提唱した小数の表記法は、現代の「0.135」であれば、これを「1①3②5③」と表記する。現代のような小数点による

出典：ウィキペディア　出典：ウィキペディア
「シモン・ステヴィン」　「ジョン・ネイピア」
シモン・ステヴィン　ジョン・ネイピア

表記となったのは、20年ほど後にジョン・ネイピア（John Napier、1550-1617）の提唱による。

　参考までに、我が国における小数単位として現在認知されている小数点以下第二十四位までを挙げておこう。

我が国の小数の単位とその大きさ

単位	大きさ	単位	大きさ
分（ぶ）	10^{-1}	模糊（もこ）	10^{-13}
厘（りん）	10^{-2}	逡巡（しゅんじゅん）	10^{-14}
毛（もう）	10^{-3}	須臾（しゅゆ）	10^{-15}
糸（し）	10^{-4}	瞬息（しゅんそく）	10^{-16}
忽（こつ）	10^{-5}	弾指（だんし）	10^{-17}
微（び）	10^{-6}	刹那（せつな）	10^{-18}
繊（せん）	10^{-7}	六徳（りっとく）	10^{-19}
沙（しゃ）	10^{-8}	虚空（こくう）	10^{-20}
塵（じん）	10^{-9}	清浄（しょうじょう）	10^{-21}
埃（あい）	10^{-10}	阿頼耶（あらや）	10^{-22}
渺（びょう）	10^{-11}	阿摩羅（あまら）	10^{-23}
漠（ばく）	10^{-12}	涅槃寂静（ねはんじゃくじょう）	10^{-24}

出典：ウィキペディア「単位一覧」
（https://ja.wikipedia.org/wiki/%E5%8D%98%E4%BD%8D%E4%B8%80%E8%A6%A7）

第8章

概　数

　概数とは「およその数」とも呼ばれるもので、例えば日本の人口126,706,210人（2017年、政府統計）を126,710,000（1億2,671万人）というように数値を「四捨五入」あるいは「切り上げ」や「切り捨て」を行って丸めてしまうことを言う。私たち大人にとっては、このように数字を丸めてしまうこと、すなわち概数にすることは何でもないことであるが、小学生の児童にはなかなか受け入れがたい操作であるらしい。ある小学校の校長によれば、次のような概数についての問題の正答率は50％をわってしまうということである。

　　問題　次の三つの数をそれぞれ四捨五入して、上から2けたのがい数で
　　　　 表しましょう。
　　　①　　68529　　　　②　344875　　　③　9647362

　　（正解）①69000、②340000、③9600000

　概数についての問題の正答率は、なぜこんなにも低いのだろうか。以下ではこのことについて考えていきたい。概数というのは全体に比較しては小さいが、それ自体はかなり大きな数を無視する操作であるということである。例えば上で見た問題の③の場合、およそ4万7千もの数を無視することになる。もちろん数全体に対してはわずか0.4％程度の数でしかないが4万7千という数字は児童にとっては決して小さな数字ではない。ここで大事なことは、そうした大きな数であってもより大きな数に対しては無視してよいほど小さなものと考えられるというのが概数の意味なのである。換言すれば、数を相対化するこ

とが概数の本質なのである。

　しかしながら、初等教育、特にその前半の段階というのは数の絶対性を確立する大事な時期であり、それが確立したか否かという微妙な時期に数の絶対性を否定するような学習内容を扱うことがよいとは言えないことは明らかである。上の例のように4万7千という絶対的に大きな数を捨てるということは、この段階の児童にとっては非常に抵抗があり理解しがたいという訳である。したがって、その無理を押して概数を学習させたいのなら、小さな数を無視するという練習をした後で下の図のように棒グラフなどを使って大きな数を一度連続量に表して「この部分は全体から見ると本当に小さな数だ！」と納得させた上で無視させるしか方法はないと思われる。

　しかしながら、ここで「小さい数なら無視することは容易にできるのか？」という疑問が湧いてくるのも事実である。そこで、上の例である「9647362」という数の10万の単位を取って「9.647362」という小数に直して考えてみよう。先ほどと同じようにこの数の概数を求めると「9.6」となる。これは0.1の誤差を除いて「9.647362」と「9.6」の二つの数を同一視するということである。これを数直線上で考えると下に示したように「9.6」を中心とする誤差の0.1の半分（0.05）の範囲はすべて「9.6」に集中するということになる。位相幾何学（トポロジー、Topology）では、これを「9.6を中心とする0.05近傍」と表現する。

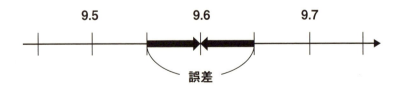

　一般的に、空間の中の点の遠近を論じることを位相幾何学と言うので、こ

ういった概数や近似値という問題は本質的にはそれに属するものと言える。実は、この位相幾何学は大学で扱う内容であり、非常に高度な数学的内容なのである。したがって、小さな数であれば無視することは容易にできるのかという先の疑問についての答えは、この位相幾何学が関係する課題であり、決して容易でないと言うことになる。

　こうした数学的理論に関すること以外に、概数や近似値にはさらに厄介な問題が加わってくる。すなわち、どの程度の概数、あるいはどのくらいの精度のある近似値を取ればよいのかということは、具体的な問題状況によって決まってくるということである。これは数学的な問題ではなく、技術的あるいは社会的な問題であり、一つの価値判断でもある。使える測定器具の性能による場合もあるし、どのくらいの予算が使えるかという経済的な事情による場合もある。さらに、結果を出すまでの手間や時間によって制約されるという場合も考えられる。

　以上のようなことから、これだけ複雑な問題を含む内容が初等教育段階で効果的に取り扱われることが可能であると考えること自体にかなり無理がある[*1]。では、これから我が国をはじめアジア各国の初等算数教育ではこの複雑な問題を内包した内容がどのように取り扱われているのかについて詳細に見ていこうと思う。

---

*1　銀林浩『子どもはどこでつまずくか―数学教育を考えなおす』(現代教育101選53)、国土社、1994年、p.90-94を参照。

8.1　日本：教育学的・論理的に破綻している概数学習の導入

　我が国の初等算数教育では概数の学習は四年生において行われる。同学年の算数教科書（教育出版、2015年）には「第4章　がい数」という単元が設定されており、ここでその学習が行われるようになっている。では、同単元で扱われる概数の学習内容について簡単に見ておこう。

　まず同単元では概数の定義とそれがどのような場合に使われるのかを理解させることから始まる。概数とはおよその数のことであり、正確な数が調べられない場合や数の大きさがだいたい分かればよい時に用いられることが示されている。そして、下に示した教科書に掲載された問題などは概数というものを知る上では非常に有効なものと考えられる。

たしかめ　がい数

1 下の㋐から㋒の中から，がい数が使われているものをすべて選びましょう。

㋐ 花畑の花の数　130万本

㋑ 自転車のねだん　19000円

㋒ 日本の人口　1億2800万人

出典：『小学 算数4上』教育出版、2015年、p.53　イラスト：梶原由加利（左）、水田恵津子（中・右）

図 8-1　概数の導入学習

　その後、ある数を概数にする場合に必要な四捨五入とその仕方についての解説があり、数を切り上げる場合と切り捨てる場合について児童自身が判断し、適切に数字の処理ができるように導かれる。さらに、ある概数が含む数字の範囲を示すために「以上」、「以下」、「未満」という用語が学習される。例えば、四捨五入して百の位までの概数にした時「700」になる数は「650以上、750未

満」の範囲内であることを理解させるという訳である。

　以上が四年生で扱う概数の単元の内容である。この内容を見た限りではそれほど難しい内容とは思えないが、先に触れたように数の絶対性がまだ十分に確立していない児童にとってはこの内容はそう易しいものではないのである。では、なぜこうした時期に概数の学習が行われるのであろうか。一般的に誰もが思いつく理由として、四年生の段階で「億」や「兆」の単位をもった非常に大きな数が取り扱われるようになることと関係しているのではないかということである。実際、教育出版の『小学　算数4上』(2015年) では最初に「第1章　大きな数」という単元が設定されており、その後、「第4章　がい数」が扱われるという学習順序になっていることからも、上記の推測は全く見当外れではないと考えられる。しかし、『小学校学習指導要領解説　算数編』(文部科学省、2008年) を注意深く読むと、実は概数の導入には全く別の理由があることが分かる。同解説 (p.133) によれば、概数の学習に関して以下のような記述がある。

　A (2) 概数と四捨五入
　　(2) 概数について理解し、目的に応じて用いることができるようにする。
　　ア　概数が用いられる場合について知ること。
　　イ　四捨五入について知ること。
　　ウ　目的に応じて四則計算の結果の見積りをすること。

　ここに挙げられた「ア」と「イ」が同単元の主要な内容となっていたことはすでに見た通りである。ここで注目すべきは「ウ」に挙げられた事項なのである。そして、まさにこれこそがこの時期に概数の学習が行われる理由なのである。では、この「ウ」の内容をもう少し具体的に見ていこう。

　同単元のすぐ後には「第5章　わり算の筆算 (2)」という単元が設定されている。そして、この単元では「〈二位数及び三位数〉÷〈二位数〉」が扱われ、その計算において概数が用いられるのである。例えば「折り紙が80枚あります。1人に20枚ずつ配ると、何人に分けられるでしょうか」という問題における解法として、「80÷20」という本来の式を計算するのに、被除数「80」

を「8」と見立てて、また除数「20」を「2」と見立てて「8÷2」として商の見当をつけるというのである。このように実際の「80」や「20」という数を「8」や「2」と見ることはまさに概数の考え方である。さらに、「172÷21」の計算では除数「21」を「20」と丸めて「172÷20」として商の見当をつけるという指導がなされている。ここでも除数を丸めるという概数の考え方が利用されているのである。

ここでは「172÷21」の商は「172÷20」の商に近いという前提でもって学習が進められているが、実際、児童がそのような前提をすぐに理解することは不可能である。ただ、「21を20と見立てなさい」と教師に言われたからそれに従っているだけというのが本当のところであろう。もちろん、数学的には除数が「1」だけ変わったとしても、除法の連続性ということから「172÷21」と「172÷20」の商が近いことは確かであるが、これは数学的な理論であってこの段階の児童にはまだこのような数学的理論が理解できるはずがない。したがって、ここでの前提は教育的には無効となってしまう。

すなわち、「172÷21」という問題に対しては一般的な除法の方式で計算をすることがまずは重要であり、もしこの商が「172÷20」の商と非常に近いということを理解させたいのであれば、「172÷20」や「172÷19」、あるいは「172÷22」や「172÷23」を行って除法の連続性を理解させた上で「だから、〈172÷21〉の商は〈172÷20〉とすることで、ある程度商の見当をつけることができる」ことを分からせることがより論理的な展開だと言えるのである。繰り返しになるが、除法の連続性の理解なしに、先に「172÷20」で商の見当をつけさせるというのは教育学的に誤りであることはもちろんであるが、さらに結論として得られるはずのものを前提としてしまっているという点で論理的にも破綻していると言えるのである[*2]。

[*2] 銀林浩『子どもはどこでつまずくか―数学教育を考えなおす』(現代教育101選53)、国土社、1994年、p.94-99を参照。

8.2 ベトナム：概数の学習はない

　ベトナムの初等算数教育では概数の学習は扱われない。この理由は定かではないが、もし仮に概数という考え方が数を相対化する操作であって、まだ数の絶対性が確立されていない初等教育段階でこのような数を相対化するという数の絶対性を否定するような内容を含めるのはよくないと判断されたためだとすると、同国の教科書編集者の数学的知識及び教育学的知識に敬意を示すとともに、その熟考された教科書編集には頭が下がる。

　しかしながら、同国の初等算数教科書には概数に関する内容もなければ、四捨五入という操作に関する内容もなく本当の理由は不明であるので現時点においてはどのような判断もできない。

8.3 インドネシア：買い物の合計金額の迅速な計算が目的

インドネシアの初等算数教育では四年生及び五年生において概数が取り扱われる。四年生では最初に学習する「第1章　数の計算」と題された単元の中の「第5節　がい数」において取り扱われ、五年生でも同じく「第1章　整数」の「第1節　整数の操作の特徴」の中で取り扱われる。

では、同国の概数の学習内容について詳細に見ていこう。同国の四年生及び五年生で扱われる概数についての学習内容はほとんど同じである。敢えて違いを挙げるとすれば、使われる数の桁数が五年生の方が若干多いといった程度である。そこで、本節では四年生の概数の学習内容について見ていくことにしよう。

最初にある数を概数にするために必要な操作である四捨五入について、下に示したように数直線を用いた説明が行われる。教科書によれば、「1」、「2」、「3」、「4」は「0」に切り下げられ、反対に「5」、「6」、「7」、「8」、「9」は「10」に切り上げられるという内容であるが、ここで少し違和感をもたれた方もおられるのではないだろうか。筆者自身もその一人である。この図ではちょうど数直線上の「0」と「1」、「4」と「5」、「9」と「10」の間が空白になっている。したがって、「この間の数はどうなるのか？」という素朴な疑問を抱いてしまうのである。実は、ここで説明すべき「四捨五入」の対象となっているのは自然数としての「4」と「5」を指しているのであって、数直線上に含まれる連続量としてのすべての整数や実数を指しているのではない。したがって、「四捨五入」の説明において連続量を示す数直線を持ち出すのはあまり適切ではないのである。

その後、二位数同士の加減

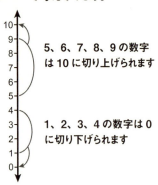

出典：インドネシア国『Pelajaran Matematika 4A』Erlangga 出版社、2006 年、p.60、筆者翻訳

図 8-2　不適切な四捨五入の説明

乗除法において、与えられた数を概数に直しておよその解を出すという練習問題が行われる。例えば「42 + 47はおよそいくらか」、「82 - 28はおよそいくらか」、「36 × 22はおよそいくらか」、「91：27はおよそいくらか」（同国の除法記号は我が国とは異なるので注意）というような練習である。これら四則計算はすべて概数に直して「40 + 50 = 90」、「80 - 30 = 50」、「40 × 20 = 800」、「90：30 = 3」というように計算し解を導き出すことが示されている。

その後には四位数同士の加減乗除法が扱われ「2.006と2.786を何千のがい数に直して加減乗法のおよその解を出しましょう。また、除法については8.543と3.109の数字を使いましょう」という問題が示され、加法は「2.000 + 3.000 = 5.000」、減法は「3.000 - 2.000 = 1.000」、乗法は「2.000 × 3.000 = 6.000.000」、除法は「9.000：3.000 = 3」（同国の位取りはコンマではなく、ピリオドであることに注意）といった計算と解が示されている。

さて、ここで読者の皆さんの中には再び違和感をもたれた方もおられるのではないだろうか。というのも、二位数同士あるいは四位数同士の四則計算の正確な解とおよその解の間にはかなりの開きがあるからである。上記の問題に対するそれぞれの答えは以下のようになる。

二位数同士の四則計算：
① 加法「42 + 47 = 89」　　　　概数加法「40 + 50 = 90」
② 減法「82 - 28 = 54」　　　　概数減法「80 - 30 = 50」
③ 乗法「36 × 22 = 792」　　　 概数乗法「40 × 20 = 800」
④ 除法「91：27 = 3,370…」　　概数除法「90：30 = 3」

四位数同士の四則計算：
① 加法「2.006 + 2.786 = 4.792」　　　　概数加法「2.000 + 3.000 = 5.000」
② 減法「2.786 - 2.006 = 780」　　　　 概数減法「3.000 - 2.000 = 1.000」
③ 乗法「2.786 × 2.006 = 5.588.716」　 概数乗法「3.000 × 2.000 = 6.000.000」
④ 除法「8.543：3.109 = 2,747…」　　　概数除法「9.000：3.000 = 3」

ここで思い出していただきたいことは、概数とは全体に比較して小さいため

無視できる部分を丸めてしまった数であるということである。しかしながら、インドネシアで見られる上の計算は全体に比較しても決して小さくない数字を無視している。二位数同士の減法では正確な答えは「54」、概数による解は「50」であり、ここでの「4」という数字は全体の「54」に対しても7％とかなり大きな数字であることは疑いようがない。したがって、このような概数学習は児童に概数の意味を分かり難くさせるばかりか、正確な計算をすることをおろそかにしてしまってもよいという誤ったメッセージを発することになってしまうのではないかという心配も生まれてくる。

しかし、同国の教科書編集者の考え方は少し異なっているようである。というのも、同国の四、五年生の教科書を見る限りにおいては、これらの概数による計算は最終的にすべて「お金」という学習内容に繋がっており、買い物をした際、その場でだいたいの合計金額の目安をつけて、いくら支払えばよいかということが分かるということに目標が置かれているようだからである。その証拠に、これら概数の計算の最終段階において「お父さんは一本2.250,00ルピアの鉛筆と一冊12.000,00ルピアの本、それに一つ2.500,00ルピアの定規を購入しました。いくら払えばよいでしょうか」（インドネシアの位取りはピリオドになっていること、また小数点はコンマになっていることに注意）という設問が設けられ、

次の商品のおよその価格をもとめましょう。

	商品価格	見積価格
1	2.750,00ルピア、3.500,00ルピア、4.900,00ルピア	12.000,00ルピア
2	4.000,00ルピア、1.900,00ルピア、2.600,00ルピア	
3	3.150,00ルピア、5.000,00ルピア、5.750,00ルピア	
4	5.700,00ルピア、3.625,00ルピア、4.450,00ルピア	
5	7.650,00ルピア、8.100,00ルピア、9.000,00ルピア	
6	6.900,00ルピア、9.750,00ルピア、10.500,00ルピア	
7	8.000,00ルピア、11.400,00ルピア、12.850,00ルピア	
8	9.325,00ルピア、13.450,00ルピア、14.900,00ルピア	
9	15.000,00ルピア、16.250,00ルピア、18.550,00ルピア	
10	27.250,00ルピア、18.375,00ルピア、32.600,00ルピア	

出典：インドネシア国『Pelajaran Matematika 4A』Erlangga出版社、2006年、p.66-67、筆者翻訳

図8-3　およその合計金額を求める練習問題

それぞれを概数に直して「3.000,00 + 12.000,00 + 3.000,00 = 18.000,00 ルピア」[*3]と計算した例が示されていたり、「2.750,00 ルピア（の商品）、3.500,00 ルピア（の商品）、4.900,00 ルピア（の商品）の合計価格はおよそ12.000,00 ルピア」といった練習問題が設定されていたりする。

　以上のように、インドネシアで概数の学習が四年生段階で設定されている主な理由は、買い物などをした際におよその合計金額を即座にはじき出し、間違いなく金銭のやり取りを行うことができるようにするためであることが分かった。この点では、同国の初等算数教育が日常生活における活動に直結した内容となるように工夫されていることが読み取れる。また、「目的に応じて四則計算の結果の見積りをすること」という我が国における概数の導入目的とも若干似ているという印象もある。ただし、ここにはまだ不明な点も残っている。すなわち、同国の「お金」の学習ではほとんどの場合が加法と減法操作であり、そこには乗除法の操作は出てこないという点である。ここに、最初の概数における四則計算の練習と最終段階での「お金」の学習内容との不整合さが見て取れるのである。

[*3] 四捨五入をして概数で計算するのであれば、「2.000,00 + 12.000,00 + 3.000,00 = 17.000,00 ルピア」となるはずであるが、ここでは、買い物客であるお父さんがお店の店員に出す金額（釣銭をもらう）を求めるようになっている。この計算では折角学習した四捨五入の意味がなくなってしまう。我が国ではこのような場合は「切り上げ」をして計算するように指導されている。

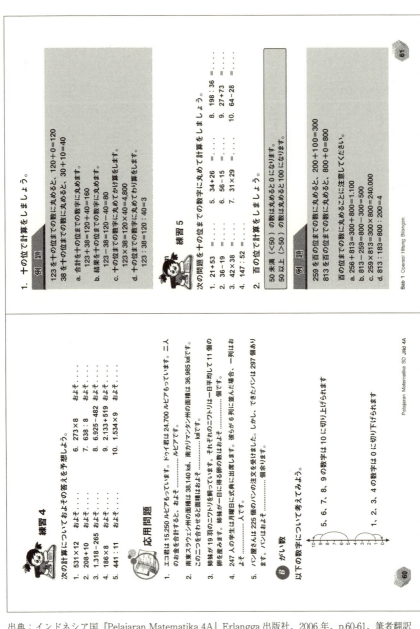

出典：インドネシア国『Pelajaran Matematika 4A』Erlangga 出版社、2006年、p.60-61、筆者翻訳
図8-4　概数の学習（インドネシア）

第8章 概 数

8.4 ミャンマー：四捨五入を教えない概数学習

　ミャンマーの初等算数教育では概数の学習は四年生及び五年生で取り扱われる。四年生の教科書では「第2章　10000までの数を数え、読み、書こう」という単元の中で「2.10　近似値」という節が設けられ、そこで二位数と三位数を概数に置き換える練習が行われる。例えば「71を何十というがい数に置き換えると70になる」とか、「75を何十というがい数に置き換えると80になる」といった内容である。また、三位数では「316を何百というがい数にすると300となる」や「350を何百というがい数に置き換えると400になる」というものである。

**1. 316は何百を表す数字のうち、どの数字の間に位置しますか。
316に最も近い何百を表す数字を予想しましょう。**

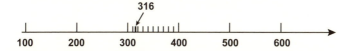

316は300と400の間に位置します。
316に近いのは300です。
　　　　　答え＝300

2. 350に最も近い何百を表す数字を予想しましょう。

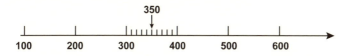

350は300と400の数字のちょうど真ん中に位置します。
この場合、400が一番近い何百を表す数字と言えます。
　　　　　答え＝400

出典：ミャンマー国『Mathematics Grade 4』カリキュラム・シラバス・教科書委員会、2014年、p.22、筆者翻訳
図8-5　ミャンマーの概数の学習

　さて、上の例ではすべて四捨五入という操作を行って与えられた数を概数に

置き換えているが、同国の教科書ではこの段階で四捨五入ということについては全く触れられていない。先に示したように、数直線上に与えられた点を示し、与えられた数字に「最も近い（何十あるいは何百という）数字はどれか」という説明があるのみである。例えば、「316」という数字に一番近い何百という数字は「300」であるといった具合である。また、「350」という数字に一番近い何百という数字はどれかという設問も登場する。実はここで大きな問題が生じてくる。この設問に対して、教科書では「350は300と400の数字のちょうど真ん中に位置します。この場合400が最も近い何百を表す数字であると言えます」と説明されていることである。「ちょうど真ん中」にあるということと、「400が（350にとって）最も近い何百を表す数字」ということとは矛盾しているのである。この場合、四捨五入という操作規則を持ち出せば全く問題ないものが、その規則に触れないために矛盾した説明がなされてしまっているのである。このような説明では児童は理解できないばかりか、混乱してしまうであろう。

　五年生では「第3章　たし算とひき算」と題された単元の中に「3.4 数の見積り」という節が設けられ、ここで概数の学習が行われるが、ここでの内容は扱われる数が四位数、五位数、六位数というように桁数が大きくなるというだけで基本的に四年生の内容と大差はない。その点ではここでの学習内容は四年生の振り返りという位置付けと考えた方がよさそうである。

　さて、ここからが重要になってくるのだが、ミャンマーにおいて四、五年生で概数の学習が行われる理由について考えていきたい。というのも本章の最初で触れたように、概数というのは数を相対化するもので、数の絶対性がまだ十分に確立していない小学校の段階で導入することはかなり危険であるからである。また、一見簡単なように見えるが、概数は位相幾何学に属する高度な数学的理論の上に成り立っている難しい内容でもある。そうした概数がミャンマーではなぜこの時期に学習内容として取り扱われるのであろうか。この理由については、概数に続く学習内容を詳細に検討することである程度分かってくる。四年生及び五年生の教科書では、概数を学習した後、以下のような学習内容が登場し、それぞれの単元において概数の考え方が用いられる。

第 8 章　概　数

〈小学四年生〉

「第 2 章　10000 までの数を数え、読み、書こう」
—「2.10　近似値」　　　　　　　　　← 概数の学習
「第 3 章　たし算」—「3.5　たし算の結果の見積り」 ⎫
「第 4 章　ひき算」—「4.4　ひき算の結果の見積り」 ⎬ 概数の考え方を利用
「第 6 章　かけ算」—「6.6　かけ算の結果の見積り」 ⎭

〈小学五年生〉

「第 3 章　たし算とひき算」
—「3.4　数の見積り」　　　　　　← 概数の学習
　　　　……「たし算とひき算の結果の見積り」 ⎫
　　　　　　　　　　　　　　　　　　　　　　 ⎬ 概数の考え方を利用
「第 5 章　かけ算」—「5.4　かけ算の結果の見積り」 ⎭

　上に示した学習内容の概要を見て分かることは、加法や減法、それに乗法の結果を素早く把握するために概数を使うということである。例えば、教科書には「マウンマウン君は、ある本を35頁読みました。そしてもう一冊別の本を42頁読みました。彼は合計で何頁読んだでしょうか」という設問があり、この計算において、本来であれば「35 + 42 = 77」と計算するところを、「35」を「40」に、「42」を「40」という概数に置き換えて「40 + 40 = 80」と素早く計算してしまうことが示されている。また別の例では「6821 − 1218 = 5603」という計算を「6821」を「7000」に、「1218」を「1000」という概数にして「7000

例題 1　マウンマウン君は、ある本を 35 頁読みました。そしてもう一冊別の本を 42 頁読みました。彼は合計で何頁読んだでしょうか？
35+42 の結果を見積ろう。

　　　35　→　40　　　40
　　＋42　→　40　　＋40
　　　　　　　　　　　80

例題 6　6821−1218 を何千を表す概数に置き換えて、このひき算の答えを見積りましょう。

　　6821　→　7000　　　7000
　−1218　→　1000　　−1000
　　　　　　　　　　　　6000

出典：ミャンマー国『Mathematics Grade 5』カリキュラム・シラバス・教科書委員会、2014 年、p.19-20、筆者翻訳

図 8-6　概数を使った加減法の結果見積り

275

－1000＝6000」とすることも示されている。

　さらに続いて、乗法でも概数を用いて結果を見積るという学習内容がある。教科書には二位数及び三位数のかけ算が例として示されており、例えば「21×37」というかけ算はそれぞれの数字を概数に置き換えて「20×40」として計算することができ、「460×221」は「500×200」として計算することができるという内容である。

例題1　21×37 を何十を表すがい数に置き換えて、このかけ算の答えを見積りましょう。

$$21 \times 37$$
$$\downarrow \quad \downarrow$$
$$20 \times 40 = 80$$

例題2　48×327 をそれぞれ何十及び何百何十を表すがい数に置き換えて、このかけ算の答えを見積りましょう。

$$48 \times 327$$
$$\downarrow \quad \downarrow$$
$$50 \times 330 = 16500$$

例題3　460×221 を何百を表すがい数に置き換えて、このかけ算の答えを見積りましょう。

$$460 \times 221$$
$$\downarrow \quad \downarrow$$
$$500 \times 200 = 100000$$

出典：ミャンマー国『Mathematics Grade 5』カリキュラム・シラバス・教科書委員会、2014年、p.66、筆者翻訳

図8-7　概数を使った乗法の結果見積り

　同国において四、五年生で概数の学習が取り扱われる理由は、それを使って加減及び乗法の計算結果を素早く把握するためであることが分かった。この点では我が国やインドネシアにおける概数の導入目的と類似しているとも言えなくもない。

　しかしながら、ミャンマーの概数を用いた加減法及び乗法の計算結果の見積りは算数・数学教育の観点から非常に危険を孕んだものと考えられる。というのも、教科書に掲載された上記のような例題だけからでは問題は見出しにくい

が、仮に数字を少し変えて、「14 + 13」や「6521 − 1418」や「449 × 245」といったような計算を概数にして行うと正確な解答と概数での計算の見積りの間に非常に大きな差が生じてしまうのである。「14 + 13」の正確な答えは「27」、概数での計算結果は「20」(「7」の差)、「6521 − 1418」では「5103」と「6000」(「897」の差)、そして「449 × 245」ではなんと「110005」と「80000」(「30005」もの差)となるのである。これほど大きな差が生じてしまうと概数を用いる意味がなくなってしまう。

同国における概数を用いた計算には大きく二つの誤りがあると考えられる。一つ目は概数の計算が正確な数の計算に置き換えられるものと見なされていることである。各節の表題には「〜の見積り」と書かれてはいるが、教科書の記述を見る限りでは概数の計算結果は正規の答えのように取り扱われている。あくまでも概数による計算はおよその見当をつけるための手段であって、正しい計算ではないことを明記する必要がある。

二つ目は「35」や「52」といった二位数でも概数に置き換えて計算を行っていることである。このような二位数程度の加法や減法であれば、わざわざ概数に置き換えないで正確に計算をさせることの方がずっと重要である。まして、こうした二位数を概数に置き換えることは計算において大きな差が生じることにもなる。

以上が、ミャンマーの初等算数教育における概数の学習についての概要であり、これまでに見た我が国やインドネシアのそれと類似点もあれば、相違点もあることが明らかになったと思う。そこで繰り返しになってしまうが、最後にもう一度強調しておきたいことがある。それは四捨五入という操作規則が、ミャンマーの教科書には明確に記されていないということである。数直線上でどの数に最も近いかということだけで概数を決定してしまうという方法論には問題があることは確かで、この方法論では先に見た「350」という数字を何百という概数にする場合になぜ「400」になるのかが分からない。やはり概数の学習においては、きっちりと四捨五入という規則を理解させなければならないことは疑う余地はない。

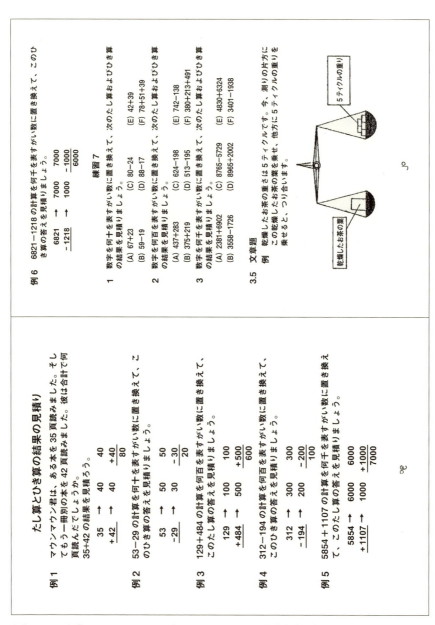

図 8-8　概数の学習（ミャンマー）

たし算とひき算の結果の見積り

例 1 マウンマウン君は、ある本を 35 頁読みました。そしてもう一冊別の本を 42 頁読みました。彼は合計で何頁読んだでしょうか。35+42 の結果を見積ろう。

```
 35  →  40    40
+42  →  40   +40
              80
```

例 2 53−29 の計算を何十を表すがい数に置き換えて、このひき算の答えを見積りましょう。

```
 53  →  50    50
−29  →  30   −30
              20
```

例 3 129+484 の計算を何百を表すがい数に置き換えて、このたし算の答えを見積りましょう。

```
 129  →  100    100
+484  →  500   +500
                600
```

例 4 312−194 の計算を何百を表すがい数に置き換えて、このひき算の答えを見積りましょう。

```
 312  →  300    300
−194  →  200   −200
                100
```

例 5 5854+1107 の計算を何千を表すがい数に置き換えて、このたし算の答えを見積りましょう。

```
 5854  →  6000    6000
+1107  →  1000   +1000
                  7000
```

例 6 6821−1218 の計算を何千を表すがい数に置き換えて、このひき算の答えを見積りましょう。

```
 6821  →  7000    7000
−1218  →  1000   −1000
                  6000
```

練習 7

1. 数字を何十を表すがい数に置き換えて、次のたし算およびひき算の結果を見積りましょう。

(A) 67+23　(C) 80−24　(E) 42+39
(B) 59−19　(D) 88−17　(F) 78+51+39

2. 数字を何百を表すがい数に置き換えて、次のたし算およびひき算の結果を見積りましょう。

(A) 437+283　(C) 624−198　(E) 742−138
(B) 375+219　(D) 513−195　(F) 380+213+491

3. 数字を何千を表すがい数に置き換えて、次のたし算およびひき算の結果を見積りましょう。

(A) 2381+6902　(C) 8765−5729　(E) 4830+6324
(B) 3558−1726　(D) 8965+2002　(F) 3401−1938

3.5 文章題

例 乾燥したお茶の重さは 5 ティクルです。今、測りの片方にこの乾燥したお茶の葉を乗せ、他方に 5 ティクルの重りを乗せると、つり合います。

出典：ミャンマー国『Mathematics Grade 5』カリキュラム・シラバス・教科書委員会、2014 年、p.19-20、筆者翻訳

8.5　ネパール：概数は児童の学習負担の軽減！？

　ネパールの初等算数教育では三年生から概数の学習が行われる。三年生では学年の前半に「第10章　がい数」という単元の中で「100」までの数を概数にする学習が行われるが、同単元に割かれた教科書の頁数はわずか一頁で、同内容の学習に費やされる時間も非常に短い。

　同単元では数直線を用いて与えられた数を位置付け、そこから最も近いきりのよい数字、例えば「10」や「20」、「30」を見つけることで概数にできるという説明があり、それに続いて練習問題が掲載されている。下に示したものは同国教科書からの抜粋であるが、「74」を丸めて「70」という概数にすることは理解できるが、「45」を丸めると「50」になるという説明は何か納得しがたい。この理由は四捨五入という操作規則に触れずして「45は40と50のちょうど真ん中に位置する」にもかかわらず、「45を何十を表す数字に直すと50となる」という説明だけに留まっているからである。

74 は 80 よりも 70 に近い。
したがって、74 を何十を表す数字に直すと 70 となる。

45 は 40 と 50 のちょうど真ん中に位置する。
したがって、45 を何十を表す数字に直すと 50 となる。

出典：ネパール国『My Mathematics Class 3』カリキュラム開発センター、2010年、p.45、筆者翻訳
図8-9　概数の求め方（その1）

　四年生では「第2章　数の概念」と題された単元の中の「2.3　がい数」という節の中で概数の学習が行われる。ここでは三頁半の紙幅が割かれ、三年生

の時よりはもう少し時間をかけて学習されるようである。ただ、内容的には三年生のものから大きな変化はない。敢えて変わったところを挙げるとすると、扱われる数が三位数及び四位数になったことぐらいであろう。

> **例題5**
>
> 15を何十を表す数字に丸めましょう。

> 15は、ちょうど10と20の真ん中に位置します。実際、15を何十を表す数字に丸める場合、それは20になります。

> **例題6**
>
> 250を何百を表す数字に丸めましょう。

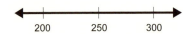

> 250は、ちょうど200と300の真ん中に位置します。実際、250を何百を表す数字に丸める場合、それは300になります。

出典：ネパール国『My Mathematics Class 4』カリキュラム開発センター、2010年、p.22、筆者翻訳
図8-10　概数の求め方（その2）

　さて、読者の中にはもうお気付きの方もおられると思うが、ここでも前学年に引き続き、四捨五入ということには一切触れられず、ただ単に与えられた数値から最も近いきりのよい数字を見つけるという説明だけに終始しているため、上に挙げた「15」や「250」を概数にする場合の説明は何ともしっくりこないものとなっている。このような説明では児童も同じ気持ちであろう。なぜ、四捨五入という規則が導入されないのか不思議でならない。
　初等教育最終学年の五年生でも「第2章　数の概念」と題された単元の中に「2.4　がい数」という節が設けられている。ただ、わずか二頁の節であり、扱われる内容も五位数と桁数が増えただけで三年生、四年生の内容と大差はない。そして、ここでもまだ四捨五入という規則には言及されない。
　さて、ネパールの概数の学習内容は先に見たミャンマーのそれに非常に類似していると言える。数直線を用いて、最も近い概数を見つけ出すという方法も同じであれば、四捨五入という規則には全く触れられないため、数直線上の真

ん中に位置する、例えば「250」といった数字の概数が「300」になるという説明には十分に納得できないという点も同じである。ただし、ミャンマーと異なる点は概数の学習がそれ以降の学習に用いられることがなく、いわば、独立的・孤立的に導入されているということである。

　では、本節の最初で触れたように、数の絶対性を確立しなければならない大事な時期にそれを否定するような概数の学習を導入した理由はどこにあるのだろうか。これについては教科書編集者に直接尋ねてみるしか方法はないのだが、筆者は四年生の教科書に掲載されたイラストがその理由をわずかながらにも表しているのではないかと考えている。このイラストは兄妹が会話している場面であり、妹が兄に「今、お金いくらもっている？」と尋ねたところ、兄は「20ルピーもっているよ」と答えたにもかかわらず、実際は19ルピーしかもっていなかった。そこで、妹は「お兄ちゃんの嘘つき!!」となじるのだが、兄は「きりのいい数字の方が分かりやすいじゃないか！　だから、20ルピーと言っ

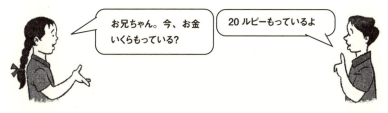

シーラは兄のもっているお金を数えました。すると、19ルピーしかありませんでした。

出典：ネパール国『My Mathematics Class 4』カリキュラム開発センター、2010年、p.20、筆者翻訳

図8-11　概数を使う理由

たんだよ」と妹を説得するというものである。すなわち、このイラストが意図しているのは、四年生の段階では、すでに「千万の位」を表す「カロール (crore)」という八位数が登場しており、児童にとってはかなりの桁数となっていることは確かである。したがって、ここで概数を導入することによって、これまで習った数字をそのまま覚えるのではなく、丸めて表すこともできるということを教えることで、児童の学習負担を少しだけ軽くしているのではないかということである。

　ただし、このことは児童が算数学習を正確に行うという点に関しては微妙な問題を含んでおり、概数の学習が「計算ではだいたいの見当がつけばいいんだ」というような誤解を生まないように慎重に対応していくことが求められよう。

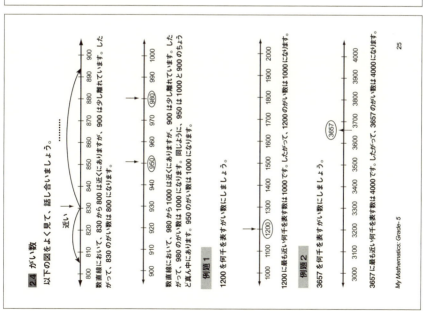

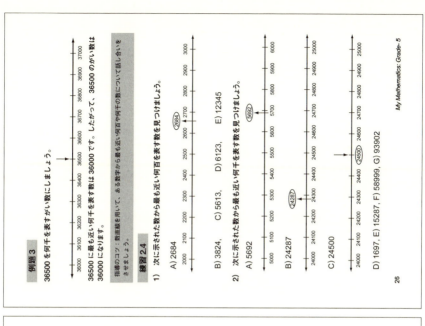

出典：ネパール国『My Mathematics Class 5』カリキュラム開発センター、2010年、p.25-26、筆者翻訳
図 8-12　概数の学習（ネパール）

第9章
長さ、重さ、かさの単位（度量衡）の学習

　私たちの住む社会には様々なもの（物体）があり、社会生活を円滑に営むためにはそれらを有効に活用していくことが必要である。そのためにはこうした身の回りのものの大きさや重量などを明確にしていくことが大切である。こうして生まれたのが測定という技術であり、その測定結果を表すために発明されたのが度量衡と呼ばれるものである。度量衡とは字義的には「度」は長さ、「量」が体積、「衡」は質量を表している。

　度量衡は世界の様々な地域で独自に発展を遂げてきたという歴史的経緯があり、地域によって様々な独自の物理単位が使われていた。一例を挙げると、我が国を含む東アジアで伝統的に広く普及していた尺貫法（長さの単位に尺、質量の単位に貫を基本の単位としたもの）、台湾で用いられてきた台制（長さの単位に尺・寸、質量の単位に担・斤など使用）、アメリカを中心に広く使用されているヤード・ポンド法（長さの単位にヤード、質量の単位にポンドを基本の単位としたもの）などである。これらはすべて基準単位が異なるために測定結果は全く異なった表し方となり、またある単位から他の単位への換算には複雑な計算が必要であった。

　そこで、18世紀末のフランスにおいて世界で共通に使える統一した単位制度の確立が提唱され、フランス革命後の1790年3月に政治家タレーラン＝ペリゴール（Charles-Maurice de Talleyrand-Périgord、1754-1838）の提案によってメートル法の創設が決定された。メートル法は地球の北極点から赤道までの子午線弧長の1000万分の1を「1メートル」と定め、これを基本とした長さの単位である。質量

出典：ウィキペディア
「シャルル＝モーリス・ド・タレーラン＝ペリゴール」
タレーラン＝ペリゴール

においてもこのメートルを基準として、1立方デシメートルの水の質量が「1キログラム」と定められた。その他面積の単位としてアール（are、100平方メートル）、体積の単位として液量用の「リットル」（litre、1立方デシメートル）と乾量用の「ステール」（stere、1立方メートル）が定められた。なお、ここで液量用、乾量用と書いたが、前者は液体の体積を測定する時に用いるという意味で、後者はそれ以外のものの体積を測定する時に用いるという意味である。ただし、現在ではこの区別はメートル法においては存在せず、ヤード・ポンド法にのみに維持されている。

メートル法はこのようにして創設されたものの、その起源国であるフランスでは既に使われていた伝統的な単位系があったために、すぐには普及しなかったと言われている。結局、1837年に「1840年以降はメートル法以外の単位の使用を禁止する」旨の法律が出され、公文書にメートル法以外の単位を使用した場合は罰金が科せられるようになったことでようやく普及するようになった。

それ以後、フランス以外でも度量衡の単位の統一に悩んでいた国々はメートル法に興味をもつようになり、その評判が徐々に広がっていった。1867年のパリ万国博覧会でパリに集まった学者の団体がメートル法によって単位の国際統一を図る決議を行い、それが契機となって1875年にメートル法を導入するために各国が協力して努力するという主旨の「メートル条約（Convention du Mètre）」が締結された。その後、この条約に基づいて世界中の度量衡の標準化を容易にするための三つの国際組織が設立された。加盟国の代表からなる「国際度量衡総会（CGPM: Conférence Générale des Poids et Mesures）」、計量学者の諮問委員会である「国際度量衡委員会（CIPM: Comité International des Poids et Mesures）」、両会を支援し事務局と研究施設を提供する「国際度量衡局（BIPM: Bureau International des Poids et Mesures）」である。

現在、メートル条約加盟国は56カ国、準加盟国は40カ国となっている。欧米諸国をはじめとする先進国のほとんどは加盟している一方、加盟していない国は北朝鮮、カンボジア、ラオス、ミャンマー、パプアニューギニアなどのアジア大洋州諸国、リビア、アルジェリア、モロッコ、タンザニア、マダガスカルなどのアフリカ諸国、グアテマラ、ホンジュラス、ニカラグアなどの中米諸国である[*1]。我が国は1885（明治18）年に加盟した[*2]。

第9章　長さ、重さ、かさの単位(度量衡)の学習

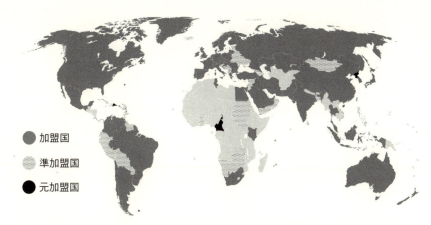

出典：ウィキペディア「メートル条約」
図9-1　メートル条約の加盟国

　加えて、現在「国際単位系 (SI)」という名称がよく使われるが、これは「Systeme International d'unités」というフランス語から来ているもので、メートル法の後継として1954年の第10回国際度量衡総会で採択された国際的に定められた単位系である。この国際単位系はメートル法の中でも広く使用されていたMKS単位系（長さの単位にメートル〈m〉、質量の単位にキログラム〈kg〉、時間の単位に秒〈s〉を用い、その三つの組み合わせでいろいろな量の単位を表現していたもの）を拡張したものと考えることができる。

---

*1　現在、メートル法を国内において正式に採用していない国はアメリカ、ミャンマー、リベリアの3カ国のみである。なお、図に示したようにアメリカはメートル条約には加盟しているが、連邦政府が積極的にメートル法の使用を推進する政策などを採らなかったため、国内においてはあまりメートル法が使われていないという状況になっている。
*2　我が国は1885（明治18）年にメートル条約に加盟したが、1891（明治24）年施行の度量衡法で尺貫法と併用することとなった。その後、1951（昭和26）年施行の計量法で一部の例外を除きメートル法の使用が義務付けられた。また、1991（平成3）年には日本工業規格（JIS）が完全に国際単位系準拠となり、JIS Z8203「国際単位系 (SI) 及びその使い方」が規定された。

9.1 日本：メートル法式単位中心だが、論理的とは言い難い展開

　我が国の初等算数教育においてはメートル法に基づいた単位系のみが取り扱われる。取り扱われるのは長さ、重さ、体積・容積、時間・時刻に関する単位であり、それぞれの単位の学習が各学年に振り分けられている。我が国の初等算数教育で扱われる度量衡に関する各学年の学習内容及びその順序は次頁の表に示した通りである。

　我が国ではメートル法が広く普及、浸透しており、算数・数学教育ではメートル法のみの単位が学習されるようになっているが、古くから伝統的に使われてきた尺貫法に基づいた単位もコラム記事として簡単に紹介だけはされている。

　さて、この度量衡の学習においては多くの単位が登場し、当然ながら学習した単位同士の間の換算も重要な学習内容の一つと位置付けられている。しかしながら、この単位換算は私たち大人が考えるほど易しいものではなく、児童の多くが躓いてしまうという現状が現場の小学校教員から多数報告されている。では、この換算についてもう少し詳しく見ていこう。

　例えば、ここでは「10cmは何mですか」という問題を例として考えていこう。我が国の現行初等算数教育では「cm」及び「m」は二年生で登場する。また、分数や小数についても四年生が終わるまでにある程度は学んでいる。しかしながら、決して少なくない児童が「答え 10m」と回答してくるという事実がある。そこで、このように答えた理由を児童に尋ねると、「cmをmに直すんだから、100でわると$\frac{1}{10}$になるけれど、1mは1cmの100倍なので、100をかけると10mとなります」という回答が返ってくる。

　児童の方でも「10cm = 10m」という答えが少しおかしいことには気が付いているが、その結果を得る過程がおかしいことには全く気が付いていないのである。ここに換算の難しさが潜んでいる。実は、ここには測定数値の相対性、あるいは測定数値と単位との双対性と言われる問題がある。

　我が国の算数教育では基本的に量に基づいて数の概念を作り出していくという方針をとっている[*3]。そして、一度創り出された数概念は徐々に量から独立

第 9 章　長さ、重さ、かさの単位(度量衡)の学習

表 9-1　我が国における度量衡の学習

学年	時期	度量衡の学習内容
一年生	下旬	「第16章　なんじなんぷん」 時間：分、時
二年生	上旬	「第2章　時こくと時間」 時間：分、時
	上下旬	「第5章　長さ（1）」、「第12章　長さ（2）」 長さ：mm、cm、m
	中旬	「第8章　水のりょう」 容積：ml、dl、l
三年生	上旬	「第3章　時刻と時間」 時間：秒、分、時 「第5章　長さ」 長さ：km
	中旬	「第9章　重さ」 質量：g、kg
四年生	上旬	「第8章　面積」 面積：cm^2、m^2、km^2、a（アール）、ha（ヘクタール）
五年生	上旬	「第2章　体積」 体積：cm^3、m^3
六年生	上旬	「第5章　速さ」 速度：秒速、分速、時速
	上下旬	「第6章　円の面積」、「第10章　拡大図と縮図」 面積：cm^2、m^2、km^2
	中旬	「第8章　角柱と円柱の体積」 体積：cm^3
	下旬	「第13章　いろいろな単位」 長さ：mm、cm、m、km 重さ：mg、g、kg、t 面積：cm^2、m^2、km^2、a（アール）、ha（ヘクタール） 体積・容積：cm^3、m^3、dl、l、ml、kl

出典：『しょうがく　さんすう』教育出版、2015年、『小学　算数』教育出版、2011年及び2015年を参考に筆者作成

して絶対的なものとして確立されていく必要がある。そうでない限り再び量を

[*3]　この方針は、もともとは民間教育団体である数学教育協議会（数教協、1951年設立）によって唱えられた算数・数学教育のための基本方針であるが、それが以降、我が国の文部省（現文部科学省）にも認知され、我が国の初等算数教育の学習指導要領にも広く採用されることとなった。

分析する武器とはなり得ない。しかしながら、先の単位と数値のシーソーゲームは数の絶対性を否定し、それを相対化するものである。もっと言えば、単位換算とは数の否定に他ならないのである。もちろん、学習過程においてこうした段階は必要であり、否定の否定という学習過程を経ない限り、数と量との間に真の統一がもたらされることはない。しかし他方で数の絶対性を確立しなければならない大事な時期に、それを否定した数の相対性を使わなければ理解できないような内容が扱われてよいという理由にはならない。読者の皆さんはようやく気付かれたと思うが、単位換算とはまさにこのことをやっているのである。多くの児童が、なぜこの箇所で躓くのかお分かりいただけたのではないだろうか。

では「10cm = 10m」と回答した児童の思考に再度戻って具体的に検討していこう。「cm」という単位と「m」という単位の関係を考えた場合、後者は前者の100倍である。したがって、「m」単位の測定値を「cm」単位の測定値に変換する場合には「m」単位の測定値を100倍すればよいことになる。これを図式で書くと右のように表される。先に見た児童は数値の方は正しく100でわったが、単位の方も「m」に直す必要があると考え、さらに100倍したのである。この児童は数値と単位との両方に対して正当な操作をしたという訳である。たいへん自然な考え方と言えるのではないだろうか。

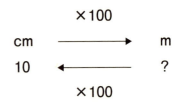

図9-2　10cmをmに単位換算する場合の関係図

しかし、言うまでもなく数値と単位の両方を同時変換してはいけない。同じ量についての数値と単位である限り、一方の変換は自動的に他方の変換を伴うからである。すなわち、数値と単位とは互いに双対なのであって、互いに独立してはいないからである。以上のように、単位換算は非常に難しい問題を内在しているのである。

ここで、先の「10cmは何mですか」という問題がもつもう一つの難しさについても述べておこう。換算には「上げ換算」と「下げ換算」の二種類がある。前者はより大きな単位に変換することで、後者はその反対によりに小さな単

位に変換することである。この二つのうち「上げ換算」の方が「下げ換算」より難しいことは算数教育上の常識となっている。実は、先の「10cmは何mですか」という問題は難しい方の「上げ換算」なのである。「上げ換算」の方が難しい理由は、同じ問題を「下げ換算」と比較すれば一目瞭然である。「10cm＝？　m」という上記の問題とその反対の「下げ換算」である「0.1m＝？cm」という問題をそれぞれ図式に表すと次のようになる。

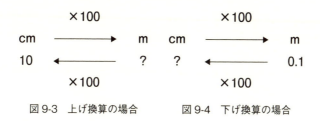

図9-3　上げ換算の場合　　　図9-4　下げ換算の場合

「下げ換算」の場合には数値「0.1」を矢印で示したように「×100」をすれば求められるが、「上げ換算」の場合には数値「10」を矢印とは反対方向の操作、すなわち「÷100」をしなければならないのである。このように「下げ換算」は矢印通りの操作をすればよいが、「上げ換算」では矢印と反対の操作をしなければならないところにその難易度が上がるという訳である[*4]。

四年生になると新しい単位が続々と導入され、その数には圧倒される。具体的には「面積」の単元で登場するcm^2、m^2、km^2、a（アール）、ha（ヘクタール）などである。この段階になると単位換算の間違いは、上述の概念的な間違いというよりも技術的な間違いが圧倒的多数を占め、以下のような十進法に関係する誤答が非常によく見られる。また、a（アール）やha（ヘクタール）が絡むと誤答が一気に増加すると言われている。

$$1\,km^2 = 1000\,m^2$$
$$1\,m^2 = 100\,cm^2$$

こうした十進法に関する誤答が増えるのも現行の初等算数教育から見れば無

[*4] 銀林浩『子どもはどこでつまずくか―数学教育を考えなおす』（現代教育101選53）、国土社、1994年、p.76-89を参照。

理もないことかもしれない[*5]。というのも、我が国の教科書では様々な単位が導入されるものの、それらが非常にランダムに登場してくる感が否めないからである。実はメートル法の単位には一定の規則があり、その単位記号を見れば、その大きさが分かるという特徴をもっている。その概要は以下の表に示す通りであるが、長さの場合で言えば、「メートル（m）」を基準（1とする）として、その10倍が「デカメートル（dam）」、100（10^2）倍が「ヘクトメートル（hm）」、1,000（10^3）倍が「キロメートル（km）」、1,000,000（10^6）倍が「Mm（メガメートル）」…となり、他方、$\frac{1}{10}$（10^{-1}）倍が「デシメートル（dm）」、$\frac{1}{100}$（10^{-2}）倍が「センチメートル（cm）」、$\frac{1}{1000}$（10^{-3}）倍が「ミリメートル（mm）」、$\frac{1}{1000000}$（10^{-6}）倍が「マイクロメートル（μm）」…と決められているという訳である。

表9-2　メートル法の単位とその規則

記号	名称	大きさ		記号	名称	大きさ	
Y	ヨタ	10^{24}	一秭（じょ）倍	d	デシ	10^{-1}	十分の一
Z	ゼタ	10^{21}	十垓（がい）倍	c	センチ	10^{-2}	百分の一
E	エクサ	10^{18}	百京（けい）倍	m	ミリ	10^{-3}	千分の一
P	ペタ	10^{15}	千兆倍	μ	マイクロ	10^{-6}	百万分の一
T	テラ	10^{12}	一兆倍	n	ナノ	10^{-9}	十億分の一
G	ギガ	10^9	十億倍	p	ピコ	10^{-12}	一兆分の一
M	メガ	10^6	百万倍	f	フェム	10^{-15}	千兆分の一
k	キロ	10^3	千倍	a	アト	10^{-18}	百京（けい）分の一
h	ヘクト	10^2	百倍	z	ゼプト	10^{-21}	十垓（がい）分の一
da	デカ	10^1	十倍	y	ヨクト	10^{-24}	一秭（じょ）分の一
−	−	1	−				

　以上、我が国の現行の初等算数教科書における度量衡の学習とその中で重要な位置を占める単位換算の難しさについて見てきた。そこで分かったことは、残念ながら、度量衡の学習内容が論理的に展開されているとは言い難く、児童が躓きやすい単位換算についても数値と単位の双対性という点や「上げ換算」が「下げ換算」よりも圧倒的に難しいことなどが十分には考慮されているとは

[*5] 先に示したように、我が国の教科書にはメートル法についてコラム的な記事の掲載はあるが、これだけでは授業で扱われているとは言い難く、実際にはこれらについて触れていない小学校が非常に多いという報告もある。

言えないということである。これらの点については将来的な改善を待つしかないが、現場で指導を行う教員には少なくともこうした知識や知恵を何らかの形で提供することを通して、度量衡の学習を円滑に行ってもらえるようにしたいものである。

9.2　ベトナム：メートル法式単位に基づいた論理的展開

　ベトナムの度量衡は概して複雑である。これは歴史的な背景が大きく影響している。ここではまず同国の度量衡の歴史的変遷から見ていくことにしよう。

　同国では11世紀頃に中国式の度量衡が入り、以後それが国内で独自に発展を遂げたと言われている。また19世紀後半からフランスによる植民地政策の下でフランス式の度量衡が導入されたが、中国に起源をもつ伝統的な度量衡制度はフランス式の度量衡とともに国内で広く使われ続けた。20世紀に入るとフランス本土でメートル法が使用されるようになったことを受けて、ベトナムでもメートル法の使用が開始された。このように近代のベトナムでは伝統的な度量衡、フランス式、メートル法の三種類が混在していたのである。

　こうした複雑な度量衡制度による混乱を避けるため、フランス植民地時代から幾度となく度量衡統一に関する通達が出されたが、それらは実質的な強制力をもっていなかったために本格的な度量衡の統一には至らなかった。

　同国における現行の度量衡を見ると、2003年にメートル条約の準加盟国[*6]となったこともあり、基本的にはメートル法に則った単位が用いられている。しかし、単位表記はベトナム語であり、読み方もベトナム語読みとなっているため、私たち日本人にはなかなか理解しがたい面がある。

　以下ではベトナムの初等算数教育において扱われる度量衡について詳しく見ていくことにしよう。同国では各学年において度量衡の学習が少しずつ行われ、それぞれの学年において長さや重さ、時間、面積、かさや体積などの単位が順番に学べるように内容が配列されている。以下に示した表は学年毎に取り扱われる度量衡を時系列にまとめたものである。

　表からベトナムの度量衡についての学習における幾つかの特徴が見い出せる。まず一つ目は、長さや面積、かさや体積などはメートル法に則った単位が使われているということである。このことは、先に述べたように、同国の社会

[*6] 1999年10月開催の第21回総会で新たに設立された制度で、準加盟国は、国際度量衡局（BIPM）の活動には参加しないが、較正と測定の相互承認のための国際度量衡委員会（CIPM）及び相互承認協定（MRA）にのみ参加することができる。

では伝統的な単位やフランス式の単位が混在しているにもかかわらず、学校教育ではメートル法に統一されているということを意味する。また、メートル法

表9-3　ベトナムにおける度量衡の学習

学年	時期	度量衡の学習内容
一年生		情報なし
二年生	上下旬	「第1章　復習」、「第6章　1000までの数」 長さ：mm、cm、dm、m、km 「第2章　100までの数のたし算」 重さ：kg 容積：ℓ
	中旬	「第3章　100までの数のひき算」 時間：時 「第5章　かけ算とわり算」 時間：分、時
三年生	上中旬	「第1章　復習」、「第3章　10000までの数」 時間：分、時 長さ：mm、cm、dm、m、dam、hm、km 重さ：g、kg 容積：ℓ
	下旬	「第4章　100000までの数」 面積：cm^2
四年生	上旬	「第1章　自然数、測定の単位」 重さ：g、dag、hg、kg、yen、ta、tan 時間：秒、分、時、年、世紀
	中旬	「第2章　自然数の四則計算と図形」 「第3章　2、5、9、3でわる、平行四辺形の学習」 面積：cm^2、dm^2、m^2、km^2
	下旬	「第5章　数値―数値に関する問題、地図の縮尺」 長さ：mm、cm、dm、m、km
五年生	上旬	「第1章　分数の復習、数値に関する問題、面積」 「第2章　十進法、小数」 長さ：mm、cm、dm、m、dam、hm、km 重さ：g、dag、hg、kg、yen、ta、tan 時間：分、時 面積：mm^2、cm^2、dm^2、m^2、dam^2、hm^2、km^2、ha
	中旬	「第3章　図形」 体積：cm^3、dm^3、m^3
	下旬	「第4章　時間の測定」 時間：秒、分、時、日、週、年、世紀 速度：分速、時速

出典：ベトナム国『TOÁN』教育訓練省、2003年を参考に筆者作成

の単位は十進法に基づいており、その規則がきっちりと示された上でそれぞれの単位が扱われている。例えば、長さについては大きい単位から順に「キロメートル（km）」、「ヘクトメートル（hm）」、「デカメートル（dam）」、「メートル（m）」、「デシメートル（dm）」、「センチメートル（cm）」、「ミリメートル（mm）」が表で示され、これら隣り合う単位の関係は10倍（あるいは$\frac{1}{10}$倍）になっていることが理解できるようになっている。

メートル(m)は長さの測定単位です。
1m=10dm、1m=100cm

出典：ベトナム国『TOÁN 2』教育訓練省、2003年、p.150、筆者翻訳

図9-5　長さの学習

　これらの単位に中で「ヘクトメートル（hm）」、「デカメートル（dam）」、「デシメートル（dm）」は我が国の算数・数学教育では全く扱われることがなく、私たち日本人にとってはほとんど馴染みがない。しかし、これらの単位を知らないとメートル法の十進法に基づいた規則正しい法則が理解できず、各単位の大きさを丸暗記するしかない。もし暗記できていない場合には単位換算で思わぬ間違いを犯してしまうことになる。ベトナムではそうした誤りを防ぐためにもきっちりとメートル法の規則が示されていると同時に、こうした我が国では

体積を表すには、立方センチメートル（cm³）や立方デシメートル（dm³）を用います。

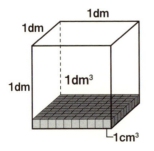

a) 1 立方センチメートル（cm³）は一辺1cm の立方体の体積です。

b) 1 立方デシメートル（dm³）は一辺1dm の立方体の体積です。

c) 1dm は 10cm なので、10×10×10＝1000 と計算すると、1dm³＝1000cm³ となります。

出典：ベトナム国『TOÁN 5』教育訓練省、2003年、p.116、筆者翻訳

図9-6　デシメートル（dm）を使った体積を求める学習

第9章　長さ、重さ、かさの単位（度量衡）の学習

全く使わない単位も日常生活の中で使用されているという訳である。

　二つ目の特徴は重さの単位に見られる。同国の教科書では重さの単位として「グラム（g）」、「デカグラム（dag）」、「ヘクトグラム（hg）」、「キログラム（kg）」といったメートル法で定められた単位以外に、「エン（yen）」、「タ（ta）」、「タン（tan）」といったメートル法にはないベトナム独自の単位が扱われている。これらの単位の相互関係を見ると、一応十進法に則って組み立てられており、「1タン（1tan）は10タ（10ta）」、「1タ（1ta）は10エン（10yen）」という換算ができるが、「キログラム（kg）」が基準とされ、そこから大きな方は10倍、100倍、1000倍、小さな方は$\frac{1}{10}$倍、$\frac{1}{100}$倍、$\frac{1}{1000}$倍という単位設定になっているので、明らかに「グラム（g）」を基本単位としたメートル法の単位設定とは異なっていることが分かる。ただし、メートル法に則った単位設定ではないとは言いながらも、その単位とそれら単位間の関係性については表を用いて説明されている点は上述の長さと同様である。

表9-4　ベトナム式の度量衡単位の関係表

メートルより大きな単位			メートル	メートルより小さな単位		
km	hm	dam	m	dm	cm	mm
1km = 10hm = 1000m	1hm = 10dam = 100m	1dam = 10m	1m = 10dm = 100cm = 1000mm	1dm = 10cm = 100mm	1cm = 10mm	1mm

キログラムより大きな単位			キログラム	キログラムより小さな単位		
tan	ta	yen	kg	hg	dag	g
1tan = 10ta = 1000kg	1ta = 10yen = 100kg	1yen = 10kg	1kg = 10hg = 1000g	1hg = 10dag = 100g	1dag = 10g	1g

平方メートルより大きな単位			平方メートル	平方メートルより小さな単位		
km²	hm²	dam²	m²	dm²	cm²	mm²
1km² = 100hm²	1hm² = 10dam² = $\frac{1}{100}$km²	1dam² = 100m² = $\frac{1}{100}$dam²	1m² = 100dm² = $\frac{1}{100}$dam²	1dm² = 100cm² = $\frac{1}{100}$m²	1cm² = 100mm² = $\frac{1}{100}$dm²	1mm² = $\frac{1}{100}$cm²

注：長さと面積はメートル法に則っているが、重さはベトナム式である。
出典：（上）ベトナム国『TOÁN 3』、p.45（中）『TOÁN 4』、p.27（下）『TOÁN 5』、p.24、教育訓練省、2003年、筆者翻訳

こうしたメートル法における単位の関係性、及びメートル法ではなくてもそこに含まれる単位の関係を明確に示すということは残念ながら我が国の教科書には見られなかった点である。やはりメートル法発祥の地であるフランスの影響を強く受けたことが、こうした度量衡の学習内容を左右しているのかもしれない。

　さらに三つ目の特徴は単位換算に関するものである。同国の四年生までは概して「下げ換算」を中心に内容が構成されている。「下げ換算」とは小さな単位に変換するもので、この逆である「上げ換算」よりは児童にとってはかなり理解しやすく換算もしやすい。次頁に示したのは三年生の教科書で長さの単位の学習の箇所であるが、この頁をよく見ていただきたい。ここに掲載されている単位変換の問題はすべて「下げ換算」となっている。ベトナムの教科書編集者がこのことを十分に認識した上で度量衡の学習内容を構成したかどうかは正直分からないが、教科書を見る限りにおいてはそういったことが配慮されているように見受けられる。これも、やはりメートル法の発祥地であるフランスの影響を強く受けてきた国ならではの特徴なのかもしれない。

第 9 章　長さ、重さ、かさの単位（度量衡）の学習

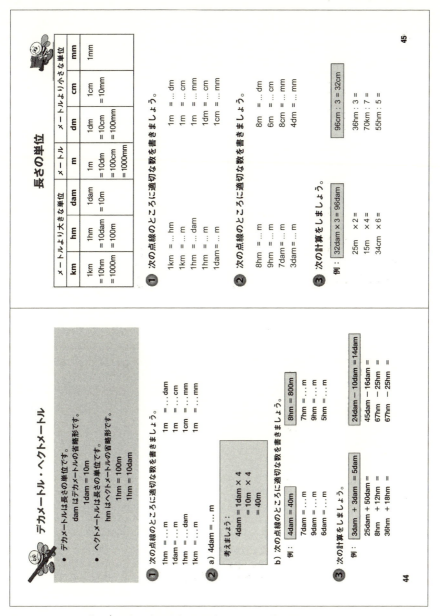

出典：ベトナム国『TOÁN 3』教育訓練省、2003 年、p.44-45、筆者翻訳
図 9-7　度量衡（長さ）の学習（ベトナム）

9.3 インドネシア：教材配置の再考が必要か！？

インドネシアでは度量衡の学習は二年生から開始され、時刻の表し方、長さの表し方、そして重さの表し方が扱われる。同国は1960年にメートル条約に加盟したこともあって、基本的には十進法に則ったメートル法が使われている。例えば、長さを表す単位には「ミリメートル（mm）」、「センチメートル（cm）」、「メートル（m）」、「キロメートル（km）」というように我が国でも使われる単位の他に、メートル法で定められた「デシメートル（dm）」、「デカメートル（dam）」、「ヘクトメートル（hm）」なども普通に登場する。もちろん、面積の単位ではこれら長さの単位を二乗した単位、すなわち「平方センチメートル（cm^2）」、「平方メートル（m^2）」、「平方キロメートル（km^2）」といった私たちが見慣れたものから、「平方ミリメートル（mm^2）」や「平方デシメートル（dm^2）」も取り扱われる。

同国の重さを表す単位も基本的にはメートル法を基にしたものであり、小さい方から「ミリグラム（mg）」、「センチグラム（cg）」、「デシグラム（dg）」、「グラム（g）」、「デカグラム（dag）」、「ヘクトグラム（hg）」、「キログラム（kg）」が取り扱われる。加えて、「トン（ton）」や「キンタル（kintal〈英語では通常 quintal と表記〉）」、「ポンド（pon〈英語では通常 pound と表記〉）」、「オンス（ons〈英語では通常 ounce と表記〉）」といった単位も登場する。この「トン」という単位はもともとのメートル法にはなかったが、キログラム以上の大きさを表す単位として1879年になって初めて認められたものである。現在では「トン」はメートル法に含まれており、正式には「メトリック・トン（metric ton）」と呼ばれる。また、「キンタル」はヨーロッパで古くから使われていた質量の単位でポンドやキログラムの100倍として一般には定義されてきたが、それが国によって徐々に変化し、現在では45kg前後を表す国や地域もあれば、50kg程度を表す国や地域もあり統一がとれていない。ちなみにアメリカでは100ポンドを1キンタルとしており、これは45.36kgに相当する。ただ、インドネシアの初等算数教育で取り扱われる「キンタル」はフランスで使われているメートル法に則った「キンタル」であり、正式には「メトリック・キンタル（metric quintal)」と呼ばれ「100kg」を意味する。

さらに「ポンド」と「オンス」はかなり複雑な単位である。これらはヤード・ポンド法における質量の単位であり、現在は1ポンドを0.45359237kg、1オンスを0.028349523125kg（$\frac{1}{16}$ポンド）としているが、イギリスでは1ポンド＝0.45359243kg、1オンスはその16分の1、アメリカでは0.4535924277kg、1オンスはその16分の1が伝統的に長らく使われてきた。他方、インドネシアの初等教育で取り扱われる「ポンド」はメートル法の草創期にフランスで定められた1ポンド＝500グラムを表すものであり、現在一般的に用いられる「ポンド」と「オンス」、また従来イギリスやアメリカで使われていた単位量とは全く異なっていることに注意する必要がある。実はこの「1ポンド＝500グラム」は国際単位系（SI）では公式には認められていない。

また、同国の四年生では類別詞と呼ばれるものが登場することも指摘しておく必要がある。類別詞とは名詞の種類に応じてそれを表わすために用いられる語または接辞を指す。ご存じのように、日本語や中国語には助数詞と呼ばれる名詞の数量を表すために数詞の後に付く語（例えば、1匹の「匹」、2本の「本」、3羽の「羽」、4頭の「頭」など）があるが、類別詞はそれ以外にも形容詞や所有限定詞の後に付いたり、また単独で現れたりする場合もある複雑な語あるいは接辞である。類別詞の世界的な分布としては東アジアから東南アジア、そして太平洋諸島などに見られると言われている。インドネシアの初等算数教育で扱われる類別詞は、紙の一枚一枚を指す「レンバー（lembar）」あるいは「ヘライ（helai）」とそれが束になった「リム（rim）」、果物などの1個、2個といった個々を指す「ブア（buah）」、それが12個一まとまりになった「ルシン（lusin〈文房具や食器などに使い、英語のダースの意味〉）」、さらに12の二乗である144個まとまった「グロス（gros）」、そして衣類などが20枚集まった「コディ（kodi〈衣類などに使う〉）」である。

このようにインドネシアの初等算数教育における度量衡の学習では、基本的にメートル法の単位が取り扱われるが、それ以外の単位もしばしば登場するという複雑な構造となっている。

三年生までは度量衡の単位はランダムに導入されている印象があるが、四年生の教科書ではこれまで出てきたメートル法に基づいた長さと重さの単位を分

表9-5　インドネシアにおける度量衡の学習

学年	時期	度量衡の学習内容
二年生	中旬	「第3章　測定」 時間：分、時 長さ：cm、m 重さ：g、kg、ポンド、オンス
三年生	初旬	「第2章　測定」 時間：分、時、日、週、月、年 長さ：cm、dm、m、km 重さ：g、hg、kg、オンス
	下旬	「第5章　まわりの長さと面積」 面積：cm^2、dm^2、m^2
四年生	初中旬	「第3章　測定」、「第4章　まわりの長さと面積」 時間：秒、四半期、十年、世紀 長さ：mm、dm、m、dam、hm、km 面積：mm^2、cm^2、dm^2、km^2 重さ：mg、cg、dg、g、dag、kg、ton、キンタル、ポンド、オンス 類別詞：ブア（buah）、ルシン（lusin）、グロス（gros）、リム（rim）、レンバー／ヘライ（lembar / helai）、コディ（kodi）
五年生	初旬	「第2章　測定」 時間：分、時 長さ：mm、cm、dm、m、dam、hm、km 速度：秒速、分速、時速
六年生	初旬	「第2章　測定」、「第3章　面積と体積」 時間：秒、分、時 面積：cm^2 体積：cm^3、dm^3、m^3、dam^3 容積：cc、mℓ、cℓ、dℓ、ℓ、daℓ、kℓ

出典：インドネシア国『Pelajaran Matematika』Erlangga出版社、2006年を参考に筆者作成

かりやすく図で表している。この図を見ることで初めて既習の様々な単位の間に一定の規則があったことが分かるという訳である。

　また、六年生ではメートル法に基づく既習の体積と容積の単位がやはり分かりやすく次頁に示したような図で説明されており、この図を見ることで体積と容積のそれぞれの単位の関係性が理解できる。しかしながら、折角このようなメートル法の規則を説明することによって児童の度量衡における単位の理解を促しているとは言いながらも、この説明がかなりの数の単位を学んだ後に登場してくるという教科書構成には「もう少し早くこれらの説明ができないのか！」と文句も言いたくなる。

第9章　長さ、重さ、かさの単位(度量衡)の学習

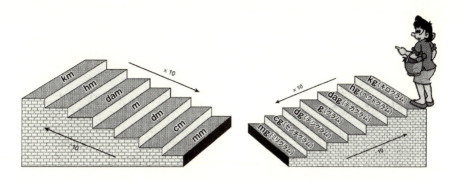

出典：インドネシア国『Pelajaran Matematika 4A』Erlangga 出版社、2006 年、（左）p.124、（右）p.127
図 9-8　メートル法による長さと重さの単位の関係図

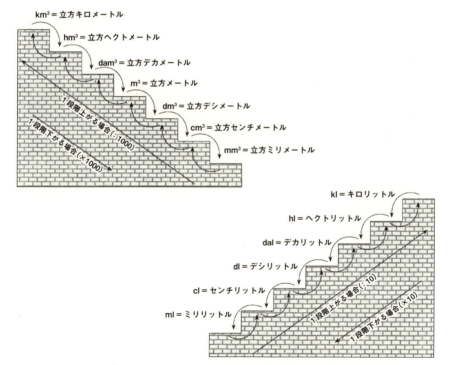

出典：インドネシア国『Pelajaran Matematika 6A』Erlangga 出版社、2006 年、p.36、筆者翻訳
図 9-9　メートル法による体積と容積の単位の関係図

さらに、インドネシアの単位換算の学習内容には以下に示したように「上げ換算」と「下げ換算」が混じっており、児童にとってはかなり難しい内容となっている。特に三年生のまだ長さや重さについての単位を習ったばかりの段階から、すでに「上げ換算」が課題として出されていることは度量衡の学習自体が児童にとって難易度の高いものとなっており、理解できずに興味を失ってしまう子どもたちが大勢出てくる可能性が非常に高いと言える。

練習3
次の点線の部分に適切な数値を書きなさい。

1. 3 km ＝ ... m
2. 2 m ＝ ... dm
3. 5 km ＝ ... m
4. 7 m ＝ ... dm
5. 9 m ＝ ... cm
6. 8 dm ＝ ... cm
7. 24 km ＝ ... m
8. 33 dm ＝ ... cm
9. 46 m ＝ ... dm
10. 72 dm ＝ ... cm

練習4
次の点線の部分に適切な数値を書きなさい。

1. 5.000 m ＝ ... km
2. 3.000 m ＝ ... km
3. 700 cm ＝ ... m
4. 320 cm ＝ ... dm
5. 2.000 m ＝ ... km
6. 4.000 m ＝ ... km
7. 600 dm ＝ ... m
8. 3.000 dm ＝ ... m
9. 430 dm ＝ ... m
10. 620 cm ＝ ... dm

注：(上) 練習3は「下げ換算」、(下) 練習4は「上げ換算」。
出典：インドネシア国『Pelajaran Matematika 3A』Erlangga出版社、2006年、p.134-135、筆者翻訳

図9-10　単位換算の練習問題

第9章 長さ、重さ、かさの単位（度量衡）の学習

出典：インドネシア国『Pelajaran Matematika 4A』Erlangga 出版社、2006年、p.132-133、筆者翻訳
図9-11 度量衡（長さ）と類別詞の学習（インドネシア）

9.4 ミャンマー：様々な単位系の混在で極めて複雑！

　ミャンマーの度量衡は非常に複雑である。というのも、日常生活の中で幾種類もの異なった単位系が使われているからである。同国で昔から使われてきたミャンマー式の単位系をはじめ、イギリス植民地時代に採用されたイギリス式単位系（ヤード・ポンド法）、現在国際的に共通に用いられるメートル法に基づいた単位系の三種類が国内で混在しているのである。したがって、同国の初等算数教育においてもこの三種類の単位系の学習が行われ、この学習のために初等算数教育全体の授業時間数の約四分の一という大量の時間が費やされている[*7]。なお、ミャンマーは現時点においてメートル条約に加盟していない世界でも数少ない国の一つである。

　では、同国の度量衡の学習で取り扱われている単位について詳しく見ていこう。度量衡が学習内容として取り扱われるのは二年生からである。長さ、重さ、かさ、時間、面積、体積などが学年を追って登場してくる。この中でも長さ、重さ、かさの単位は、先に触れたようにミャンマー式、イギリス式（ヤード・ポンド法）、メートル法式の三種類が登場し、それぞれにおける固有の単位名はもちろん、異なった単位間での換算なども取り扱われ、児童にとってはかなり内容過多という印象がある。同国の初等算数教育で取り扱われる単位を整理すると以下のようになる。

【長さ】

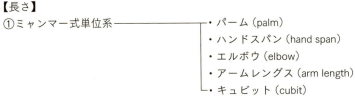
①ミャンマー式単位系
- パーム（palm）
- ハンドスパン（hand span）
- エルボウ（elbow）
- アームレングス（arm length）
- キュビット（cubit）

[*7] 初等算数教育の学年別における度量衡の学習に費やされる時間数は学年を追う毎に増加し、一年生で0％（度量衡の学習なし）、二年生で約13％、三年生で約24％、四年生で約28％、そして最終学年である五年生で約36％となっている。なお、ここの割合（％）は各学年の教科書で割かれている度量衡の学習部分の頁数から筆者がはじき出した数値である。

第9章　長さ、重さ、かさの単位(度量衡)の学習

②イギリス式(ヤード・ポンド法)単位系
- インチ（inch）
- フット（foot）・フィート（feet）
- ヤード（yard）
- チェーン（chain）
- ハロン（furlong）
- マイル（mile）

③メートル法単位系
- ミリメートル（mm）
- センチメートル（cm）
- デシメートル（dm）
- メートル（m）
- キロメートル（km）

【重さ】

①ミャンマー式単位系
- ティクル（tickel）
- ヴィス（viss）

②イギリス式(ヤード・ポンド法)単位系
- オンス（ounce）
- ポンド（pound）
- ストーン（stone）
- クォーター（quarter）
- ハンドレッドウェイト（hundredweight）
- トン（ton）

③メートル法単位系
- ミリグラム（mg）
- グラム（g）
- キログラム（kg）

【容積】

①ミャンマー式単位系
- ティン（tin）
- ピャイ（pyay）
- クォーター（quarter）
- ハーフバスケット（half basket）
- フルバスケット（full basket）」

②イギリス式(ヤード・ポンド法)単位系
- パイント（pint）
- クォート（quart）
- ガロン（gallon）

③メートル法単位系
- ミリリットル（mℓ）
- リットル（ℓ）
- キロリットル（kℓ）

307

【面積】
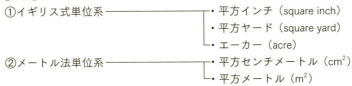

【体積】
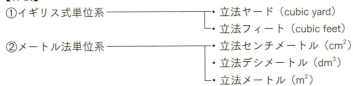

（なお、上記の各単位系の換算比率等については、本節最後のコラムを参照のこと）

　このように様々な度量衡の単位が使われるミャンマーであるが、筆者は実際に現地の人々に日常よく使う単位系について尋ねたことがある。現地の人々から得た回答によれば、「長さ」や「面積」は主としてイギリス式（ヤード・ポンド法）の単位系が使われ、「かさ」についてはイギリス式（ヤード・ポンド法）とミャンマー式の単位系が混在しているということであった。また、「重さ」はイギリス式（ヤード・ポンド法）とメートル法、ミャンマー式の単位系の三種が混ざっているとの結果を得た。実際、現地の屋外マーケットなどに行くとミャンマー式の単位系が使われているのを目にすることができる。
　表9-6はミャンマー初等算数教科書における度量衡が扱われている単元とそれぞれで学習する単位についてまとめたものである。
　同国の初等算数教育での度量衡の学習はミャンマー式、イギリス式、メートル法に基づいた単位系というように異なった三種類の単位系が取り扱われているために非常に複雑であるだけでなく、そのために大量の時間を費やしていることはすでに触れた通りである。
　これらの様々な単位の学習においてミャンマー独特の特徴がいくつか見られる。まず一つ目はミャンマー式単位系、イギリス式単位系、メートル法に基づいた単位系の学習順序である。これは学年によっていろいろで統一性が見られない。ただ、敢えて言うとすれば、「長さ」の単位に関してはメートル法が優

表 9-6 ミャンマーにおける度量衡の学習

学年	時期	度量衡の学習内容	
二年生	下旬	「第7章 いろいろな測定（長さ、重さ、かさ、時間と日）」	長さ④：inch 長さⓍ：cm 時間Ⓧ：分、時、日 重さⓈ：tickel、viss 容積Ⓢ：tin、pyay、quarter、half basket、full basket
三年生	下旬	「第10章 ミャンマー式の重さとかさ」	重さⓈ：tickel、viss 容積Ⓢ：tin、pyay、basket
		「第11章 時間と長さ」	時間Ⓧ：分、時 長さⓈ：hand span、elbow、arm length、cubit 長さ④：inch、foot、yard 長さⓍ：cm、m
四年生	下旬	「第10章 重さとかさ」	重さⓈ：tickel、viss 容積Ⓢ：tin、pyay、quarter、half basket、full basket 〈メートル法単位〉 重さⓍ：g、kg
		「第11章 時間」	時間Ⓧ：秒、分、時間、日、月
		「第12章 長さ」	長さⓈ：palm、hand span、cubit 長さ④：yard 長さⓍ：cm、dm、m、km
五年生	初旬	「第8章 時間」	時間Ⓧ：秒、分、時間、日、週
		「第9章 重さとかさ」	重さⓈ：viss 重さ④：ounce、pound、quarter、stone、hundredweight、ton 重さⓍ：mg、g、kg 容積Ⓢ：basket 容積④：pint、quart、gallon 容積Ⓧ：mℓ、ℓ、kℓ
		「第11章 長さ」	長さ④：inch、foot、chain、yard、furlong、mile 長さⓍ：mm、cm、dm、m、km
		「第12章 周囲の長さと面積」	面積④：平方インチ、平方ヤード、エーカー 面積Ⓧ：cm²、m²
		「第13章 体積」	体積④：立法ヤード、立法フィート 体積Ⓧ：cm³、dm³、m³

注：Ⓧメートル法、④イギリス式、Ⓢミャンマー式を指す。
出典：ミャンマー国『Mathematics』カリキュラム・シラバス・教科書委員会、2014年を参考に筆者作成

表9-7 各学年における単位の取り扱い順序

学年	種類	取り扱い順序
2年	重さ	①ミャンマー式
	かさ	①ミャンマー式
3年	重さ	①ミャンマー式
	かさ	①ミャンマー式
	長さ	①メートル法→②イギリス式→③ミャンマー式
4年	重さ	①ミャンマー式→②メートル法
	かさ	①ミャンマー式
	長さ	①ミャンマー式→②メートル法
5年	重さ	①ミャンマー式→イギリス式→③メートル法
	かさ	①ミャンマー式→イギリス式→③メートル法
	長さ	①メートル法→②イギリス式

出典：筆算作成

先され、「重さ」と「かさ」の単位はミャンマー式単位系が優先されていると考えられなくもない。筆者はこの違いの理由について、同国の教育関係者に問うてみたが明確な回答は得られず未だに不明である。

二つ目の特徴は度量衡の取り扱い順序である。これまで見てきたように我が国やベトナム、インドネシアでは度量衡の中で「長さ」の学習が他のものよりも先に取り扱われていた。しかしながら、ミャンマーでは「重さ」や「かさ」の学習が「長さ」の学習に先行して設定されている。これは同国に

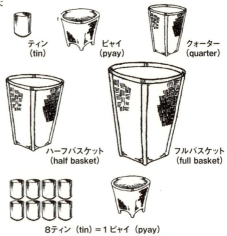

注：（上）かさを表すミャンマー式単位系、（下）重さを表すミャンマー式単位系。
出典：ミャンマー国『Mathematics Grade 2』カリキュラム・シラバス・教科書委員会、2014年、p.87、p.84、筆者翻訳

図9-12 単位の相互関係を示す図

おける度量衡の大きな特徴の一つであると言える。

三つ目の特徴として指摘しておきたいことは単位換算についてである。基本的にミャンマーの初等算数教育においては同一単位系の中での単位換算（例えば、ミャンマー式単位内における換算）が主として行われ、異なった単位系の間の単位換算（ミャンマー式単位のメートル法単位へ換算など）はほとんど扱われないということである。これは同国の日常生活において三種類の単位系が混在しているとは言うものの、それらの単位が同一地点における同一商品において使われているのではないことを示していると考えられる。例えば、屋外マーケットで生の鶏肉を購入する際はミャンマー式単位系（重さ）が用いられるが、都市部のデパートなどですでに加工され切り分けられてパックされた鶏肉を購入する際はイギリス式単位系（重さ）が用いられるということである。

最後の特徴は上記の同一単位系内での単位換算と密接に関係したことである

表9-8 単位の相互関係を示す表

重さを表すミャンマー式単位系

1 ヴィス = 100 ティクル																
50 ティクル								50 ティクル							
25 ティクル				25 ティクル				25 ティクル				25 ティクル			
$12\frac{1}{2}$ ティクル		$12\frac{1}{2}$ ティクル		$12\frac{1}{2}$ ティクル		$12\frac{1}{2}$ ティクル		$12\frac{1}{2}$ ティクル		$12\frac{1}{2}$ ティクル		$12\frac{1}{2}$ ティクル		$12\frac{1}{2}$ ティクル	
10 ティクル	10 ティクル	10 ティクル	10 ティクル	10 ティクル	10 ティクル	10 ティクル	10 ティクル	10 ティクル	10 ティクル	10 ティクル	10 ティクル	10 ティクル	10 ティクル	10 ティクル	10 ティクル

重さを表すイギリス式単位系

1 ポンド															
8 オンス								8 オンス							
4 オンス				4 オンス				4 オンス				4 オンス			
2 オンス		2 オンス		2 オンス		2 オンス		2 オンス		2 オンス		2 オンス		2 オンス	
1 オンス	1 オンス	1 オンス	1 オンス	1 オンス	1 オンス	1 オンス	1 オンス	1 オンス	1 オンス	1 オンス	1 オンス	1 オンス	1 オンス	1 オンス	1 オンス

かさを表すメートル法単位系

1 リットル									
500 ミリリットル					500 ミリリットル				
200 ミリリットル		200 ミリリットル		200 ミリリットル		200 ミリリットル		200 ミリリットル	
100 ミリリットル	100 ミリリットル	100 ミリリットル	100 ミリリットル	100 ミリリットル	100 ミリリットル	100 ミリリットル	100 ミリリットル	100 ミリリットル	100 ミリリットル

出典：ミャンマー国『Mathematics Grade 4』、（上）p.101、『同 Grade 5』、（中）p.122、（下）p.135、カリキュラム・シラバス・教科書委員会、2014年、筆者翻訳

が、同国の初等算数教科書には「上げ換算」も「下げ換算」も両方が同時に取り扱われているということである。加えて、ある単位から他の単位へきっちりと換算できるものだけなく、余りの生じる数値の換算も含まれていて、児童にとってはかなり高いハードルになっているということである。例えば「10050 ℓ は何kℓ何ℓ に相当するでしょう」といった問題がそれに相当する。

第9章　長さ、重さ、かさの単位（度量衡）の学習

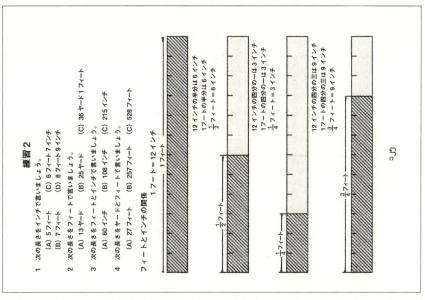

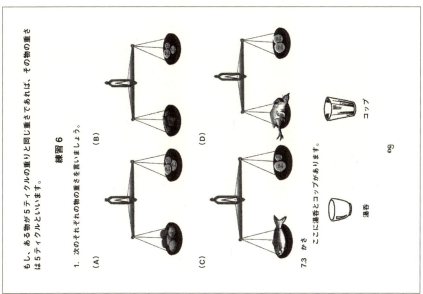

出典：ミャンマー国『Mathematics Grade 2』、p.85、『同 Grade 3』、p.125、カリキュラム・シラバス・教科書委員会、2014年、筆者翻訳

図9-13　度量衡の学習（ミャンマー）

コラム：ミャンマーの度量衡

　ミャンマーの度量衡は古くから同国で使われてきた独特の単位以外にイギリス式、メートル法式と三種類の単位が使われ非常に複雑になっている。ここでは長さ、重さ、かさについてそれぞれの単位内及び単位相互間の関係について簡単に説明しておこう。

　なお、以下の単位換算表はミャンマーの初等算数教科書の記述をもとに筆者が作成したものである。

【長さ】

ミャンマー式					
パーム（palm）	1	2		4	
ハンドスパン（hand span）		1		2	
エルボウ（elbow）			1	4	
アームレングス（arm length）				1	
キュビット（cubit）					1

イギリス式					
インチ（inch）	1	12	36	66	660	
フット（foot）・フィート（feet）		1	3			5280
ヤード（yard）			1			
チェーン（chain）				1	10	
ハロン（furlong）					1	
マイル（mile）						1

注：ミャンマー式とイギリス式の単位換算 1ヤード＝2キュビット

メートル法					
ミリメートル（mm）	1	10	100	1000	1000000
センチメートル（cm）		1	10	100	100000
デシメートル（dm）			1	10	10000
メートル（m）				1	1000
キロメートル（km）					1

注：イギリス式とメートル法の単位換算 1フート＝304.8mm

第9章　長さ、重さ、かさの単位（度量衡）の学習

【重さ】

ミャンマー式		
ティクル（tickel）	1	100
ヴィス（viss）		1

注：ミャンマー式とイギリス式の単位換算　1ヴィス＝3.6ポンド

イギリス式						
オンス（ounce）	1	16	224	448	1792	35840
ポンド（pound）		1	14	28	112	2240
ストーン（stone）			1	2	4	80
クォーター（quarter）				1	2	40
ハンドレッドウェイト（hundredweight）					1	20
トン（ton）						1

メートル法			
ミリグラム（mg）	1	1000	1000000
グラム（g）		1	1000
キログラム（kg）			1

注：ミャンマー式とメートル法の単位換算　1グラム＝$\frac{6}{100}$ティケル

【かさ】

ミャンマー式					
ティン（tin）	1	8	32	64	128
ピャイ（pyay）		1	4	8	16
クォーター（quarter）			1	2	4
ハーフバスケット（half basket）				1	2
フルバスケット（full basket）					1

イギリス式			
パイント（pint）	1	2	8
クォート（quart）		1	4
ガロン（gallon）			1

メートル法			
ミリリットル（mℓ）	1	1000	1000000
リットル（ℓ）		1	1000
キロリットル（kℓ）			1

9.5　ネパール：メートル法式単位を中心とした学習

　ネパールの度量衡は同国で古来から使われてきた独自の単位があるものの、現在はメートル法に基づいた単位が広く用いられている。したがって、同国の初等算数教育でも度量衡の単位としてメートル法を基準としたものが中心に扱われている。

　同国での度量衡の学習は一年生から開始されるが、この段階では時間（何時をはじめ、日、週、月を含む）のみの学習である。二年生から長さやかさ、重さに関する内容が扱われ、三年生ではそれに面積と体積が加わり[*8]、それが初等教育の最終学年である五年生まで続く。

　長さについては「ミリメートル（mm）」、「センチメートル（cm）」、「メートル（m）」、「キロメートル（km）」が扱われ、他のアジア諸国が扱っていた「デシメートル（dm）」や「デカメートル（dam）」、「ヘクトメートル（hm）」などは登場しない。

　重さについては「グラム（g）」と「キログラム（kg）」の二つが主に使われるが、五年生で「キンタル（quintal）」が登場する。先にインドネシアの節で触れたが、「キンタル」はかつては世界で広く使われていた単位であり、ポンドやキログラムを基本単位としてその100倍としていた。しかし、現在は国によって定義が異なっており、100倍になっていない場合が多い。ネパールでは100kgを1キンタルと定義しており、これはフランスで使われている量と同じである。ちなみにアメリカでは1キンタルは45.36kg、イギリスでは50.84kgである。

　かさについては「ミリリットル（ml）」、「リットル（l）」が中心に使われるが、三年生では「ガロン（gallon）」も登場する。前者二つはメートル法に則った単位であるが、ガロンはヤード・ポンド法のかさの単位である。実はガロンは国や用途によって定義が異なり、アメリカでは3.785411786 l、イギリスでは4.54609 l であるが、ネパールでは1ガロンを5.7 l と定義しているので、

[*8] 面積は二年生から導入されるが、ここではどちらが大きいあるいは小さいという比較のみで、単位などは扱われないので、実質的な面積の学習は三年生からと言える。

アメリカ式でもイギリス式でもないことが分かる。

そして、同国の初等算数教育で特徴的なものとして、四年生で温度計が扱われ、そこで温度の単位が扱われる。ここではセルシウス度（摂氏、℃）とファーレンハイト度（華氏、℉）が扱われる。実は、温度を表す単位としては多くの単位があり、上記二つ以外にも、デリスリー度（°De）、ニュートン度（°N）、ランキン度（°R）、レオミュール度（°R）、ケルビン度（°K）などがあり、それぞれに表される量が異なっている。なお、ケルビン度（°K）は国際単位系（SI）基本単位とされている。

以下の表はネパールにおける度量衡に関する学習内容を学年毎に整理したものである。

表9-9　ネパールにおける度量衡の学習

学年	時期	度量衡の学習内容
一年生	中下旬	「第20章　時間」、「第21章　一週間」、「第45章　月」 時間：時、曜日（日〜土）、月（1〜12月）
二年生	中旬 下旬	「第12章　距離」 長さ：cm、m 「第19章　時間」 時間：分、時、日、月、年 「第21章　かさ」 容積：ml、l 「第20章　面積」 面積：（単位の扱いなし） 「第23章　重さ」 重さ：g、kg
三年生	下旬 中旬 下旬	「第1章　線分」 長さ：cm 「第15章　時間」 時間：分、時間、日、週、月、年 「第17章　距離」 長さ：cm、m 「第18章　面積」 面積：cm^2 「第19章　かさ」 容積：ml、l、ガロン 「第20章　体積」 体積：cm^3 「第21章　重さ」 重さ：g、kg

四年生	中旬	「第5章　時間、お金、測定」 時間：秒、分、時間、日、週、月、年 長さ：mm、cm、m、km 面積：cm^2 容積：mℓ、ℓ 体積：cm^3 重さ：g、kg
	下旬	「第7章　統計」 温度：摂氏（℃）、華氏（℉）
五年生	上旬	「第4章　時間」 時間：秒、分、時間、日、月、年、10年、世紀 「第6章　距離」 長さ：cm、m、km
	中旬	「第8章　面積」 面積：cm^2、m^2 「第9章　かさ」 容積：mℓ、ℓ 「第10章　体積」 体積：cm^3 「第11章　重さ」 重さ：g、kg、キンタル

出典：ネパール国『My Mathematics』カリキュラム開発センター、2010年を参考に筆者作成

　ネパールの初等算数教育における度量衡の学習では基本的にメートル法に則った単位が扱われ、それも日常生活でよく使われる単位に限られている。これは我が国の度量衡の学習内容とよく似ている。この類似性は、同時にネパールの度量衡の学習においても、我が国のそれと同じ問題を抱えているということを意味する。すなわち、次々に登場してくる度量衡の単位の一つひとつについては図や文章などでその大きさの度合いが示されてはいるものの、メートル法に基づく単位系全体の話には触れられていないため、そこにある一定の規則については分からない。児童は一つひとつの単位について暗記するしかないのである。

　また、同国の度量衡の種類の提示順序は基本的に「長さ」が最も先に扱われ、次に「かさ」、そして最後に「重さ」という順序が学年を通じて一貫している。この点についても我が国と類似している。

　最後に単位換算についてであるが、三年生までは基本的に「下げ換算」のみ

第9章 長さ、重さ、かさの単位(度量衡)の学習

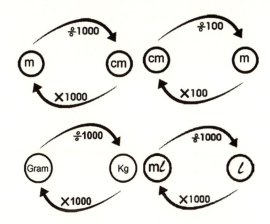

注：（上）長さの単位換算、（左下）重さの単位換算、（右下）かさの単位換算。
出典：ネパール国『My Mathematics Class 4』カリキュラム開発センター、2010年、（上）p.85、（左下）p.100、（右下）p.94

図9-14 単位の相互関係を示す図

が扱われ、「上げ換算」はほとんど出てこない。三年生ぐらいの段階ではまだ数の概念が児童の中にしっかりと確立しているとは言えないため、その意味から言えば「上げ換算」は非常に難しいと言えるので、このネパールの算数教育の方針は非常によいと考えられる。ただ小学四年生になると「下げ換算」と「上げ換算」が同時に出てくる。ネパールの教科書編集者においては、この学年になれば、ある程度、数の概念が確立されてきているので、難しいとされる「上げ換算」を導入しても問題ないと考えられたのかもしれない。ただし、これはあくまでも筆者の推測に過ぎないことを申し添えておく。

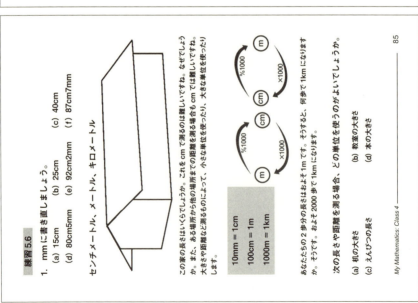

出典：ネパール国『My Mathematics Class 4』、p.85、『同 Class 5』、p.72、カリキュラム開発センター、2010年、筆者翻訳

図9-15 度量衡の学習（ネパール）

コラム：メートル法と国際単位系（SI）

（1）メートル法

メートル法は、1791年にフランスにおいて創出されたもので、地球の北極点から赤道までの子午線弧長の「1000万分の1」として「メートル（m）」という長さが設定され、それに基づいてあらゆる単位を決定したものである。

現在、世界のほとんどの国がメートル法を公式採用しているが、アメリカとミャンマー、リベリアの3カ国は正式採用していない。

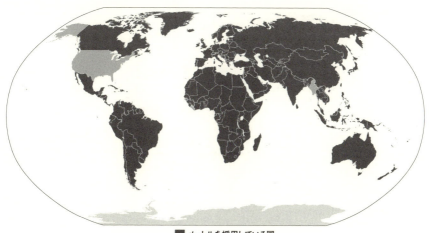

出典：ウィキペディ「メートル法」

メートル法を公式採用している国

メートル法は、フランスで導入された当初は「長さ」、「面積」、「体積」、「質量」の単位のみであったため、単に「メートル法」と言った場合には、これら四種類の範囲のみを指す。この単位の概要は次頁に示した通りである。

しかしながら、その後、このメートル法に基づいて各種の単位が整理され、今では数多くの異なった単位系をも含むものとして解釈されることがある。この場合には、特に「広義のメートル法」ということが多い。では、広義のメートル法に含まれる単位系について見ていこう。

321

メートル法の単位（長さ、重さ、かさ）

	k キロ	h ヘクト	da デカ	基準	d デシ	c センチ	m ミリ
	1000倍	100倍	10倍	1倍	$\frac{1}{10}$倍	$\frac{1}{100}$倍	$\frac{1}{1000}$倍
長さ（m）	km	hm	dam	m	dm	cm	mm
かさ（ℓ）	kℓ	hℓ	daℓ	ℓ	dℓ	cℓ	mℓ
重さ（g）	kg	hg	dag	g	dg	cg	mg
面積（m^2） （a）	km^2	hm^2 ha	dam^2 a	m^2	dm^2	cm^2	mm^2
体積（m^3） （ℓ）	km^3	hm^3	dam^3	m^3 ℓ	dm^3 dℓ	cm^3	mm^3 mℓ

出典：筆者作成

広義のメートル法に属する単位系には次のようなものがある。

(ア) CGS単位系

センチメートル（centimetre）、グラム（gram）、秒（second）を基本単位とする単位系である。また、ここには電磁気の単位を含めた静電単位系、電磁単位系、ガウス単位系の三種類があるが、これらの違いは電磁気の単位の組み立て方の相違によるものである。

(イ) MKS単位系

メートル（metre）、キログラム（kilogram）、秒（second）を基本単位とする単位系である。ここには、さらにMKSA単位系とMKSC単位系が含まれる。前者はMKS単位系に電流の単位アンペア（ampere）を加えたもので、後者は電荷の単位クーロン（coulomb）を加えたものである。

(ウ) MTS単位系

メートル（metre）、トン（ton）、秒（second）を基本単位とする単位系である。

(エ) 重力単位系

基本とする物理量について、質量の代わりに力（重量キログラム）を使用

したものである。

(2) 国際単位系（SI）

国際単位系とはフランス語の「Système International d'unités」に基づいて略称「SI」と呼ばれているメートル法の後継として国際的に定められた単位系を指す。

国際単位系はメートル条約に基づいてメートル法の中で広く使用されていたMKS単位系を拡張したもので、1954年の第10回国際度量衡総会（CGPM）で採択されたものである。現在では、世界のほとんどの国で合法的に使用でき、多くの国で使用することが義務付けられている。しかし、アメリカなど一部の国では、それまで使用していた単位系を使用することも認められている。我が国では、1885（明治18）年にメートル条約に加入し、1891（明治24）年施行の度量衡法で尺貫法と併用することとなり、1951（昭和26）年施行の計量法で一部の例外を除きメートル法の使用が義務付けられた。1991（平成3）年には日本工業規格（JIS）が完全に国際単位系準拠となり、JIS Z8203「国際単位系（SI）及びその使い方」が規定された。

国際単位系は七つの基本単位を組み合わせて組立単位の定義を行う。国際単位系基本単位は、メートル（m）、キログラム（kg）、秒（s）、アンペア（A）、ケルビン（K）、モル（mol）、カンデラ（cd）で、対応する次元はそれぞれ長さ、質量、時間、電流、熱力学温度、物質量、光度である。

国際単位系（SI）の基本単位とその定義

量	基本単位		定義
	名称	記号	
長さ	メートル	m	1秒の299 792 458分の1の時間に光が真空中を伝わる行程の長さ。
質量	キログラム	kg	国際キログラム原器（プラチナ90%、イリジウム10%からなる合金で直径・高さともに39ミリメートルの円柱）の質量。
時間	秒	s	セシウム133原子の基底状態の二つの超微細構造準位（F = 4, M = 0 および F = 3, M = 0）間の遷移に対応する放射の周期の9 192 631 770倍の継続時間。

電流	アンペア	A	真空中に1メートルの間隔で平行に配置された無限に小さい円形断面積を有する無限に長い二本の直線状導体のそれぞれを流れ、これらの導体の長さ1メートルにつき2×10^{-7}ニュートンの力を及ぼし合う一定の電流。
熱力学温度	ケルビン	K	水の三重点の熱力学温度の$\frac{1}{273.16}$。
物質量	モル	mol	0.012キログラムの炭素12の中に存在する原子の数に等しい数の要素粒子を含む系の物質量。 モルを使う時は、要素粒子が指定されなければならないが、それは原子、分子、イオン、電子、その他の粒子またはこの種の粒子の特定の集合体であってよい。
光度	カンデラ	cd	周波数540×10^{12}ヘルツの単色放射を放出し、所定の方向におけるその放射強度が$\frac{1}{683}$ワット毎ステラジアンである光源の、その方向における光度。

出典：ウィキペディア「国際単位系」
(https://ja.wikipedia.org/wiki/%E5%9B%BD%E9%9A%9B%E5%8D%98%E4%BD%8D%E7%B3%BB)

おわりに

　本書の執筆を終えた今これまでの作業を振り返ってみると、ベトナム、インドネシア、ミャンマー、ネパールという4カ国の教科書内容についての詳細を十分に理解するまでに膨大な時間と労力を費やし、同時にその違いについて私自身の中で明確になるまでかなりの苦労を要したことが忘れられません。

　「はじめに」でも少し触れましたが、本書執筆の直接の契機はたまたま大学で教鞭をとっている友人と雑談をしている際に彼の口から漏れた「世界の国々の数学教育がどのようになっているか知りたいんだけれど、そのような内容の資料や本ってほとんどないんだよね〜」といった一言と、それに対する私の後先を考えない「じゃあ、僕がそんな本を書くよ！」という突飛な提案でしたが、実際に本書の執筆を始めてみると、この作業は私が想像していたような簡単な作業ではないことがすぐに分かってきました。小学校の算数教科書ですから、内容自体は易しいのですが、それについて一冊の本を執筆するとなると、その内容の一つひとつを詳細にわたってきっちりと理解することはもちろん、教材配列全体の系統性や接続性などを細かく分析していかなければなりませんでした。記述内容がだいたい分かるというレベルでは全く不十分だったという訳です。

　私は、これまで海外出張のたびにその国や地域の学校で使われている教科書、特に算数・数学の教科書を一式購入し、時間のある時にペラペラと眺めるのが趣味でした。しかし、こうした趣味程度のたしなみと実際に教育内容の中身を正確に分析し、それをきっちりとした出版物としてまとめるということの間にはかなり大きなギャップのあることを改めて思い知らされました。ただ、友人との約束もありましたし、一度始めたことを投げ出したくない負けず嫌いの私にとっては、もうそのまま突き進むしか方法は残されていませんでした。結果として、この一年ほどは本業以外のすべての時間を寝食も削って本書の執筆に捧げることになってしまいました。そして、ほぼ一年にも及ぶ専心した執筆作業の末、本日ここに本書の原稿が完成しました。読み返してみると、正直

「ここはもう少し深く分析した方がよかったなあ〜」とか、「こちらはちょっと視点を変えて見た方がよかったなあ〜」といった箇所もなくはありませんが、全体的にはそれぞれの国の特徴をよく捉えて分析、解説できたと考えています。

　数年前に友人の口から漏れた一言によれば、本書はこれまでに類書のない貴重で画期的な図書ということになるかもしれません。その意味では、数学教育を専門にされている研究者の方々にはもちろんですが、学校現場で算数・数学を指導されている先生方、さらにはお子様の教育に興味関心を抱いておられるご父兄など幅広い層の方々に読んでいただければと考えています。

　実は、私には小学四年生の娘がいます。私自身がカリキュラム開発論や教育方法論を専門にしていることもあって、娘を「実験台」にしているとは言いませんが、家庭では娘に対していろいろと違った方法やアプローチを使って勉強を教えています。ある日、娘に算数の勉強を教えていた時のことです。私が何気なく「日本では小数点はピリオド（.）で書くけれど、実は世界の国の多くはコンマ（,）を使っているんだよ」という話をしたところ、娘が非常に興味をもってその理由やどこの国がピリオドで、どこの国がコンマを使っているのかを次々に訊いてきたのです。私はこんなに興味をもった娘に驚いて、「そんなに興味があるんだったら、今、教えてあげたことをノートにきれいにまとめて学校の先生に提出したらどうかな」と言うと、早速、娘はノートに大きく「算数の不思議」という題を書いて、今、私が話したばかりの小数点の話を書き出したのです。それ以来、週末になると「算数の不思議」の話をねだるようになり、毎回、いろいろな算数・数学にまつわる話を聞かせる日々が続いています。正直に言いますと、以前の娘はどちらかというと算数に対してかなりの苦手意識をもっていたようです。しかし、「算数の不思議」を始めて以来、算数にどんどんと興味をもち出し、今では算数が一番の得意教科になっているようです。

　自画自賛のようで恐縮ですが、私が娘に語った「算数の不思議」が、実は彼女の算数に対する世界観を一変させたのかもしれません。決められたことを決められた手続きで決められた答えを導き出さなければならないといった伝統的な算数観から、いろいろな考え方と方法論が存在し、それらも許容されているという多様でオープンな算数観への転換です。これによって、娘の中では「覚えなければならない算数」から「創造できる算数」に変化し、これまで感じて

いたであろう心理的負担が一気に軽減されたのではないでしょうか。先にお子様の教育に興味関心を抱いておられるご父兄にも本書を読んでいただきたいと述べた理由はこうした私の経験があったからです。ぜひ、参考にしていただければ幸いです。

さて、本書の出版におきましては明石書店の神野斉様、森富士夫様に多大なご支援をいただきました。私の勝手な要求や幾度にもわたる修正にもかかわらず、毎回快くお引き受け下さり、私がイメージしていた以上のものにしてくださったことに改めてお礼を申し上げたいと思います。なお、本書の内容はすべて筆者個人の見解によるものであり、記述に対する責任はすべて筆者にあることを申し添えておきます。

最後になりますが、一年の大部分を海外出張に費やしている私に代わって、我が家をきっちりと守ってくれている最愛の妻ジンジャーと愛娘のみあに心から感謝の気持ちを伝えたいと思います。特に、娘は私が本書を執筆している間、「私もパパを応援したい！」と言って、自作の物語をプレゼントしてくれました。ここに、娘への感謝を込めてその物語を紹介させていただきます。

「雪だるまの海の旅」

　ある日、家族みんなで雪だるまを作りました。
　その雪だるまはたいへん喜びました。彼には大きな夢がありました。それは海を旅するというものでした。その夢をかなえるために、さっそく彼は海の旅に出かけました。海を泳いでいるとたくさんの魚やクジラやクラゲに出会いました。イルカにも出会いました。彼はイルカの背中に乗せてもらい海のあちこちへ行きました。
　そのうち雪だるまは「もっと遠くに行くと、もっと違った景色があるんだろうな〜」と思うようになり、遠くに行くことを決めました。何日も泳いだある日、彼は海の向こうの方にキラキラしたものを見つけました。近づくとそこは人魚の街でした。雪だるまはすぐに人魚たちと仲良くなり、新しい友達と一緒に、ミャンマーやインド、スリランカといった名前のついた街々を回り、非常に楽しく過ごしました。

みあ　より（小学4年生）

注：娘によれば、「雪だるま」は私（パパ）を表しているということです。

2019年3月
筆者

参考文献・資料

〈日本語文献〉

石井康博「数的活動で利用される具体物が子どものインフォーマルな知識および方略に与える影響」早稲田大学大学院人間科学研究科博士論文、2012年

伊藤武広、荻上紘一、原田実「算数を教えるのに必要な数学的素養—〈2×3か3×2〉の数学—」、『信州大学教育学部紀要』Vol.79、1993年、p.15-17

稲葉美由紀「四則計算の技能を定着させる授業づくりの工夫—小数×整数、小数÷整数の授業を通して—」、『和歌山県教育センター学びの丘研修員報告書』2014年、p.17

上岡学「小学校算数における乗法の導入問題に関する研究」日本教育心理学会（第56回総会発表資料）、2014年

大本尚美、佐々木瞳、森本哲平「教育史にみる算数教育の変遷」平成12年度文教大学教育学部初等教育課程数学専修卒業研究論文

岡野勉「黒表紙教科書における分数論の基本的性格：定義の導入過程を主要な対象として」、『教授学の探求』第29号、北海道大学大学院教育学研究院教育方法学研究室、2015年、p.55-76

小川佳子「小数の意味についての理解を深めさせるための指導方法の工夫—第4学年『小数』指導を通して—」岡山県教育センター平成13年度長期研修員成果、p.15-20

奥川義尚「学習指導要領改訂の歴史的背景とそれぞれの特徴の概略（その1）」、『研究論叢』第70号、京都外国語大学、2007年、p.49-56

片桐重男『数学的な考え方を育てる「数」の指導』明治図書出版、1995年

片山元「意味理解を深めるための算数的活動の工夫～『緑表紙教科書』を教材化して～」、岡山大学算数・数学教育学会誌『パピルス』第18号、2011年、p.25-33

川野由紀子「包含除で導入する除法指導と子供の実態についての考察」平成20年度大学院派遣研修成果報告書、東京都教職員研修センター、p.7-8

教育出版『しょうがく　さんすう』（1年生教科書）、2015年

教育出版『小学　算数』（2・4・5・6年生教科書）、2015年

教育出版『小学　算数』（3年生教科書）、2011年

銀林浩『子どもはどこでつまずくか—数学教育を考えなおす—』（現代教育101選53）、国土社、1994年

黒﨑東洋郎、圓井大介「量としての分数から数としての分数への移行を図る分数指導の研究」、『岡山大学教師教育開発センター紀要』第1号、2011年、p.33-46

国立教育政策研究所『理数教科書に関する国際比較調査結果報告』（第3期科学技術基本計画のフォローアップ「理数教育部分」に係る調査研究）2009年

国立教育政策研究所「平成22年全国学力・学習状況調査—小学校調査問題算数A」2010年

胡濱樹里「計算の意味を理解し、演算決定ができる力を育てる算数科指導の工夫—式と図

と問題場面を関連付ける算数的活動を通して―」、『広島県立教育センター平成28年度教員長期研修授業研究（算数科）』
小林厚子「分数の概念獲得の過程」、『東京成徳大学人文学部研究紀要』第14号、2007年、p.1-11
近藤裕「これからの算数・数学教育の目標と算数・数学的活動」、『奈良教育大学紀要（人文・社会）』第60巻第1号、2011年、p.77-90
坂井武司「算数教育における割合についての数理構造に関する研究」（甲南大学博士論文）、2015年
Sano Koichi「日本の教育制度の変遷と算数数学教育（3）」Education and Times、2016年（http://laboed.php.xdomain.jp/education/2016/11/14/日本の教育制度の変遷と算数数学教育%EF%BC%88%EF%BC%93%EF%BC%89/）
Sano Koichi「日本の教育制度の変遷と算数数学教育（4）」Education and Times、2016年（http://laboed.php.xdomain.jp/education/2016/11/14/日本の教育制度の変遷と算数数学教育%EF%BC%88%EF%BC%93%EF%BC%89/）
算数教育ネットワーク岡山「0の導入について」、2011年（www.seidensha-ltd.co.jp/~seiden/math/zero_dounyu.pdf）
清水由紀、鶴見千鶴子「ネパールにおける幼児教育」、科学研究費補助金 基礎研究（B）「幼児教育分野におけるアジアの途上国の実態調査とネットワーク形成」2007年
白石信子「小数のわり算における子どもの学習過程に関する研究―数直線への比例的な見方の操作に基づく授業を通して―」、『上越数学教育研究』第2号、上越教育大学数学教室、2006年、p.69-80
進藤芳典「数感覚を重視した分数の理解に関する研究」、『上越数学教育研究』第24号、上越教育大学数学教室、2009年、p.75-84
数学で育ちあう会（教育会）「水道方式で学ぶ算数・数学教室―わり算の教え方」（http://suikukai.com/category/1754228.html）
杉能道明「小数の乗法の意味指導についての一考察」、岡山大学算数・数学教育学会『パピルス』第21号、2014年、p.75-83
スリ・ワユニ「インドネシア語の類別詞」、『島根大学教育学部紀要（人文・社会科学）』第39巻、2006年、p.101-118
関本紀子「植民地期北部ベトナムの度量衡統一議論とその背景」、『東南アジア―歴史と文化』第42号、東南アジア学会、2013年
瀬沼花子「算数・数学に求められる教育の質―国際的な学力調査IEA・TIMSS及びOECD・PISAの調査結果から―」（発表資料）、発表年不詳
高橋正「数学教育論A：数学教育の歴史的変遷」神戸大学、2012年（http://www2.kobe-u.ac.jp/~trex/index.html）
武政和茂「第4学年の分数の指導において児童の学びの姿から実感した概念分析の意義」岡山県教育センター平成17年度長期研修員成果、p.17-22

田中潤一「直観教授の意義と方法―コメニウス・ペスタロッチーからディルタイへ―」、佛教大学『佛教大学教育学部学会紀要』第10号、2011年、p.89-100

田中佳江「分数の意味の実感的な理解を図る指導」、新潟大学教育学部数学教室『数学教育研究』第44巻第2号、2009年、p.44-49

田中義隆『インドネシアの教育―レッスン・スタディは授業の質的向上を可能にしたのか―』明石書店、2011年

田中義隆『21世紀型スキルと諸外国の教育実践―求められる新しい能力育成―』明石書店、2015年

田中義隆『ベトナムの教育改革―「子ども中心主義」の教育は実現したのか―』明石書店、2008年

田中義隆『ミャンマーの教育―学校制度と教育課程の現在・過去・未来―』明石書店、2017年

中央教育審議会答申（2003年10月7日）

中央教育審議会答申（2008年1月17日）

長田耕一「わり算の意味と方法についての具体的展開」、新算数教育研究会『整数の計算（リーディングス新しい算数研究）』東洋館出版社、2011年

西村眞「分数の意味の多様性とその指導」、梅光学院大学子ども学部『子ども未来学研究』第10号、2015年、p.45-50

長崎栄三、田口重憲、松田泉「算数・数学教科書に関する国際比較」、『日本数学教育学会誌』第92巻第4号、2010年、p.15-18

日本数学教育学会『算数教育指導用語辞典　第四版』数学出版、2009年

日本文教出版「2年～4年【筆算のかき方の指導】」、『いまさら聞けない？！算数指導の初歩の初歩』No.7、日本文教出版、2011年

野崎康夫「『数える』ことの一考察―ある特別支援学級での参与観察から―」、『プール学院大学研究紀要』第56号、2015年、p.335-350

平井安久、曾布川拓也「数学者から見た『算数教育』について」、『数理解析研究所講究録』第1711巻、2010年、p.156-165

長谷川順一「算数教育における数学的概念の構成と再構成に関する研究」（博士論文）、広島大学教育学研究科、2015年

長谷川順一、堀田亜矢子「小学校算数における四則計算に関する誤ルールの適用事例の検討」、『香川大学教育実践総合研究』第14巻、香川大学教育学部、2007年、p.51-60.

松丸剛「除法の意味の導入指導―倍と乗除法の意味に関する体系的な学習指導の実現のために―」、『愛知淑徳大学論集教育学研究科篇』第6号、2016年、p.59-70

水原克敏『学習指導要領は国民形成の設計書』東北大学出版会、2010年

村上一三「算数・数学教育」滋賀大学附属図書館編『近代日本の教科書のあゆみ―明治期から現代まで―』サンライズ出版、2006年、p.123-134

森金永二「『単位小数のいくつ分』で考えるよさに気づく指導方法の工夫―第4学年『小

数のかけ算』の指導を通して―」、岡山大学算数・数学教育学会誌『パピルス』第7号、2000年、p.39-43
森川幾太郎「数え主義と直観主義」(発表資料)、数学教育実践研究会・学校数学研究会、2008年 (http://ooiooiooi.o.oo7.jp/sansuu/rekisikazoe.htm)
文部科学省『小学校学習指導要領』2008 (平成20) 年
文部科学省『小学校学習指導要領解説　算数編』2008 (平成20) 年
安井義貴「算数教育における数学史の活用に関する一考察」、『上越数学教育研究』第28号、上越教育大学数学教室、2013年、p.161-172
和田信哉、宮崎憲一郎「等分除と包含除の統合に関する実践的研究：乗法的構造の認識に向けて」『鹿児島大学教育学部教育実践研究紀要』第25巻、2016年、p.23-32
吉田洋一、赤攝也『数学序説』ちくま学芸文庫、2013年
余宮忠義「実践編　第3学年　くらべてみよう、計算してみよう（分数）」熊本大学教育学部附属小学校、発表年不詳

〈英語文献〉
Hukum Pd. Dahal, "Speedy MATHS book 2," United Nepal Publication Ltd.、2017
Myanmar Ministry of Education, "Education Statistic Year Book," 2014
Myanmar Ministry of Education, "The Basic Education Law," 1989
Nepal Ministry of Education, "Education Management Information System (EMIS)," 2016
Nepal Ministry of Education, "National Curriculum Framework for School Education in Nepal," 2007.
Nepal Ministry of Education, "Primary Education Curriculum 2063, Class 1-3," Curriculum Development Centre, 2008.
Nepal Ministry of Education, "My Mathematics," Curriculum Development Centre, 2010.
Nepal Ministry of Education, "Primary Education Curriculum 2063, Class 4-5," Curriculum Development Centre, 2008.
UNESCO, Learning: The Treasure Within, 1996
World Bank, "Education in Vietnam: Development History, Challenges and Solutions," 2007
Yamanoshita, T. & Matsushita, K., "Classroom models for young children's mathematical ideas," 1996, p.765
Yoshida, M., "Is Multiplication Just Repeated Addition? – Insights from Japanese Textbooks for Expanding the Multiplication Concept," NCTM 2009 Annual Meeting & Exposition

〈その他外国語文献〉
インドネシア国『Pelajaran Matematika』Erlangga 出版社、2006年

ベトナム国『TOÁN』（1～5年生教科書）、教育訓練省、2003年
ミャンマー国『Mathematics』（1～5年生教科書）、カリキュラム・シラバス・教科書委員会、2014年
ネパール国『My Mathematics』（1～5年生教科書）、カリキュラム開発センター、2010年

〈ウェブサイト情報〉
・インドネシア教育文化省（MOEC）
  （www.kemdikbud.go.od）
・ウィキペディア「アイザック・ニュートン」
  （https://upload.wikimedia.org/wikipedia/commons/3/39/GodfreyKneller-IsaacNewton-1689.jpg）
・ウィキペディア「九章算術」
  （https://ja.wikipedia.org/wiki/%E4%B9%9D%E7%AB%A0%E7%AE%97%E8%A1%93#/media/File:%E4%B9%9D%E7%AB%A0%E7%AE%97%E8%A1%93%E7%B4%B0%E8%8D%89%E5%9C%96%E8%AA%AA.jpg）
・ウィキペディア「国際単位系」
  （https://ja.wikipedia.org/wiki/%E5%9B%BD%E9%9A%9B%E5%8D%98%E4%BD%8D%E7%B3%BB）
・ウィキペディア「ゴットフリート・ライプニッツ」
  （https://upload.wikimedia.org/wikipedia/commons/6/6a/Gottfried_Wilhelm_von_Leibniz.jpg）
・ウィキペディア「ジョン・ネイピア」
  （https://ja.wikipedia.org/wiki/%E3%82%B8%E3%83%A7%E3%83%B3%E3%83%BB%E3%83%8D%E3%82%A4%E3%83%94%E3%82%A2#/media/File:John_Napier.JPG）
・ウィキペディア「シモン・ステヴィン」（https://ja.wikipedia.org/wiki/%E3%82%B7%E3%83%A2%E3%83%B3%E3%83%BB%E3%82%B9%E3%83%86%E3%83%B4%E3%82%A3%E3%83%B3）
・ウィキペディア「小数点」
  （https://ja.wikipedia.org/wiki/%E5%B0%8F%E6%95%B0%E7%82%B9）
・ウィキペディア「シャルル＝モーリス・ド・タレーラン＝ペリゴール」
  （https://ja.wikipedia.org/wiki/%E3%82%B7%E3%83%A3%E3%83%AB%E3%83%AB%EF%BC%9D%E3%83%A2%E3%83%BC%E3%83%AA%E3%82%B9%E3%83%BB%E3%83%89%E3%83%BB%E3%82%BF%E3%83%AC%E3%83%BC%E3%83%A9%E3%83%B3%EF%BC%9D%E3%83%9A%E3%83%AA%E3%82%B4%E3%83%BC%E3%83%AB）
・ウィキペディア「単位一覧」
  （https://ja.wikipedia.org/wiki/%E5%8D%98%E4%BD%8D%E4%B8%80%E8%A6%A7）
・ウィキペディア「ヨハン・ハインリヒ・ペスタロッチ」
  （https://upload.wikimedia.org/wikipedia/commons/d/d3/Johann_Heinrich_Pestalozzi.jpg）
・ウィキペディア「メートル条約」

(https://ja.wikipedia.org/wiki/%E3%83%A1%E3%83%BC%E3%83%88%E3%83%AB%E6%9D%A1%E7%B4%84)
・ウィキペディア「メートル法」
(https://ja.wikipedia.org/wiki/%E3%83%A1%E3%83%BC%E3%83%88%E3%83%AB%E6%B3%95)
・ウィキペディア「リンド数学パピルス」
(https://ja.wikipedia.org/wiki/%E3%83%AA%E3%83%B3%E3%83%89%E6%95%B0%E5%AD%A6%E3%83%91%E3%83%94%E3%83%AB%E3%82%B9)
・日本国外務省「2. インドネシアにおける教育・人材開発の現状と改革の動向」国際協力：政府開発援助（Official Development Assistance: ODA）ホームページ
(http://www.mofa.go.jp/mofaj/gaiko/oda/shiryo/hyouka/kunibetu/gai/h11gai/h11gai019.html)
・わさっき「わり算、包含除・等分除、トランプ配り」2013 年
(http://d.hatena.ne.jp/takehikom/20130605/1370382764)
・Wikipedia, "Education in Indonesia"
(https://en.wikipedia.org/wiki/Education_in_Indonesia)

付属資料1　日本の初等算数教科書の内容

文部科学省検定教科書『しょうがく　さんすう』2015年『小学　算数』教育出版、2011年及び2015年

小学一年生	小学二年生	小学三年生
第1章　いくつかな	第1章　表とグラフ	第1章　かけ算のきまり
第2章　なんばんめ	第2章　時こくと時間	第2章　たし算とひき算
第3章　いまなんじ	第3章　たし算	第3章　時刻と時間
第4章　いくつといくつ	第4章　ひき算	第4章　わり算
第5章　ぜんぶでいくつ	第5章　長さ(1)	第5章　長さ
第6章　のこりはいくつ	第6章　100より大きい数	第6章　表と棒グラフ
第7章　どれだけおおい	第7章　たし算とひき算	第7章　あまりのあるわり算
第8章　かずをせいりして	第8章　水のりょう	第8章　10000より大きい数
第9章　10より大きいかず	第9章　三角形と四角形	第9章　重さ
第10章　かたちあそび	第10章　かけ算	第10章　□を使った式と図
第11章　三つのかずのたしざん、ひきざん	第11章　かけ算九九づくり	第11章　かけ算の筆算(1)
第12章　たしざん	第12章　長さ(2)	第12章　分数
第13章　ひきざん	第13章　九九の表	第13章　円と球
第14章　くらべかた	第14章　はこの形	第14章　小数
第15章　大きいかず	第15章　1000より大きい数	第15章　かけ算の筆算(2)
第16章　なんじなんぷん	第16章　図をつかって考えよう	第16章　二等辺三角形と正三角形
第17章　どんなしきになるかな	第17章　1を分けて	第17章　そろばん
第18章　かたちづくり		
小学四年生	小学五年生	小学六年生
第1章　大きな数	第1章　整数と小数	第1章　文字を使った式
第2章　わり算の筆算(1)	第2章　体積	第2章　対称な図形
第3章　折れ線グラフ	第3章　小数のかけ算	第3章　分数のかけ算
第4章　がい数	第4章　合同な図形	第4章　分数のわり算
第5章　わり算の筆算(2)	第5章　小数のわり算	第5章　速さ
第6章　式と計算	第6章　整数の性質	第6章　円の面積
第7章　がい数を使った計算	第7章　分数の大きさとたし算、ひき算	第7章　比例と反比例
第8章　面積	第8章　平均	第8章　角柱と円柱の体積
第9章　整理のしかた	第9章　単位量あたりの大きさ	第9章　比
第10章　角	第10章　わり算と分数	第10章　拡大図と縮図
第11章　小数のしくみとたし算、ひき算	第11章　三角形や四角形の角	第11章　場合の数
第12章　垂直、平行四辺形	第12章　表や式を使って	第12章　資料の調べ方
第13章　変わり方	第13章　割合	第13章　いろいろな単位
第14章　そろばん	第14章　帯グラフと円グラフ	
第15章　小数と整数のかけ算、わり算	第15章　分数と整数のかけ算、わり算	
第16章　立体	第16章　四角形や三角形の面積	
第17章　分数の大きさとたし算、ひき算	第17章　正多角形と円	
	第18章　角柱と円柱	

付属資料2　ベトナムの初等算数教科書の内容

ベトナム国定教科書『TOÁN』教育省教育訓練部、2003年

小学一年生	小学二年生	小学三年生
教科書未入手のため情報なし	第1章　復習	第1章　復習
	100までの数	三位数を読んで比較しよう
	たし算	三位数
	長さ	三位数のたし算
	ひき算	三位数のひき算
	第2章　100までの数のたし算	九九の復習
	10になるたし算	かけ算の逆算であるわり算
	26＋4、36＋24	図形
	9＋数字(9＋5、29＋5、49＋25)	復習
	8＋数字(8＋5、28＋5、38＋25)	時計の読み取り
	長方形―四角形	第2章　1000までの数のかけ算とわり算
	「～より○個多い」の計算	6の段
	7＋数字(7＋5、47＋5、47＋25)	二位数に一位数をかける
	「～より○個少ない」の計算	6でわる
	キログラム	整数に分数をかける
	6＋数字(26＋5、36＋15)	二位数を一位数でわる
	復習	余りのあるわり算
	答えが100になるたし算	7の段
	リットル	数字の何倍
	第3章　100までの数のひき算	7でわる
	たし算の逆算（ひき算）	いろいろな数でわる
	何十－数字	わる数を見つける
	11－数字(11－5、21－5、51－15)	いろいろな角
	12－数字(12－8、32－8、52－28)	角を描く練習
	ひかれる数を見つける	デカメートル、ヘクトメートル
	13－数字(13－5、33－5、53－15)	長さの単位
	14－数字(14－8、34－8、54－18)	長さの測定
	15、16、17、18－数字	二つの計算による問題解決
	55－8、56－7、37－8、68－9	8の段
	65－38、46－17、57－28、78－29	三位数に一位数をかける
	100－数字	二つの数の比較
	ひく数を見つける	8でわる
	直線	多くの数の比較
	日と時間	9の段

教科書未入手のため情報なし	時計の読み方	グラム
	日と月	9でわる
	カレンダー	二位数を一位数でわる
	第4章　復習	三位数を一位数でわる
	第5章　かけ算とわり算	かけ算表
	総和	わり算表
	かけ算	式に慣れよう
	因数と結果	式の妥当性
	2の段	長方形
	3の段	正方形
	4の段	周囲の長さ
	5の段	四角と円
	折れ線と線の長さ	**第3章　10000までの数**
	かけ算の逆算	四位数
	2でわる	10000までの数
	二分の一	線分の中心
	わられる数、わる数、結果	10000までの数の比較
	3でわる	10000までの数のたし算
	三分の一	10000までの数のひき算
	かけられる数を求める	年、月
	4でわる	円、中心、直径、半径
	四分の一	円を使った模様
	5でわる	四位数に一位数をかける
	五分の一	四位数を一位数でわる
	～時、～分	ローマ数字の慣れよう
	わられる数を求める	時計の読み取り
	まわりの長さー四角形の周囲	文章題
	1のかけ算とわり算	ベトナムのお金
	0のかけ算とわり算	統計データに慣れる
	第6章　1000までの数	**第4章　100000までの数**
	千の単位	五位数
	何百を表す数の比較	100000までの数
	110から200までの概数	100000までの数の比較
	101から110まで数	図形の面積
	111から200までの数	面積の単位（平方センチメートル）
	三位数	囲まれた範囲の面積
	三位数の比較	正方形の面積
	メートル	100000までの数のたし算
	キロメートル	100000までの数のひき算
	ミリメートル	ベトナムのお金
	三位数を位ごとに書く	五位数に一位数をかける
	1000までの数のたし算	五位数を一位数でわる
	1000までの数のひき算	**第5章　まとめ**
	ベトナムのお金	
	第7章　まとめ	

付属資料

小学四年生	小学五年生
第1章　自然数、測定の単位	第1章　分数の復習、数値に関する問題、面積
100000までの数	復習：分数の概念
文字を含んだ式	復習：同じ大きさの分数
六位数	復習：分数の比較
六位数の位取り	10、100、1000を分母とする分数
六位数の数の比較	復習：分数のたし算とひき算
百万から億の数	復習：分数のかけ算とわり算
自然数の順序	帯分数
十進法における自然数の表記	数値に関する問題の復習
自然数の比較と順序	復習：長さの単位
エン、タ、タン（重さの単位）	復習：測定の単位
測定の単位	平方デカメートル、平方ヘクトメートル
秒と世紀	平方ミリメートル、測定の単位
平均	ヘクタール
グラフ（絵グラフ、棒グラフ）	第2章　十進数、小数
第2章　自然数の四則計算と図形	I　十進数
1　たし算とひき算	十進記数法
たし算	小数点以下の数字の読み書き
ひき算	等しい小数（小数の書き方）
二つの文字を使った式	小数点以下の数の比較
たし算の交換法則	十進法による長さの書き方
三つの文字を使った式	十進法による重さの書き方
たし算の結合法則	十進法による面積の書き方
合計とその差が分かっている場合の個々の数の求め方	II　小数の四則計算
鋭角、鈍角、180度	1　小数のたし算
垂直に交わる二本の直線	小数点以下二桁の小数のたし算
平行な二本の直線	小数点以下の数値がいろいろな小数のたし算
垂直に交わる二本の直線を描く	2　小数のひき算
平行な二本の直線を描く	小数点以下二桁の小数のひき算
図形を描く	3　小数のかけ算
正方形を描く練習	十進法（単位変換）で自然数に直して計算
2´かけ算	小数に10、100、1000をかける
六位数に一位数をかける	十進法（単位変換）で自然数に直して計算する方法と小数のまま計算する方法
かけ算の交換法則	4　小数のわり算
10、100、1000をかける、10、100、1000でわる	小数を自然数でわる

337

かけ算の結合法則	小数を 10、100、1000 でわる
0で終わる数をかける	自然数を自然数でわる（答えが小数）
平方デシメートル	自然数を小数でわる
平方メートル	小数を小数でわる
かけ算の分配法則	百分率
かけ算の分配法則を使った計算	百分率を求める
二位数をかける	電卓を使う
11 をかける	電卓を使って百分率を求める
三位数をかける	**第 3 章　図形**
3　区分	三角形
わり算の分配法則	三角形の面積
一位数でわる	台形
かけ算、わり算の分配法則	台形の面積
24：(3×2) = 24：3：2	円
かけ算、わり算の結合法則	円周
(9×15)：3 = 9×(15：3)	円の面積
数字の末尾に0のつく数字同士のわり算	円グラフ
二位数でわる	いろいろな面積を求めよう
わり切れるわり算	長方形の箱、立方体
三位数でわる	直方体や立方体の展開図の面積
第3章　2、5、9、3でわる、平行四辺形の学習	表面積
1　2、5、9、3でわる	直方体の体積（ブロックの数）
2でわる	立法センチメートル、立法デシメートル
5でわる	立法メートル
9でわる	直方体の体積（単位付き）
3でわる	立方体の体積（単位付き）
平方キロメートル	円柱、球
2　平行四辺形の学習	**第 4 章　時間の測定**
平行四辺形	I　時間の尺度
図形の面積	時間の単位
第 4 章　分数―分数の計算、時間の学習	時間のたし算
1　分数	時間のひき算
分数	時間に一位数をかける
分数とわり算（商分数）	時間を一位数でわる
同じ大きさの分数（異分母分数の比較）	II　速度、距離、時間
約分	速度
分数式	距離
同分母分数の比較	時間
異分母分数の比較	**第 5 章　まとめ**
2　分数の四則計算	I　自然数、分数、小数、メートル法の復習

付属資料

分数のたし算	自然数の復習
分数のひき算	分数の復習
分数のかけ算	小数の復習
数を求める	長さと重さの復習
分数のわり算	面積の復習
3　時間の学習	体積の復習
ひし形	時間の復習
ひし形の面積	II　自然数、分数、小数の復習
第5章　数値－数値に関する問題、地図の縮尺	たし算（結合法則、0をたす）
1　数値―数値に関する問題	ひき算（0をひく）
数値の紹介	かけ算（結合法則、分配法則、1をかける、0をかける）
二つの数の合計と割合からそれぞれの数を求める	わり算（わり切れるわり算、余りのあるわり算、1でわる、0をわる、同じ数でわる）
二つの数の差と割合からそれぞれの数を求める	時間の単位変換
2　地図の縮尺とその用途	III　図形の復習
地図の縮尺	周りの長さと面積の復習
地図の縮尺の利用	面積と体積の復習
第6章　まとめ	IV　算数の復習
	いろいろな種類の問題
	図表（絵グラフ、棒グラフ、円グラフ）

付属資料3　インドネシアの初等算数教科書の内容

インドネシア検定教科書『Pelajaran Matematika』Erlangga 出版社、2002 年

小学一年生	小学二年生	小学三年生
第1章　数と数字（20までの数）	第1章　数える（101から500までの数）	第1章　数と計算
1　数を表そう	1　101から500までの数を読もう	1　三位数の位取りと読み方
2　数の読み書きをしよう	2　101から500までの数を書こう	2　たし算とひき算
3　数の比較	3　数の比較	3　かけ算とわり算
4　数の順序	4　数の並び替え	4　加減乗除の混じった計算
5　数を小さい順に、あるいは大きい順に並べよう	第2章　たし算とひき算	5　お金
6　一番小さい数、あるいは一番大きい数を見つけよう	1　位取り	第2章　測定
第2章　たし算とひき算	2　たし算	1　いろいろな測定器具
1　日常におけるたし算とひき算の問題	3　ひき算	2　単位の相互関係（単位換算）
2　「＋」、「－」、「＝」の記号を使おう	4　たす数やひく数、あるいはひかれる数を求める	第3章　簡単な分数
3　二つの数のたし算	第3章　測定	1　簡単な分数
4　三つの数のたし算	1　時間	2　分数の比較（異分母）
5　二つの数のひき算	2　長さ	3　文章題
6　三つの数のひき算	3　重さ	第4章　いろいろな形と要素
7　たし算とひき算のいろいろな問題	第4章　かけ算とわり算	1　角
第3章　測定	1　かけ算	2　辺
1　時間	2　わり算	第5章　周りの長さと面積
2　長さ	3　かけ算をわり算に変換する（逆算）	1　長方形と正方形の周りの長さ
第4章　図形	4　加減乗除の混じった計算	2　長方形と正方形の面積
1　いろいろな形	第5章　図形	3　周りの長さを面積を求める問題
2　形の種類による分類	1　平面図形	
第5章　数と数字（21から99までの数）	2　平面図形の構成（辺、角）	
1　数の読み書きをしよう	3　平面図形を分類しよう	
2　数の比較		
3　数を小さい順に並べよう		
4　一番小さい数、あるいは一番大きい数を見つけよう		
第6章　たし算とひき算		
1　位取り		
2　たし算の筆算		
3　ひき算の筆算		
4　たし算の交換法則		

付属資料

5　たし算とひき算のいろいろな問題		
第7章　重さ		
1　重さの比較		
第8章　図形		
1　四角形、三角形、円の認識しよう		
2　いろいろなものの表面を調べよう		
3　様々な形を四角形、三角形、円に分類しよう		

小学四年生	小学五年生	小学六年生
第1章　数の計算	**第1章　整数**	**第1章　整数の計算**
1　交換法則、結合法則、分配法則	1　整数の操作の特徴	1　整数の計算の仕方
2　数の並び替え（順序）	2　最大公倍数と最小公約数	2　乗数
3　かけ算	3　整数の四則計算	**第2章　測定**
4　加減乗除の混じった計算	4　乗数と平方根の数の計算	1　単位とその変換
5　がい数	**第2章　測定**	2　量の変化
6　お金	1　時間	**第3章　面積と体積**
第2章　倍数と因数	2　角度の測定	1　多角形の面積
1　倍数と因数とは	3　距離と速度	2　円の面積
2　因数を見つけよう	**第3章　図形**	3　三角柱と円柱の体積
3　最小公倍数と最大公約数	1　簡単な図形の面積を求めよう	**第4章　データの処理**
4　最小公倍数と最大公約数の使用	2　立方体と直方体の体積を求めよう	1　データを収集し、それを読み込もう
第3章　測定	**第4章　分数**	2　データを表で処理して提示しよう
1　角度	1　分数のたし算とひき算	3　処理したデータを解釈しよう
2　単位の変換	2　分数のかけ算とわり算	**第5章　分数**
3　長さ、重さ、時間の問題	3　分数の比較	1　分数
4　文章題	**第5章　図形**	2　分数のいろいろな計算
第4章　周りの長さと面積	1　図形の要素	3　比較と単位
1　平行四辺形の周りの長さと面積	2　図形の合同と対称	**第6章　座標**
2　三角形の周りの長さと面積		1　ものを座標に表そう
3　文章題		2　座標に表したものの位置を読み取ろう
第5章　整数とその計算		3　座標の位置を決定しよう
1　整数の並び替え		**第7章　データの処理**
2　整数のたし算（負の数を含む）		1　データを順に並べよう
3　整数のひき算（負の数を含む）		2　データを整理しよう
4　加減の混じった計算（負の数を含む）		3　データの平均値を求めよう
第6章　分数		4　処理したデータを解釈しよう
1　分数の意味とその順序		

2	分数の通分、約分
3	分数のたし算とひき算
4	文章題
第7章　ローマ数字	
1	ローマ数字を使おう
第8章　図形	
1	図形の性質
2	展開図
3	対称と投射

付属資料

付属資料4　ミャンマーの初等算数教科書の内容

ミャンマー国定教科書『Mathematics』カリキュラム・シラバス・教科書委員会、2014年

小学一年生	小学二年生	小学三年生
第1章　数を学ぶ前の基本	第1章　0から20までの数	第1章　数の基本
1.1　大きさ	1.1　0から20までの数を数え、読み、書こう	1.1　たし算
1.2　量	1.2　20までの数	1.2　ひき算
1.3　位置	1.3　たし算（等式の書き方、筆算の仕方）	1.3　かけ算
1.4　重さ	1.4　ひき算（等式の書き方、筆算の仕方）	1.4　わり算
1.5　比較	1.5　たし算とひき算の関係	1.5　偶数と記数
1.6　数	1.6　三つ以上の数のたし算の筆算	第2章　1000までの数を数え、読み、書こう
第2章　5までの数を数え、読み、書こう	1.7　三つ以上の数の等式	2.1　100までの数
2.1　5までの数	第2章　100までの数を数え、読み、書こう	2.2　位取り
2.2　5までの数を数えよう	2.1　21から30までの数	2.3　数の比較
2.3　5までの数を書こう	2.2　何十という数	2.4　数の順序
2.4　0（ゼロ）	2.3　数を数えよう	第3章　たし算
第3章　5までの数のたし算とひき算	2.4　数を書き、読もう	3.1　繰り上がりのないたし算
3.1　たし算の仕方	2.5　位取りの図を使って数を書こう	3.2　繰り上がりのあるたし算
3.2　等式を書こう	2.6　二位数の位取り	3.3　文章題
3.3　たし算を解こう	2.7　数の比較と整理	3.4　三つの数のたし算
3.4　たし算の筆算	2.8　序数	3.5　文章題
3.5　たし算（図あり）	2.9　10ずつ増える数、5ずつ増える数を数えよう。	第4章　ひき算
3.6　ひき算の仕方	2.10　偶数と記数	4.1　繰り下がりのないひき算
3.7　等式を書こう	第3章　100までの数のたし算	4.2　繰り下がりのあるひき算
3.8　ひき算を解こう	3.1　繰り上がりのないたし算	4.3　文章題
3.9　ゼロについて	3.2　繰り上がりのあるたし算	第5章　いろいろな形
3.10　ひき算の筆算	3.3　たし算の筆算（位取りの図なし）	5.1　いろいろな形
3.11　ひき算	3.4　文章題	5.2　辺
第4章　10までの数を数え、読み、書こう	第4章　100までの数のひき算	5.3　角
4.1　6から10までの数	4.1　繰り下がりのないひき算	5.4　直角
4.2　10までの数を数えよう	4.2　繰り下がりのあるひき算	5.5　作図
4.3　6から10までの数を書こう	4.3　ひき算の筆算（位取りの図なし）	5.6　合同
4.4　数の順序	4.4　文章題	5.7　対称
第5章　10までの数のたし算とひき算	第5章　かけ算	第6章　かけ算
5.1　9までの数のたし算とひき算	5.1　かけ算の仕方	6.1　かけ算の本質
5.2　10までの数のたし算とひき算	5.2　九九の表	6.2　因数と結果

5.3　差異	第6章　わり算	6.3　九九の表
第6章　20までの数を数え、読み、書こう	6.1　わり算の仕方	6.4　整数の特徴
6.1　10から20までの数	6.2　等分割	6.5　10と100を使ったかけ算
6.2　20までの数を書こう	第7章　いろいろな測定（長さ、重さ、かさ、時間と日）	6.6　何十という数をかける
6.3　二位数を書こう	7.1　長さ	6.7　一位数をかける
6.4　数の順序	7.2　重さ	6.8　二位数をかける
第7章　20までの数のたし算とひき算	7.3　かさ	6.9　文章題
7.1　11（じゅういち）	7.4　時間と日	第7章　わり算
7.2　12（じゅうに）	第8章　いろいろな形	7.1　わり算の仕方
7.3　13（じゅうさん）	8.1　いろいろな形	7.2　わる数と結果の関係
7.4　14（じゅうよん）	8.2　表面の形	7.3　かけ算とわり算の関係
7.5　15（じゅうご）	8.3　よく似た形を選ぼう	7.4　一位数でわる
7.6　16（じゅうろく）	8.4　直線と曲線	7.5　二位数でわる
7.7　17（じゅうひち）		7.6　文章題
7.8　18（じゅうはち）		第8章　分数
7.9　19（じゅうく）		8.1　等しい割合
7.10　20（にじゅう）		8.2　全体の割合
第8章　繰り上がり、繰り下がりのないたし算とひき算の筆算		8.3　同じ大きさの分数
8.1　繰り上がりのないたし算の筆算		8.4　分数の比較
8.2　たし算の筆算（位取り図なし）		8.5　分数のたし算とひき算
8.3　たし算の等式と筆算式		第9章　ミャンマーのお金
8.4　三つの数のたし算		9.1　ミャンマーのお金（チャット）
8.5　繰り下がりのないひき算の筆算		9.2　チャットのたし算
8.6　ひき算の筆算（位取りの図なし）		9.3　チャットのひき算
8.7　ひき算の等式と筆算式		9.4　チャットのかけ算
		9.5　チャットのわり算
		第10章　ミャンマー式の重さとかさ
		10.1　ミャンマー式の重さ
		10.2　ミャンマー式のかさ
		第11章　時間と長さ
		11.1　時間
		11.2　長さ
		第12章　絵による表示の基本
		12.1　絵による表示
		12.2　絵
		12.3　棒グラフ

小学四年生	小学五年生
第1章　数の基本	第1章　数の基本
1.1　たし算	1.1　たし算
1.2　ひき算	1.2　ひき算

1.3　かけ算	1.3　かけ算
1.4　わり算	1.4　わり算
第 2 章　10000までの数を数え、読み、書こう	第 2 章　千万までの数を読んで書こう
2.1　一、十、百、千の数字を位取り図を使って書こう	2.1　万と十万（ラック）の数
2.2　一、十、百、千の数字を位取り図を使わずに書こう	2.2　百万と千万の数
2.3　四位数を位取り図に表そう	2.3　数の位別の分解
2.4　四位数の読み方を書こう	2.4　数の比較と並べ替え
2.5　四位数を読み方で表したものを数字で書こう	第 3 章　たし算とひき算
2.6　位取り	3.1　たし算
2.7　位取り別の表記	3.2　ひき算
2.8　数の比較	3.3　文章題
2.9　数を順に書こう	3.4　数の見積り
2.10　近似値	3.5　文章題
第 3 章　たし算	3.6　たし算の性質
3.1　繰り上がりのないたし算	第 4 章　図形の基本
3.2　繰り上がりのあるたし算	4.1　基本的な図形の本質（点、線、線分、横線と縦線）
3.3　三つ以上の数のたし算	4.2　角度
3.4　文章題	4.3　いろいろな形（八角形、多角形、多角形の辺と角、平行四辺形、円）
3.5　たし算の結果の見積り	4.4　同じ線分と多角形
第 4 章　ひき算	4.5　作図
4.1　繰り下がりのないひき算	4.6　対称
4.2　繰り下がりのあるひき算	第 5 章　かけ算
4.3　文章題	5.1　一位数をかける
4.4　ひき算の結果の見積り	5.2　文章題
第 5 章　図形の基本	5.3　10、100、1000をかける
5.1　図形の形（三角形、四角形、五角形、六角形、円）	5.4　かけ算の結果の見積り
5.2　角	5.5　二位数をかける
5.3　作図	5.6　三位数をかける
5.4　合同	5.7　文章題
5.5　対称	5.8　日常生活に関する文章題
第 6 章　かけ算	5.9　かけ算の性質
6.1　一位数をかける	5.10　因数分解
6.2　整数の性質	第 6 章　わり算
6.3　何十という数をかける	6.1　一位数でわる
6.4　二位数をかける	6.2　二位数でわる
6.5　因数とかけ算	6.3　三位数でわる
6.6　かけ算の結果の見積り	6.4　文章題
第 7 章　わり算	第 7 章　分数と小数
7.1　一位数でわる	7.1　分数

7.2 文章題	7.2 小数
7.3 何十という数でわる	第8章　時間
7.4 二位数でわる	8.1 時間の各単位の関係（秒、分、時間、日、週）
7.5 文章題	8.2 時間のたし算とひき算
7.6 因数分解とわり算	8.3 時間のかけ算とわり算
第8章　ミャンマーのお金	8.4 要した時間の計算
8.1 チャット紙幣	8.5 イギリス式暦
8.2 チャットのたし算とひき算	第9章　重さとかさ
第9章　分数	9.1 ミャンマー式重さの単位
9.1 三分の一	9.2 イギリス式重さの単位
9.2 分割	9.3 メートル式重さの単位
9.3 全体の一部	9.4 ミャンマー式かさの単位
9.4 同じ大きさの分数	9.5 イギリス式かさの単位
9.5 分数の比較	9.6 メートル式かさの単位
9.6 帯分数	第10章　ミャンマーのお金
9.7 同分母分数のたし算とひき算	第11章　長さ
9.8 異分母分数のたし算とひき算	11.1 メートル法長さの単位
第10章　重さとかさ	11.2 イギリス式長さの単位
10.1 ミャンマー式重さの単位	第12章　周囲の長さと面積
10.2 メートル法の重さの単位	12.1 周囲の長さ
10.3 ミャンマー式かさの単位	12.2 面積
第11章　時間	第13章　体積
11.1 時間の各単位の関係（秒、分、時間、日）	13.1 体積の単位と体積の計算
11.2 時間のたし算とひき算	13.2 立法センチメートルを用いた体積の計算
11.3 時計による時刻の表示（午前、正午、午後）	13.3 体積を求める公式
11.4 ミャンマー式暦	第14章　図による表現
11.5 イギリス式暦	14.1 図
第12章　長さ	14.2 棒グラフ
12.1 ミャンマー式長さの単位	
12.2 メートル法長さの単位	
第13章　辺と面積	
13.1 辺	
13.2 面積	
第14章　表、棒グラフ、絵グラフ	
14.1 割符を作ろう ＊1	
14.2 表を作ろう	
14.3 棒グラフを作ろう	

＊1　割符（わりふ）とは、刻み付けた記録のことで、欧米諸国などでは、4本線に1本の交わる線をひいて、これを「5」として記録する方法がよく使われる。我が国では「正」の字を使って記録する方法が取られるが、それと同様のものである。

付属資料5　ネパールの初等算数教科書の内容

ネパール国定教科書『My Mathematics』カリキュラム開発センター、2010年

小学一年生	小学二年生	小学三年生
第1章　直線と曲線	第1章　いろいろな形	第1章　線分
第2章　円	第2章　ものとその表面の形	第2章　角
第3章　1から5までの数	第3章　1000までの数	第3章　三角形
第4章　四つの面	第4章　1000までのアラビア数字とヒンディー語の数字	第4章　四角形
第5章　三つの面	第5章　三位数の位取り	第5章　四位数
第6章　集合	第6章　数の順序	第6章　五位数
第7章　5までの数のたし算	第7章　数の比較	第7章　四位数までのたし算
第8章　5までの数のひき算	第8章　ローマ数字	第8章　四位数までのひき算
第9章　6から10までの数	第9章　集合	第9章　六位数
第10章　9までの数のたし算とひき算	第10章　たし算	第10章　がい数
第11章　0（ゼロ）	第11章　ひき算	第11章　奇数と偶数
第12章　10の数	第12章　距離	第12章　かけ算
第13章　10のたし算とひき算	第13章　かけ算	第13章　わり算
第14章　10までの数のたし算とひき算	第14章　わり算	第14章　アラビア数字とヒンディー語の数字
第15章　数の順序	第15章　かけ算とわり算の関係	第15章　時間
第16章　〜より大きい、〜より小さい、〜と同じ	第16章　わり算の文章題	第16章　お金
第17章　序数	第17章　ヒストグラム	第17章　距離
第18章　11から20までの数	第18章　分数	第18章　面積
第19章　11から19までの数のたし算とひき算	第19章　時間	第19章　かさ
第20章　時間	第20章　お金	第20章　体積
第21章　一週間	第21章　かさ	第21章　重さ
第22章　10から100までの数	第22章　面積	第22章　分数
第23章　21から30までの数	第23章　重さ	第23章　小数
第24章　1から100までの数	第24章　代数	第24章　帰一法＊2
第25章　硬貨と紙幣		第25章　棒グラフ
第26章　ルピーのたし算とひき算		第26章　地図と距離
第27章　お金に関する文章題		第27章　集合
第28章　位取り		第28章　勘定と領収書
第29章　〜より大きい、〜より小さい、〜と同じ		第29章　代数
第30章　一番大きな数と一番小さな数		
第31章　数の順序		

＊2　帰一法とは、比例問題を解く方法のことで、まず単位量に対す代価、あるいは単位価格に対する数量などを求めて問題を解く方法を指す。

第32章　〜より長い、〜より短い、〜より背が高い、〜より背が低い	
第33章　二位数のたし算	
第34章　二位数のひき算	
第35章　たし算とひき算の文章題	
第36章　かさ	
第37章　分数	
第38章　重いと軽い	
第39章　かけ算	
第40章　5までの数のかけ算	
第41章　九九の表（5まで）	
第42章　かけ算の文章題	
第43章　絵グラフ	
第44章　わり算	
第45章　月	
第46章　デーヴァナーガリー数字	

小学四年生	小学五年生
第1章　幾何	第1章　幾何
1.1　ものの形	1.1　角の大きさ
1.2　ものの表面、端、角	1.2　三角形の種類
1.3　角度	1.3　三角形の角の大きさ
1.4　角度の測定	1.4　四角形の角の大きさ
1.5　10度単位の角度を作る	第2章　数の概念
1.6　90度より小さな角、大きな核	2.1　億までの数の数え方と位取り
第2章　数の概念	2.2　国際的な数の書き方
2.1　数の起源	2.3　素数と合成数
2.2　コロールまでの数	2.4　がい数
2.3　がい数	2.5　数の平方と立法
2.4　素数と合成数	第3章　算数の基本計算
2.5　素因数	3.1　式の簡素化
第3章　算数の基本計算	3.2　括弧を使った式
3.1　ひき算	第4章　時間
3.2　日常生活で使うひき算	第5章　お金
3.3　かけ算	第6章　距離
3.4　日常生活で使うかけ算	第7章　周囲の長さ
3.5　わり算	第8章　面積
3.6　わり算に関する問題	第9章　かさ
3.7　式の簡素化	第10章　体積
第4章　分数、小数、百分率、帰一法	第11章　重さ
4.1　分数	第12章　分数と小数
4.2　小数	12.1　帯分数のたし算
4.3　百分率	12.2　帯分数のひき算
4.4　帰一法	12.3　分数のかけ算
第5章　時間、お金、測定	12.4　小数

付属資料

5.1 日、週、月、年	12.5 小数と 10、100、1000 のかけ算
5.2 お金	12.6 小数とがい数のかけ算
5.3 距離	12.7 小数を概数にする
5.4 長方形の周囲の長さ	**第 13 章 百分率**
5.5 面積	13.1 百分率の意味
5.6 かさ	13.2 分数の百分率への変換
5.7 体積	13.3 百分率の分数への変換
5.8 重さ	13.4 百分率の利用
第 6 章 勘定と領収書	**第 14 章 帰一法と簡単な利子**
第 7 章 統計	14.1 帰一法
7.1 棒グラフ	14.2 簡単な利子
7.2 温度計の読み方	**第 15 章 勘定と領収書**
7.3 順序対 *3	**第 16 章 統計**
第 8 章 集合	16.1 導入
8.1 導入	16.2 棒グラフ
8.2 集合の書き方	16.3 数の対応
第 9 章 代数	**第 17 章 集合**
9.1 変数とその価値	**第 18 章 代数**
9.2 代数的用語と表現	18.1 代数的表現と価値
9.3 同じ、同じでない	18.2 代数的表現のたし算とひき算
9.4 代数的等式	18.3 等式
	18.4 等式の利用

---

*3 順序対とは、座標や投射とも呼ばれる二つの成分をもつ対象を総称するものである。順序対では常に第一成分（第一座標、左射影）と第二成分（第二座標、右射影）の対によって対象が一意に決定される。

〈著者紹介〉
田中　義隆（たなか　よしたか）
1964年京都府京都市生まれ。滋賀大学経済学部卒業。モントレー・インスティテュート・オブ・インターナショナル・スタディーズ（米国カリフォルニア州）国際行政学修士課程修了。香川県の公立高等学校での社会科教諭、青年海外協力隊（JOCV）として中華人民共和国の北京での日本語教師、国際連合本部（ニューヨーク）でのインターンなどを経て、現在、株式会社 国際開発センター（IDCJ）主任研究員。専門は教育開発（カリキュラム開発・教育方法論）。

これまで日本政府による政府開発援助（ODA）の一環として、中国、モンゴル、タイ、ラオス、ミャンマー、ベトナム、インドネシア、フィリピン、マレーシア、ネパールなどのアジア諸国、及びパプアニューギニア、ソロモン諸島などの大洋州諸国での教育開発業務に従事。また、欧米諸国やオーストラリア、ニュージーランドなど先進諸国での教育調査も行う。

現在、ミャンマーにて同国教育省をカウンターパートとして、教育改革の支援を行っている。具体的には新しい初等教育の教育課程及び教科書などの開発を手がけている。

主な著書として、『ベトナムの教育改革』、『インドネシアの教育』、『21世紀型スキルと諸外国の教育実践』、『ミャンマーの歴史教育』、『ミャンマーの教育』（以上、明石書店）、『カリキュラム開発の基礎理論』（国際開発センター）などがある。日本教育学会会員。

こんなに違う！アジアの算数・数学教育
日本・ベトナム・インドネシア・ミャンマー・ネパールの教科書を比較する

2019年4月15日　初版第1刷発行

　　著　者　　田 中 義 隆
　　発行者　　大 江 道 雅
　　発行所　　株式会社　明石書店
　　〒101-0021　東京都千代田区外神田 6-9-5
　　　　　　　電　話　03（5818）1171
　　　　　　　ＦＡＸ　03（5818）1174
　　　　　　　振　替　00100-7-24505
　　　　　　　http://www.akashi.co.jp
　　装丁　　明石書店デザイン室
　　印刷・製本　　モリモト印刷株式会社

（定価はカバーに表示してあります）　　　　ISBN978-4-7503-4834-6

|JCOPY| 〈(社)出版者著作権管理機構　委託出版物〉
本書の無断複写は著作権法上での例外を除き禁じられています。複写される場合は、そのつど事前に、(社)出版者著作権管理機構（電話 03-5244-5088、FAX 03-5244-5089、e-mail: info@jcopy.or.jp）の許諾を得てください。

21世紀のICT学習環境 生徒、コンピュータ、学習を結び付ける
経済協力開発機構(OECD)編著
国立教育政策研究所監訳
●3600円

諸外国の初等中等教育
文部科学省編著
●3600円

図表でみる教育 OECDインディケータ(2018年版)
経済協力開発機構(OECD)編著
矢倉美登里・稲田智子・大村有里・坂本千佳子・立木勝・松尾恵子・三井理子・元村まゆ訳
●8600円

フィンランドの算数・数学教育 「個の自立」と「活用力の育成」を重視した学び
熊倉啓之編
●2200円

フィンランドの理科教育 高度な学びと教員養成
鈴木誠編著
●2200円

2017 算数・数学教育／理科教育の国際比較 国際数学・理科教育動向調査の2015年調査報告書
国立教育政策研究所編
●4500円

2017 小学校学習指導要領の読み方・使い方
[術][学]で読み解く教科内容のポイント
大森直樹、中島彰弘編著
●2200円

2017 中学校学習指導要領の読み方・使い方
[術][学]で読み解く教科内容のポイント
大森直樹、中島彰弘編著
●2200円

発展途上国の困難な状況にある子どもの教育 難民・障害・貧困をめぐるフィールド研究
澤村信英編著
●4800円

ネパール女性の社会参加と識字教育 生活世界に基づいた学びの実践
長岡智寿子
●3600円

ミャンマーの歴史教育 軍政下の国定歴史教科書を読み解く
田中義隆
●4600円

ミャンマーの教育 学校制度と教育課程の現在、過去、未来
明石ライブラリー164 田中義隆
●4500円

インドネシアの教育 レッスン・スタディは授業の質的向上を可能にしたのか
明石ライブラリー142 田中義隆
●4500円

ベトナムの教育改革 「子ども中心主義」の教育は実現したのか
田中義隆
●4000円

21世紀型スキルと諸外国の教育実践 求められる新しい能力形成
田中義隆
●3800円

21世紀型スキルとは何か コンピテンシーに基づく教育改革の国際比較
松尾知明
●2800円

〈価格は本体価格です〉